Virginie Cassidy

STUDENT ACTIVITIES MANUAL

for

Chez nous

BRANCHÉ SUR LE MONDE FRANCOPHONE

Fourth Edition

Albert Valdman
Indiana University

Cathy Pons
University of North Carolina, Asheville

Mary Ellen Scullen
University of Maryland, College Park

Prentice Hall

Upper Saddle River London Singapore
Toronto Tokyo Sydney Hong Kong Mexico City

Senior Acquisitions Editor: *Rachel McCoy*
Senior Editorial Assistant: *Bethany Gilmour Williamson*
Senior Media Editor: *Samantha Alducin*
Media Editor: *Meriel Martinez*
Assistant Editor/Editorial Coordinator:
    Jennifer Murphy
Executive Marketing Manager: *Kris Ellis-Levy*
Senior Marketing Manager: *Denise Miller*
Marketing Coordinator: *William J. Bliss*
Senior Managing Editor: *Mary Rottino*
Associate Managing Editor: *Janice Stangel*
Project Manager: *Manuel Echevarria*
Senior Operations Supervisor: *Brian Mackey*
Operations Specialist: *Cathleen Petersen*
Senior Art Director: *Pat Smythe*
Art Director: *Miguel Ortiz*

Text and Cover Designer: *Lisa Delgado, Delgado and
    Company, Inc.*
Art Manager: *Gail Cocker*
Illustrator: *Steve Mannion*
Permissions: *Antonella Giglio/Veronica Oliva*
Manager, Visual Research: *Beth Brenzel*
Manager, Rights and Permissions: *Zina Arabia*
Image Permission Coordinator: *Ang'John Ferreri*
Manager, Cover Visual Research & Permissions:
    Karen Sanatar
Publisher: *Phil Miller*
Cover Image: *Tai Power Seeff, Getty/Image Bank*
Full-Service Project Management: *Francesca Monaco,
    Preparé Inc.*
Printer/Binder: *Bind-Rite Graphics*

The book was set in 11/14 Times.

10 9 8 7 6 5 4 3

Prentice Hall
is an imprint of

www.pearsonhighered.com

Student edition: ISBN 10:   0-205-68681-8
                  ISBN 13: 978-0-205-68681-0

Contents

Preface

TO THE STUDENT

The Student Activities Manual that accompanies **Chez nous, Fourth Edition** is available in a print version and in MyFrenchLab. The content of each chapter is composed of two parts: an integrated Workbook/Lab Manual incorporating topically organized written and oral activities and a Video Manual that provides activities to complement your viewing of the clips on the Video. The exercises and activities in the Student Activities Manual complement, on a chapter-by-chapter basis, the presentations in **Chez nous, Fourth Edition** and are designed to enhance your ability to read, write, understand, and speak French as you progress through the textbook. For each chapter, the Workbook/Lab Manual has three lessons organized into the following sections: **Points de départ**, **Sons et lettres**, **Formes et fonctions**, **Écoutons**, and **Écrivons**. The fourth edition also features word games in the **Points de départ** sections of many chapters to provide additional vocabulary practice. Each chapter concludes with a **Lisons** and **Venez chez nous !** section. The audio to accompany the print version of the Manual can be accessed via the Audio CDs or the Companion Website.

Many of the exercises and activities in the Student Activities Manual are open-ended in nature and require individualized and/or personal responses. Others are more structured and have only one possible response.

The **Lisons** and **Écoutons** sections of the Workbook/Lab Manual and the **Observons** sections of the Video Manual follow the same process approach featured in the textbook. For each listening passage, there are two exercises: **Avant d'écouter** and **En écoutant**. Each reading or video-viewing passage is accompanied by a set of three interrelated activities called **Avant de lire/regarder**, **En lisant/regardant**, and **Après avoir lu/regardé**. The first section helps you prepare for what you will read, listen to, or view, while the second section asks you to focus on finding specific information as you read, listen, or view. The activities in these sections are intended to help you to understand better what you are reading, listening to, or viewing and are often to be completed in English. The final section for **Lisons** and **Observons** focuses on your reaction(s) to the reading or video clips and connects the information and issues raised to broader issues in your life and experience. The questions and activities in the final section are sometimes to be completed in English, sometimes in French, and occasionally it will be up to your instructor to specify which language is to be used. It is our intention that you read, listen to, and view these passages without the aid of a French-English dictionary. In many cases there will be words that you do not understand. Strive, however, to use the context, the activities provided in the Student Activities Manual, and other reading, listening, and viewing strategies you will be learning in the textbook to help you figure out the meaning of the passages and clips.

Each writing assignment begins by guiding you through a set of prewriting activities in an exercise labeled **Avant d'écrire**, designed to help prepare you for the activity itself. It is important to carry out these preliminary steps and to do so in French. Get into the habit of thinking in French about each topic you are asked to write about, and concentrate on simplifying your writing to use the French that you have learned. You should not need to consult a French-English dictionary to complete the writing assignments; doing so may well be inappropriate, since word-for-word translations from one language to another are often unsuccessful.

Each chapter in the Workbook/Lab Manual concludes with a **Venez chez nous !** section featuring innovative web-based activities. These activities have been designed to stretch your knowledge and broaden your access to the people and cultures in the Francophone world. Most of these activities are designed around authentic Francophone websites. As you access web pages in French, try to treat them much as you do the reading passages you encounter in the textbook and Student Activities Manual. You will not understand every word, but your knowledge of various reading strategies should help you to find the specific pieces of information required to complete the activities. It is our hope that these activities will be enjoyable and lead you to a deeper understanding of the richness and variety of the Francophone world.

The Video Program and Video Manual that accompany **Chez nous**, **Fourth Edition**, are designed to enhance your ability to understand everyday French as it is spoken by native speakers from across the Francophone world. Since access to native speakers is limited in most parts of North America, the video provides an excellent opportunity to listen and observe as people speak in a wide variety of social contexts about the topics treated in the textbook. The video-based activities complement, on a chapter-by-chapter basis, the presentations in **Chez nous**, **Fourth Edition**. They are designed so that you can work independently on the activities, and at your own pace.

◆ Through the video program you will encounter an engaging cast of French speakers from France, Belgium, Quebec, Haiti, Morocco, Benin, Congo and Madagascar, who describe their homelands, families, work and leisure activities, their experiences and their hopes for the future. They represent a variety of ages, living situations, and cultural backgrounds. Watch carefully, and you will learn not only from their comments, but also from what you see in the video clips.

◆ The video clips are unscripted, so you will hear natural, everyday spoken French. Because the speakers are not using "textbook" French, you may not understand every word. Do not be concerned! As you watch and listen, focus on grasping the most important information in each clip; the accompanying activities will help you to do this. Also, remember that listening to the clips more than once will certainly enhance your understanding.

◆ As you work with the video, expect not only to develop your French language skills, but also to learn about the array of Francophone cultures represented by the speakers. The activities in your textbook and in this Video Manual will encourage you to think about both the linguistic and the cultural content of each clip.

For each chapter, the Video Program and accompanying Video Manual offer three types of activities:

◆ A brief cultural segment, often with voice-over, treats a major theme of the chapter, such as family pets, daily routine, and print media. The accompanying questions ask you to observe, listen, and reflect in order to understand better the cultural feature in focus.

◆ A fast-paced montage introduces the topic of the textbook's **Venez chez nous !** cultural lesson. The accompanying questions ask you to focus on the visual elements to gain insight into the topic and begin to make comparisons with your own culture.

◆ Each **Observons** activity provides a series of interviews that relate to the chapter theme and is comprised of three interrelated process exercises, **Avant de regarder**, **En regardant**, and **Après avoir regardé**, as described above. The first interviews in the **Observons** series for each chapter are treated in the textbook, as part of the **Venez chez nous !** lesson. You should watch those interviews and complete the related activities in the textbook before moving on to the **Observons** interviews that are the focus of this Video Manual.

Your instructor may choose to work with many of the video segments in class. Whether you view them in class or on your own, the activities included in the Video Manual will help you to understand, explore, and enjoy each video clip. Some of the questions have only one correct response; many are open ended and personalized.

TO THE INSTRUCTOR

In addition to the points made to the student, we would add the following: In the **Après avoir lu** subsection of the **Lisons** section, when you wish students to write in French, prepare them for the writing process by leading them through the activity. Also, whenever possible, give students additional opportunities to develop their writing skills-for example, through the submission of rough drafts, peer editing, and the process-writing techniques used in the **Écrivons** sections of the textbook and Workbook.

Most of the activities in the **Venez chez nous !** section can be completed in either French or English, depending on the skill level and interests of the class. Be sure to tell students when you assign the activities which language they are to use. If you decide to have them complete an activity in French, prepare them appropriately as just discussed.

Note that the **Écrivons** section sometimes asks students to disclose personal information and opinions. If some students do not feel comfortable writing in a personal vein, you may want to encourage them to take on a fictitious persona so that they will not feel ill at ease.

The introduction to the student provides an overview of the Video Program and the Video Manual and explains how they work together to enhance the **Chez nous** program. Additional information is provided here to suggest how the video clips and related activities in the Video Manual can be used on a flexible basis according to your own preferences and the needs and desires of your students.

The Video Manual has been designed to support and complement your in-class use of the Video Program and your assignment of video-based work as homework. Instructions to the student are provided in English throughout, to facilitate independent work with the activities. As you integrate the video into your program, you may wish to consider the following options:

◆ One video segment per chapter elaborates on a cultural topic from the chapter and is often explicitly linked to a **Points de départ** or **Vie et culture** section in the textbook. You may choose to treat the video clip, including the related Video Manual activities, at the same time as you treat the vocabulary topic or cultural note in class. Alternatively, you may assign the video clip with its related activities as preparation for, or a follow up to, in-class discussion.

◆ The fast-paced video montage almost always has the same title as the **Venez chez nous !** lesson for each chapter*. You may decide to use this sequence and its Video Manual activities in one of several ways: 1) as an introduction to and overview of the entire textbook chapter; 2) as a preview of the **Venez chez nous !** lesson, if you plan to assign the lesson as homework; or 3) as a first activity on the day the **Venez chez nous !** lesson is treated in class. Suggestions regarding use of the video montage in conjunction with individual chapters are provided in the annotations to the Instructor's Edition.

◆ The **Observons** generally consists of a series of interviews. The initial interviews of each chapter's series are presented via a process approach in the **Venez chez nous !** lessons in the textbook. In most cases, the activities found in the Video Manual are based upon clips students have not yet encountered. Occasionally, however, the Video Manual activities revisit clips presented in the textbook, in order to treat them from different perspectives and with different focuses. You may choose to treat the Video Manual sequences and activities in class at a later time or assign them as homework.

As you can see, the video clips and related Video Manual activities can be used in a variety of ways with individual **Chez nous** chapters, whether in class or as homework assignments or enrichment activities. We hope that you and your students will enjoy working with the video clips and activities as much as we have enjoyed producing them. **Bonne séance !**

---

*The exception to this occurs in chapter 4, where the opening montage deals with the subtopic of fashion as one aspect of daily life in France.

Préliminaire

Présentons-nous !

Leçon **1**   Je me présente

POINTS DE DÉPART

P-1   Bonjour. Match an appropriate response to each question or greeting.

_____ **1.** Vous êtes de Paris ?

_____ **2.** Comment tu t'appelles ?

_____ **3.** Ça va ?

_____ **4.** Comment vous appelez-vous ?

_____ **5.** Monsieur, je vous présente Mme Guenier.

_____ **6.** Gisèle, je te présente mon ami, Thierry.

_____ **7.** Au revoir, madame.

_____ **8.** Comment allez-vous ?

a. Je m'appelle Mme Dumas. Et vous ?

b. Pas mal, et toi ?

c. Salut. Ça va ?

d. Très bien, merci. Et vous ?

e. Non, je suis de Bruxelles.

f. Au revoir. À demain.

g. Enchanté, madame.

h. Je m'appelle Louise. Et toi ?

P-2   Sans paroles. People are getting acquainted on the first day of classes. Listen to each conversation and write its letter beside the corresponding picture.

_____ **1.**   _____ **2.**   _____ **3.**

_____ **4.**

_____ **5.**

P-3 **Salutations.** Choose the best response to each of the following greetings.

1. Comment allez-vous ?
   a. Je m'appelle Sophie.
   b. Très bien, merci, et vous ?
   c. Salut.
   d. À bientôt.

2. Comment vous appelez-vous ?
   a. Ça va, et toi ?
   b. Très bien, et vous ?
   c. Je m'appelle Hugo Martin.
   d. Comme ci, comme ça.

3. Vous êtes de Paris ?
   a. Non, je suis fatigué.
   b. Oui, je suis de Québec.
   c. Non, je suis de Nice.
   d. Non, je suis français.

4. Au revoir.
   a. Bonjour.
   b. Ça va.
   c. Merci.
   d. À bientôt.

P-4 **Conversation sans fin.** Select the most appropriate response to each of the greetings you hear.

1. a. Très bien, et toi ?
2. a. Bonjour, madame.
3. a. Enchanté, Marie.
4. a. Voici mon ami Jacques.
5. a. Au revoir ! À demain !

b. Enchanté.
b. Je suis de Paris.
b. Pas mal.
b. Je m'appelle Jean, Jean Colin.
b. Bonjour, madame.

FORMES ET FONCTIONS

1. Les pronoms sujets et le verbe être

P-5 **Combien ?** Listen to each statement, then select **1** if the subject of the sentence is one person, **1+** if it is more than one person, and **?** if it is impossible to tell from what you hear.

1. 1   1+   ?
2. 1   1+   ?
3. 1   1+   ?
4. 1   1+   ?
5. 1   1+   ?
6. 1   1+   ?

P-6 **Photo de classe.** Imagine that you are looking at a photo of your French class. Point out the various people to your roommate by filling in the blanks with the correct form of **C'est** or **Ce sont**.

MODÈLE   *C'est* moi.

1. _____ le prof de français.

2. _____ mes amis, Nicolas et Juliette.

3. _____ mon amie Morgane.

4. _____ Julien et Pauline.

P-7 Ça va bien ? Complete the sentences with the correct form of the verb **être** to tell or ask how people are feeling.

MODÈLE   Claire et Malik _sont_ fatigués.

1. Tu _____ malade ?

2. Antoine et Yann _____ en forme.

3. Vous _____ fatigué ?

4. Moi, je _____ en forme.

5. Nous _____ très occupés.

6. Le prof de français _____ stressé.

P-8 Mini-dialogues. Listen to the following exchanges in which people are meeting or greeting each other. Complete each one by writing the subject and verb forms that you hear.

MODÈLE   You hear: —Comment vas-tu ?

                              —Ça va. Mais je suis très occupé.

              You write: —Ça va. Mais _je suis_ très occupé.

1. —Ah non, _____ très fatigués.

2. —Pas bien. _____ malade.

3. —_____ de Bordeaux.

4. —Oui, _____ en forme.

5. —_____ de Cahors.

6. —Non, _____ de Montréal.

P-9 Ville d'origine. Write sentences to tell what cities the following people are from.

MODÈLE   your best friend:

              Elle est de Detroit.

1. your parents: _____

2. your roommate: _____

3. you: _____

4. you and your siblings: _____

5. a classmate: _____

6. your French teacher: _____

2. Les pronoms disjoints

P-10 **Ensemble ou séparément ?** Select **même origine** to indicate when the people mentioned are from the same town and **origine différente** when they are not.

1. même origine   origine différente

2. même origine   origine différente

3. même origine   origine différente

4. même origine   origine différente

5. même origine   origine différente

6. même origine   origine différente

P-11 **C'est ça.** At a reunion, some old friends are catching up on each other's lives. Based on context and grammatical clues, fill in the missing stressed pronouns.

MODÈLE   Sophie et _toi_, vous allez bien ?

1. Isabelle et _____, nous sommes en forme.

2. Hélène et _____, ils voyagent à Paris en juin.

3. Hugo et _____ ? Ils s'appellent M. et Mme Delon.

4. Sébastien et _____, vous êtes de New York.

5. Patrice et _____ ? Oui, Patrice, David et Alexandre sont occupés.

P-12 **Ah non !** Your sister never gets it right when it comes to how people are feeling. Contradict her by completing each sentence negatively.

MODÈLE   Je suis malade.

             Ah non, _toi, tu n'es pas_ malade !

1. Tu es en forme.

    Ah non, _____ en forme !

2. Maxime et Bruno sont occupés.

    Ah non, _____ occupés !

3. Sarah et Sabrina sont stressées.

    Ah non, _____ stressées !

4. Nous sommes fatigués.

    Ah non, _____ fatigués !

5. Vous êtes occupés.

    Ah non, _____ occupés !

🔊 **P-13   Photos de groupe.** As Martine tries to identify people in old photos, answer her questions affirmatively using the appropriate stressed pronouns.

MODÈLE   You hear: C'est Jean-Claude ?
             You write: *Oui, c'est lui.*

1. _____

2. _____

3. _____

4. _____

5. _____

6. _____

Écoutons

P-14   Tu es d'où ? : avant d'écouter. What happens on the first day of class? Do you see your old friends? Do you begin to make new friends? Write down a few thoughts in English, then listen to the recording **P-15**.

_____

_____

_____

🔊 **P-15   Tu es d'où ? : en écoutant.** On the first day of school, Gaëlle is meeting old friends and making new ones. The first time you listen to her conversations and those of her friends, complete the first row of the chart below by indicating where each student is from. Then listen again and complete the second row of the chart by indicating how everyone is feeling.

	Stéphanie	Antoine	Gaëlle
Tu es d'où ?	*de Paris*	1.	3.
Comment ça va ?	*très bien*	2.	4.

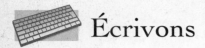 # Écrivons

P-16 **De l'aide : avant d'écrire.** Your parents are traveling to France and have asked you to help them with some basic French. Prepare note cards for them to practice with. Complete the following activities before beginning to write.

1. Fill in the following information:

   Father's name and hometown: _____

   Mother's name and hometown: _____

2. Now think of two different greetings and two different ways to say good-bye in French. Write them down here. Finally, reread them; did you remember to use the **vous** form in any questions you have included, since your parents will be addressing people they do not know? If not, go back and revise your statements.

   Greetings: _____

   Good-byes: _____

P-17 **De l'aide : en écrivant.** Use the information above to prepare a few sentences for each of your parents to use on their trip.

MODÈLE   *Bonjour. Je m'appelle Valerie Johnson.*

              Je suis de Pittsburgh.

              Comment allez-vous ?

              Moi, ça va.

              Au revoir.

_____

_____

_____

_____

_____

Leçon ② Dans la salle de classe

POINTS DE DÉPART

P-18   Jeu d'associations. Match each object listed to another object with which it is often associated.

_____ 1. un DVD

_____ 2. un tableau

_____ 3. un stylo

_____ 4. un crayon

_____ 5. un CD

_____ 6. un étudiant

a. un cahier

b. le professeur

c. une craie

d. un lecteur DVD

e. une gomme

f. un ordinateur

P-19   Qu'est-ce que c'est ? Yves is helping Andrea, an exchange student, learn helpful vocabulary for her stay in Belgium. Listen to each conversation and write the letter beside the corresponding picture.

1. _____

2. _____

3. _____

4. _____

5. _____

6. _____

7. _____

8. _____

P-20   Qu'est-ce qu'il y a ici ? Medhi is testing his little brother's memory after his first day at school. Select the appropriate phrase to complete each sentence.

1. Sur le bureau du professeur, ...

    a. il y a un tableau.

    b. il y a une porte.

    c. il y a une fenêtre.

    d. il y a des devoirs.

2. Sur mon crayon, ...

    a. il y a un CD.

    b. il y a un cahier.

    c. il y a une gomme.

    d. il y a une affiche.

3. Au tableau, ...

    a. il y a un crayon.

    b. il y a un stylo.

    c. il y a une calculatrice.

    d. il y a une craie.

4. Sur le bureau des étudiants, ...

    a. il n'y a pas de brosse.

    b. il n'y a pas de stylo.

    c. il n'y a pas de règle.

    d. il n'y a pas de livre.

5. Sur la porte, ...

    a. il y a une gomme.

    b. il y a une carte.

    c. il y a un lecteur DVD.

    d. il y a une calculatrice.

6. Sur l'ordinateur, ...

    a. il y a une affiche.

    b. il y a une chaise.

    c. il y a un tableau.

    d. il y a un CD.

P-21   **Professeur ou étudiant/e ?** Listen to the following classroom questions, statements, and directives. Select **professeur** if the speaker is more likely to be a professor, and **étudiant/e** if the speaker is more likely to be a student.

1. professeur		étudiant/e
2. professeur		étudiant/e
3. professeur		étudiant/e
4. professeur		étudiant/e
5. professeur		étudiant/e
6. professeur		étudiant/e

P-22   **Entendu en classe.** Everyone seems to be mixed up today. Correct the following statements by replacing the underlined word or expression with something more logical.

MODÈLE   Prenez une porte !

            Prenez *un stylo* !

1. Ouvrez le tableau, s'il vous plaît.

    Ouvrez _____, s'il vous plaît.

2. Fermez la craie !

    Fermez _____ !

3. Montrez Paris sur la fenêtre !

    Montrez Paris sur _____ !

4. Comment dit-on « *Thank you* » en anglais ?

    Comment dit-on « *Thank you* » _____ ?

5. Regardez votre nom !

    _____ votre nom !

6. Écoutez en français !

    _____ en français !

7. Rendez-moi les ordinateurs !

    Rendez-moi _____ !

SONS ET LETTRES

L'alphabet et les accents

P-23   Ça s'écrit comment ? Bertrand's professor has asked him to make a list of all the new students in the class. Complete his list by writing down the names you hear as they are spelled out.

MODÈLE   You hear: Je m'appelle Hervé Lelong, L-E-L-O-N-G.

You write: Je m'appelle Hervé *Lelong* .

1. Je m'appelle Christian _____ .

2. Je m'appelle Étienne _____ .

3. Je m'appelle Odile _____ .

4. Je m'appelle Viviane _____ .

5. Je m'appelle Robert _____ .

6. Je m'appelle André _____ .

P-24   é, e ou è ? Listen carefully to the words below, then fill in the blanks with an **e accent aigu (é)**, an **e accent grave (è),** or simply the letter *e*, as necessary. Remember that the **accent aigu** sounds like /e/ as in **télévision**, and the **accent grave** sounds like /ɛ/ as in **la règle**. An **e** without an accent is usually silent or has the sound /ø/ as in **le**.

1. d_____main

2. tr_____s

3. n_____

4. r_____ponse

5. fatigu_____

6. p_____re

7. r_____p_____te

8. stress_____

FORMES ET FONCTIONS

1. Le genre et les articles au singulier

P-25   Masculin ou féminin? Listen to the following statements about items in the classroom. Select **masculin** if the noun in the sentence you hear is masculine; select **féminin** if it is feminine.

1. masculin   féminin

2. masculin   féminin

3. masculin   féminin

4. masculin   féminin

5. masculin   féminin

6. masculin   féminin

P-26 Les affaires de Cécile. Nicolas would like to borrow some of the things Laurent has on his desk. As he points them out, however, Laurent notes that each one actually belongs to his sister Cécile. Write down Laurent's responses, following the model.

MODÈLE   You hear: Ah, voici un stylo.

You write: Oui, *c'est le stylo* de Cécile.

1. Oui, _____ de Cécile.   4. Oui, _____ de Cécile.

2. Oui, _____ de Cécile.   5. Oui, _____ de Cécile.

3. Oui, _____ de Cécile.

P-27 C'est masculin ou féminin ? Your friend Adam is finding his French class difficult and has asked you to look over a composition he has written. Provide the indefinite and definite articles he has left out.

Je suis étudiant. J'adore (1) _____ français, (2) _____ marketing et (3) _____ espagnol. Mon ami Jérôme est dans ma classe d'espagnol. Heureusement, nous avons (4) _____ excellent professeur. (5) _____ prof est toujours énergique. Dans notre salle de classe, il y a (6) _____ carte d'Espagne, (7) _____ ordinateur, (8) _____ télévision et (9) _____ lecteur DVD. C'est (10) _____ salle très moderne !

P-28 Le voilà. Your friend's backpack came undone and she has lost many things. You retrace her steps and discover some of the lost items. Indicate what you have found, following the model.

MODÈLE   un CD de français

Voilà le CD de français.

1. une règle _____

2. un livre de français _____

3. une gomme _____

4. un stylo _____

5. un cahier _____

6. un crayon _____

2. Le nombre et les articles au pluriel

P-29 Combien ? Listen as Louis gives his parents a tour of his classroom. For each thing he mentions, select **1** if he is pointing to one item and **1+** if he is pointing out more than one item.

1. 1   1+   5. 1   1+

2. 1   1+   6. 1   1+

3. 1   1+   7. 1   1+

4. 1   1+   8. 1   1+

P-30   Le petit frère. Mohamed's little brother always wants to take Mohamed's belongings and their mother constantly reminds him that they are not his. Complete her sentences with the item and the appropriate form of the article.

MODÈLE   You hear: Oh ! Des livres !

You write: Attention ! Ce sont *les livres* de Mohamed.

1. Attention ! Ce sont _____ de Mohamed.

2. Attention ! Ce sont _____ de Mohamed.

3. Attention ! Ce sont _____ de Mohamed.

4. Attention ! Ce sont _____ de Mohamed.

5. Attention ! Ce sont _____ de Mohamed.

6. Attention ! Ce sont _____ de Mohamed.

P-31   Chez moi. Colin is describing supplies and appliances he and his roommate Thibault share in their apartment. Complete his statements with the appropriate choice.

1. Ce sont … de Thibault.

   a. les livres

   b. des livres

   c. de livre

2. Il y a … dans notre appartement.

   a. des affiches

   b. les affiches

   c. d'affiche

3. Mais il n'y a pas … dans notre appartement.

   a. des fenêtres

   b. les fenêtres

   c. de fenêtre

4. Il y a aussi…

   a. des télévisions.

   b. les télévisions.

   c. de télévision.

5. Mais il n'y a pas…

   a. des lecteurs DVD.

   b. les lecteurs DVD.

   c. de lecteur DVD.

6. Sur le bureau, il y a …

   a. des cahiers.

   b. les cahiers.

   c. de cahier.

P-32   Voilà ! Margaux is shopping for office supplies. Fill in the blanks below, pointing out the following items to her.

MODÈLE   Je cherche une calculatrice.

—Voilà *des calculatrices*.

1. Il y a une affiche ?

—Voilà _____

2. Et un stylo ?

—Voilà _____

3. Je n'ai pas de bureau.

—Voilà _____

4. Il n'y a pas d'ordinateur ?

—Voilà _____

5. Je cherche un cahier.

—Voilà _____

Écoutons

P-33 Fournitures scolaires : avant d'écouter. What would you need on your first day of class? Select all the items you would need on your first day of class.

_____ un sac à dos   _____ des cahiers   _____ des stylos

_____ une chaise   _____ un ordinateur

P-34 Fournitures scolaires : en écoutant. Madame Merlot is shopping for school supplies for her daughter Camille and her son Mathieu. She and the children do not seem to agree on their needs.

1. Listen and select the items Mme Merlot indicates she is going to buy for Camille from the list below.

_____ des cahiers   _____ une gomme

_____ une carte de France   _____ un livre

_____ une calculatrice   _____ un lecteur CD

_____ des crayons   _____ des stylos

2. Listen again and select the items Mme Merlot indicates she is going to buy for Mathieu from the list below.

_____ des cahiers   _____ une gomme

_____ une carte de France   _____ un livre

_____ une calculatrice   _____ un lecteur CD

_____ des crayons   _____ des stylos

3. Look at the list below and select the item Mathieu would like his mother to buy for him.

_____ une affiche   _____ un livre

_____ une carte de France   _____ un ordinateur

4. Look at the list below and select the items Camille would like her mother to buy for her.

_____ un lecteur CD   _____ des cahiers

_____ des stylos   _____ une règle

Écrivons

P-35 Les fournitures scolaires : avant d'écrire. Do you purchase most school supplies at the college or university bookstore? Select the items that can be found at your school bookstore from the list below.

_____ des devoirs   _____ une télévision

_____ des livres   _____ des gommes

_____ des cahiers   _____ des stylos

P-36 Les fournitures scolaires : en écrivant. Make a list in French of some school supplies that you need at the beginning of the semester. Then sum up your list in a sentence or two.

MODÈLE   une règle
              3 stylos
              4 crayons
              ...
              Sur ma liste, il y a une règle, 3 stylos, 4 crayons et...

_____

_____

_____

_____

Lisons

P-37 C'est bientôt la rentrée : avant de lire. The following advertisement features items for **la rentrée scolaire**. Before looking at the text, think about what kind of items usually go on sale right before the school year starts. Make a list, in French, of four or five items.

_____

_____

_____

_____

_____

P-38 C'est bientôt la rentrée : en lisant. As you read, look for and supply the following information.

1. Make a list of the English cognates, **mots apparentés**, that you find and provide an English equivalent for each one.

_____

_____

2. Given the context and looking at the picture, what kind of marker do you think the word **fluos** refers to?

_____

3. The description of several of the items includes the word **l'unité** right before the price. Which items are these? Notice that one of these items could either be purchased as a **lot de trois** for 9,60 euros or as **l'unité** for 3,20 euros. Given this information, what do you think the word **l'unité** means?

_____

4. The description of both of the school bags contains the word **poches** and each bag has a number of them. Given the context and what you know about school bags, what do you think **poches** means?

_____

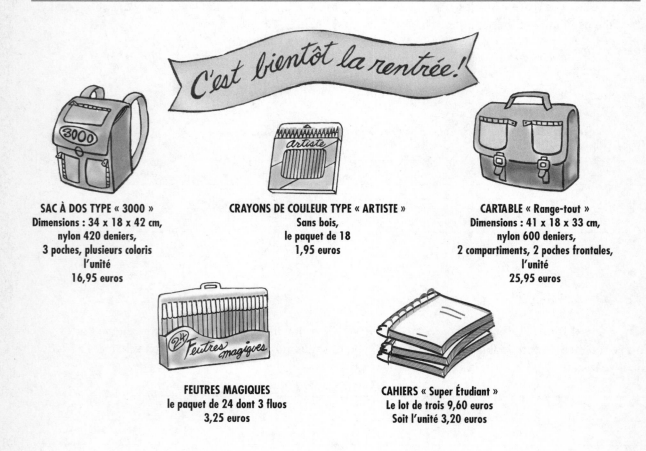

C'est bientôt la rentrée !

SAC À DOS TYPE « 3000 »
Dimensions : 34 x 18 x 42 cm,
nylon 420 deniers,
3 poches, plusieurs coloris
l'unité
16,95 euros

CRAYONS DE COULEUR TYPE « ARTISTE »
Sans bois,
le paquet de 18
1,95 euros

CARTABLE « Range-tout »
Dimensions : 41 x 18 x 33 cm,
nylon 600 deniers,
2 compartiments, 2 poches frontales,
l'unité
25,95 euros

FEUTRES MAGIQUES
le paquet de 24 dont 3 fluos
3,25 euros

CAHIERS « Super Étudiant »
Le lot de trois 9,60 euros
Soit l'unité 3,20 euros

P-39   C'est bientôt la rentrée : après avoir lu. Provide answers to each of the following questions.

1. Would you be interested in purchasing any of these items? Which ones? Why?

_____

2. How do the prices compare with prices for similar items where you live? (Check the current exchange rate.)

_____

Venez chez nous !

Le français dans le monde

P-40   Les grandes dates de la Francophonie. Match the important dates of the history of **la Francophonie** with the events that happened on that date. For help in gathering this information, visit the **Chez nous** Companion Website.

____	**1.** 1950	**a.** Création du Secrétariat général et l'Élection de Boutros Boutros-Ghali
____	**2.** 1961	**b.** Douzième (XIIe) Sommet francophone à Québec (17-19 octobre)
____	**3.** 1969	**c.** Fondation de l'Agence de la coopération culturelle et technique (ACCT)
____	**4.** 1970	**d.** Création de l'Union internationale des journalistes de la presse de langue française (UIJPLF)
____	**5.** 1986	**e.** Dixième (Xe) Sommet francophone à Ouagadougou
____	**6.** 1987	**f.** Deuxième (IIe) Sommet francophone à Québec (2–4 septembre)
____	**7.** 1989	**g.** Création à Montréal de l'Association des Universités partiellement ou entièrement de langue française (AUPELF)
____	**8.** 1997	**h.** Premier (Ie) sommet de la Francophonie à Paris (Versailles)
____	**9.** 2004	**i.** Création de la Conférence des ministres de la jeunesse et des sports des pays d'expressions françaises (CONFEJES)
____	**10.** 2008	**j.** Troisième (IIIe) Sommet francophone à Dakar (24–26 mars)

P-41   Où est-ce qu'on parle français ? Select the proper continent for each place or region below where French is spoken.

1. la Belgique :	en Amérique du Nord	en Afrique	en Europe	dans le Pacifique
2. le Burkina Faso :	en Amérique du Nord	en Afrique	en Europe	dans le Pacifique
3. Madagascar :	en Amérique du Nord	en Afrique	en Europe	dans le Pacifique
4. la Nouvelle Calédonie :	en Amérique du Nord	en Afrique	en Europe	dans le Pacifique
5. la Nouvelle Orléans :	en Amérique du Nord	en Afrique	en Europe	dans le Pacifique
6. le Mali :	en Amérique du Nord	en Afrique	en Europe	dans le Pacifique
7. la Polynésie française :	en Amérique du Nord	en Afrique	en Europe	dans le Pacifique
8. la Suisse :	en Amérique du Nord	en Afrique	en Europe	dans le Pacifique
9. Wallis-et-Futuna :	en Amérique du Nord	en Afrique	en Europe	dans le Pacifique
10. le Niger :	en Amérique du Nord	en Afrique	en Europe	dans le Pacifique

P-42 L'organisation internationale de la Francophonie. Visit the **Chez nous** Companion Website to learn more about the International Organization of la Francophonie and answer the questions below in English.

1. What is the symbol of this organization?

   _____

2. Where is the headquarters?

   _____

3. Who is the current **Secrétaire général**?

   _____

4. List six member states and the dates they became members.

   _____

   _____

5. The organization has six official agencies (**les opérateurs**): AIF, AUF, TV5, AIMF, Université Senghor, and APF. Pick two of them and identify what they are.

   _____

   _____

Video Manual

P-43   Le français dans le monde. This fast-paced montage provides an overview of the Francophone world and introduces you to many of the people you will encounter in the video. To answer the following questions, you may want to watch the montage several times and take notes.

1. Can you identify any famous monuments?

_____

_____

2. What countries do you think are represented by the places and people you see?

_____

_____

3. What activities do you observe?

_____

_____

4. Do the scenes look familiar or unusual to you? In what ways?

_____

_____

5. Which people would you be most interested in getting to know, and why?

_____

_____

P-44   Bonjour. In this clip, you will see a number of people greeting each other. As you watch, answer the following questions.

1. What are the probable relationships between the people you see? Select the possible answers below.

_____ good friends   _____ family members   _____ a boss and his/her employee

2. Select the expressions they use to greet each other from the list below.

_____ Bonjour Sylviane, comment ça va ?

_____ Salut Papa, tu vas bien ?

_____ Ça va bien ?

_____ Pas mal et toi ?

_____ Comment vous appelez-vous ? Moi, c'est Pauline.

_____ C'est Pauline !

_____ Bonsoir ! Il y a quelqu'un ?

3. Select the gesture you observe from the list below.

_____ waving good-bye

_____ shaking hands

_____ kissing each other on each cheek

4. What is the French expression for this gesture ?

_____ se serrer la main

_____ faire la bise

_____ faire signe de la main

Observons

P-45 **Je me présente : avant de regarder.** You may already have completed the **Observons** activity in the **Venez chez nous !** lesson of this chapter. If not, you will find it helpful to go back and complete that activity before moving on to the questions below. Make a list of the expressions you have learned that speakers use to introduce themselves in French.

_____

_____

_____

_____

P-46 Je me présente : en regardant. Watch and listen as the people shown below introduce themselves. As you listen, match their photos with the places they come from to answer the following questions. Then find those places on the map on the inside cover of your textbook. You can expect to listen more than once.

Fabien GILETTA   Jean-Claude TATOUÉ   Françoise VANDENPLAS

1. Who is from ...

_____ **a.** la Belgique ?   _____ **b.** la France ?   _____ **c.** Madagascar ?

2. How many people speak languages other than French?

_____ 1   _____ 2   _____ 3

3. Which of the following languages or dialects are mentioned?

_____ Dutch / le néerlandais

_____ Flemish / le flamand

_____ German / l'allemand

_____ Italian / l'italien

_____ Malgache / le malgache

4. Who makes each of the following statements? Write the appropriate name or names.

a. Je suis niçoise. _____

b. Je suis de nationalité française. _____

c. Je suis né à Madagascar. _____

d. Je suis belge. _____

P-47 Je me présente : après avoir regardé. Do a little research to find the answers to the following questions.

1. Why are so many languages spoken in Belgium?

_____

_____

2. What is the language situation in Madagascar?

_____

_____

Ma famille et moi

Leçon 1 Voici ma famille

POINTS DE DÉPART

1-1 Mots mélangés. Rearrange the letters in each word to find which members of the family were present at Corentin's family reunion.

1. ÈARPUBEE   _____-_____   4. NATET   _____

2. NUSOIC   _____   5. ÈRFER   _____

3. DANRRÈGME   _____-_____   6. ICÈNE   _____

1-2 C'est qui ? Match the correct family term with each definition.

_____ 1. le père de mon père   a. mon frère
_____ 2. la femme de mon père (*ce n'est pas ma mère*)   b. ma sœur
_____ 3. le fils de ma mère   c. ma belle-mère
_____ 4. les filles de ma tante   d. mon oncle
_____ 5. la fille de mon père   e. mon beau-père
_____ 6. le frère de ma mère   f. mon grand-père
_____ 7. le mari de ma mère (*ce n'est pas mon père*)   g. ma nièce
_____ 8. la fille de mon frère   h. mes cousines

1-3 Photos de famille. Jean-François is identifying various family members in a photo album. Confirm what he says by restating the relationships, using an appropriate term from the word bank.

cousin	demi-frère	~~grand-père~~	petite-fille
neveu	nièce	oncle	tante

MODÈLE   You hear: C'est le père de mon père.
              You write: Alors, c'est ton *grand-père*.

1. Alors, c'est ton _____ .

2. Alors, c'est ta _____ .

3. Alors, c'est ton _____ .

4. Alors, c'est ta _____ .

5. Alors, c'est ton _____ .

6. Alors, c'est ton _____ .

1-4 **Un arbre généalogique.** Listen as Georges talks about his family. Fill in each person that he mentions on the appropriate branch of the family tree below. Here are the names of his family members: **Paul, Jean-Claude, Marie-Pierre, Gilberte, Marlène, Pascal, Geneviève, Vincent, Jeanne, Monique, Didier, Agnès, André.** You may listen to the recording as many times as necessary to understand him.

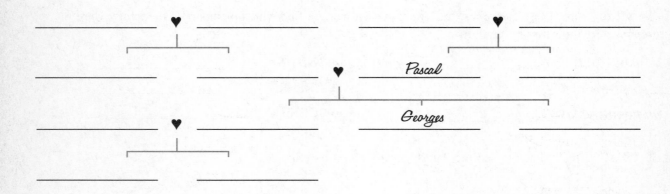

SONS ET LETTRES

Les modes articulatoires du français : la tension et le rythme

1-5 **Prononciation.** Listen to the following sentences and select the word(s) in which you hear the sound /u/ as in **Doudou**. More than one word in each sentence may be correct. Listen again and repeat after each sentence, paying attention to the pronunciation of the sound /u/ as in **Doudou**.

1. Mon chat s'appelle Filou.

2. Je suis de Tombouctou.

3. Écoutez Maryse, s'il vous plaît !

4. Philippe a beaucoup de cousines.

5. Où est Louis ?

6. Je suis de Toulouse, vous aussi ?

1-6 **Combien ?** Listen as Caroline introduces her family and write the number of syllables that you hear in each sentence.

MODÈLE You hear: Voici ma sœur Pauline.
You write: *6*

1. _____

2. _____

3. _____

4. _____

5. _____

6. _____

FORMES ET FONCTIONS

1. Les adjectifs possessifs au singulier

1-7   Au mariage. Referring to the illustration, indicate the relationships between the family members specified with the appropriate vocabulary from the list below.

ses enfants   sa femme   son mari   ses parents   sa sœur   sa belle-mère

1. M. Lefranc : Mme Lefranc est _____ .

2. Mme Fleur : Sylvie, Clément et Christine sont _____ .

3. Christine : Édouard est _____ .

4. Sylvie : Christine est _____ .

5. Édouard : M. et Mme Lefranc sont _____ .

6. Christine : Mme Lefranc est _____ .

1-8   Ce sont mes affaires ? Richard and his friends are sorting out their possessions at the end of the year. Listen to each sentence and select the correct form of the item(s) mentioned, based on the possessive adjective that you hear.

1. lecteur CD   lecteurs CD   **4.** photo   photos

2. cahier   cahiers   **5.** calculatrice   calculatrices

3. gomme   gommes   **6.** crayon   crayons

1-9   Les sœurs. Isabelle and her sister Anne are sorting through their belongings and those of their sister Sophie to get ready to go back to school in the fall. Complete their conversation by filling in the blanks with the correct form of the possessive adjective. A few of them have been completed for you as examples.

ISABELLE: Anne, voici _tes_ livres, (1) _____ cahiers, (2) _____ ordinateur, et (3) _____ stylos. Mais où sont _mes_ livres, (4) _____ lecteur DVD, (5) _____ DVD, (6) _____ affiches et (7) _____ carte d'Europe ?

ANNE: Les voici. Et il y a encore les affaires de Sophie. Par exemple, voici _sa_ chaise préférée, (8) _____ stylos et crayons, (9) _____ ordinateur et (10) _____ affiche de Vincent Cassel.

🔊 **1-10　C'est ton oncle ?** At a family reunion, you are helping a new in-law identify family members. Listen to each question and select the appropriate response, paying attention to the possessive adjective.

1. a. Oui, c'est ma cousine.

   b. Oui, ce sont ses cousines.

   c. Oui, c'est sa cousine.

2. a. Oui, ce sont mes enfants.

   b. Oui, ce sont tes enfants.

   c. Oui, ce sont ses enfants.

3. a. Oui, c'est mon neveu.

   b. Oui, c'est son neveu.

   c. Oui, ce sont ses neveux.

4. a. Oui, c'est ma fille.

   b. Oui, ce sont ses filles.

   c. Oui, c'est sa fille.

5. a. Oui, ce sont mes sœurs.

   b. Oui, c'est sa sœur.

   c. Oui, ce sont ses sœurs.

6. a. Oui, c'est ton petit-fils.

   b. Oui, c'est son petit-fils.

   c. Oui, c'est mon petit-fils.

2. Les adjectifs invariables

🔊 **1-11　Comment sont-ils ?** As you listen to Sandrine describing her relatives, select the personality trait(s) that applies to each person from the lists below. More than one may be correct.

1. ~~conformiste~~   ~~idéaliste~~   réservé   pessimiste
2. conformiste   optimiste   pessimiste   ~~réaliste~~
3. désagréable   ~~stressé~~   sociable   ~~têtu~~
4. ~~individualiste~~   idéaliste   ~~désagréable~~   sociable
5. calme   ~~raisonnable~~   ~~réaliste~~   ~~sympathique~~
6. désagréable   ~~disciplinée~~   individualiste   ~~timide~~

1-12　À la française. The French often express a negative thought by using its opposite in a negative sentence. As Séverine describes members of her family, select the sentence that best reflects each of her comments.

1. Ses enfants ne sont pas très disciplinés.

   a. Ils sont assez sympathiques.

   b. Ils sont indisciplinés.

   c. Ils ne sont pas sympathiques.

   d. Ils ne sont pas trop indisciplinés.

2. Le cousin Paul n'est pas raisonnable.

   a. Il est assez raisonnable.

   b. Il n'est pas têtu.

   c. Il est têtu.

   d. Il est vraiment raisonnable.

3. Sa sœur n'est pas sympathique.

   a. Elle est désagréable.

   b. Elle est trop sympathique.

   c. Elle n'est pas désagréable.

   d. Elle n'est pas réservée.

4. Ma tante n'est pas vraiment sociable.

   a. Elle est assez réservée.

   b. Elle est trop sociable.

   c. Elle n'est pas réservée.

   d. Elle est très sociable.

5. Son mari n'est pas très calme.

   a. Il est trop calme.

   b. Il n'est pas vraiment stressé.

   c. Il est stressé.

   d. Il est conformiste.

6. Leur fils n'est pas très conformiste.

   a. Il est vraiment pessimiste.

   b. Il est trop dynamique.

   c. Il est conformiste.

   d. Il est individualiste.

1-13 Qui se ressemble s'assemble ! Explain how the various friends and relatives mentioned below share similar personality traits.

MODÈLE   Je suis très optimiste et un peu indisciplinée.
             Mon frère, lui aussi, _il est optimiste et un peu indiscipliné_.

1. Marie-Claude est sympathique et dynamique.

   Ses amies, elles aussi, _____ .

2. Mon beau-père est réservé et conformiste.

   Ma mère, elle aussi, _____ .

3. Sophie est stressée et assez pessimiste.

   Son ami, lui aussi, _____ .

4. Marie est sociable et individualiste.

   Ses enfants, eux aussi, _____ .

1-14 Ma famille et mes amis. Marc seems to have no extreme character traits. For each observation you hear, select the phrase that most logically completes the description of this "middle-of-the-road" person.

1. **a.** mais il n'est pas réaliste non plus.

   b. mais il n'est pas sociable non plus.

2. **a.** mais il n'est pas désagréable non plus.

   b. mais il n'est pas conformiste non plus.

3. **a.** mais il est indiscipliné aussi.

   b. mais il est raisonnable aussi.

4. **a.** mais il est raisonnable aussi.

   b. mais il est pessimiste aussi.

5. **a.** mais il n'est pas vraiment conformiste.

   b. mais il n'est pas vraiment désagréable.

6. **a.** mais il est stressé aussi.

   b. mais il est réservé aussi.

7. **a.** mais il n'est pas timide non plus.

   b. mais il n'est pas optimiste non plus.

8. **a.** mais il n'est pas dynamique non plus.

   b. mais il n'est pas idéaliste non plus.

Écoutons

1-15 Une photo de mariage : avant d'écouter. Select the adjectives from the list below that would most likely describe a typical bride and groom on their wedding day.

_____ désagréables   _____ indisciplinés   _____ optimistes

_____ stressés   _____ têtus

🔊 **1-16   Une photo de mariage : en écoutant.** As you listen to Sylvie's description of the wedding photo, look at the illustration and write the number of each person she describes in the second column of the chart. Listen again and complete the third column of the chart by writing one personality trait of each person described. Some information has been provided for you.

	Number	**Trait**
her sister	5	
her brother-in-law		
her brother-in-law's parents		
her parents		
her brother		
Sylvie		
her cousin		*adorable*

Écrivons

1-17   Ma famille : avant d'écrire. You will write a brief description of your family. First, answer the questions below to help organize your thoughts. Don't forget to include family pets, if you wish.

1. Which members of your family do you wish to write about? _____

_____

_____

2. What adjectives would you use to describe each of them? _____

_____

_____

3. Is there any other information you could add about them (marital status or hometown)? _____

_____

_____

1-18   Ma famille : en écrivant. Now write a paragraph incorporating the information you provided above. You may wish to begin with a general statement about your family, such as **"Dans ma famille, nous sommes trois"** or **"Il y a quatre personnes et deux chats dans ma famille."** Continue with specific information about each individual.

MODÈLE   *Dans ma famille, nous sommes cinq. Ma mère s'appelle Nadège. Elle est optimiste et très sociable, mais assez occupée. Elle est de New York. Mon père s'appelle…*

_____

_____

_____

_____

_____

Leçon 2 Les dates importantes

POINTS DE DÉPART

1-19 C'est quel mois en Amérique du Nord ? What month from the following list do you associate with each of the following in North America?

février	mars	mai	juillet	août	octobre	novembre	décembre

1. fireworks _____Juillet_____
2. turkey _____NOVEMBRE_____
3. graduation _____MAI_____
4. dreidels and jingle bells _____DECEMBRE_____
5. pumpkins _____OCTOBRE_____
6. hearts _____FÉVRIER_____
7. leprechauns _____MARS_____
8. back to school _____AOÛT_____

1-20 Le calendrier des fêtes. Stéphane is noting his favorite holidays on his calendar for the year. Complete each of his sentences, writing the dates that you hear.

MODÈLE You hear: Le 14 février, c'est la Saint-Valentin.

You write: _Le 14 février_, c'est la Saint-Valentin.

1. _LE 15 AOÛT_, c'est la Fête des Acadiens.
2. _LE 20 FÉVRIER_, c'est Mardi gras.
3. _LE 30 OCTOBRE_, c'est mon anniversaire.
4. _LE 15 AVRIL_, c'est Pâques.
5. _LE 6 JANVIER_, c'est l'Épiphanie.
6. _LE 29 JUIN_, c'est la Fête nationale du Québec.

1-21 Associations. Match the number you associate with each of the following.

____ 1. une paire
_H_ 2. l'alphabet
____ 3. l'âge de la majorité
_f_ 4. septembre
_c_ 5. Noël
____ 6. l'indépendance aux États-Unis
_B_ 7. un triangle
_G_ 8. décembre

a. vingt-et-un
b. trois
c. vingt-cinq
d. quatre
e. deux
f. neuf
g. douze
h. vingt-six

Nom : FRANCIS CORAZINO 11   **Date :** _____

 1-22   Le cours de maths. On Nadège's first day of class, the math teacher is testing her on mental arithmetic. Complete Nadège's statements with the numbers that you hear.

> **MODÈLE**   You hear: neuf et onze font vingt
>
> You write: _9 + 11_ = 20

1. ___ + ___ = 18

2. ___ − ___ = 27

3. ___ − ___ = 14

4. ___ + ___ = 25

5. ___ + ___ = 21

6. ___ − ___ = 8

SONS ET LETTRES

La prononciation des chiffres

 1-23   Muette ou pas ? Listen to the following phrases and select the items that include a number with a final pronounced consonant.

1. cinq enfants

2. dix chaises

3. six oncles

4. six photos

5. trois affiches

6. cinq cousins

7. un bureau

8. deux parents

9. un an

10. deux ordinateurs

11. trois cahiers

12. sept images

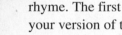 **1-24   Une comptine.** Listen twice to the French Canadian version of a traditional French counting rhyme. The first time, just listen. As it is read a second time, repeat each phrase after the speaker. Finally, give your version of this traditional counting rhyme, paying attention to the pronunciation of the numbers.

> **Un, deux, trois,**
>
> **Nous avons un gros chat,**
>
> **Quatre, cinq, six,**
>
> **Il a de longues griffes,**
>
> **Sept, huit, neuf,**
>
> **Il a mangé un œuf,**
>
> **Dix, onze, douze,**
>
> **Il est blanc et rouge.**

FORMES ET FONCTIONS

1. Le verbe avoir et l'âge

 1-25   Trois générations. Listen as Jean-François talks about his family and write down the age of each person he mentions.

> **MODÈLE**   You hear: Oncle Jean a 64 ans.
>
> You write: _64_

1. ma tante _____

2. ma sœur _____

3. mon père _____

4. ma mère _____

5. mon frère _____

6. mon grand-père _____

7. ma grand-mère _____

8. mon cousin _____

1-26 Ce n'est pas possible ! Correct the illogical statements by replacing the words in italics with one of the words from the list below.

trente-et-un	cinquante	soixante	soixante-douze	quatre-vingt-dix

1. Il y a *quarante* états aux États-Unis.

   Il y a _____ états aux États-Unis.

2. Huit fois neuf (8 × 9) font *soixante-quatre*.

   Huit fois neuf (8 × 9) font _____.

3. Il y a *quatre-vingts* minutes en une heure.

   Il y a _____ minutes en une heure.

4. Un angle droit (*right angle*) mesure *quarante* degrés.

   Un angle droit mesure _____ degrés.

5. Il y a *trente* jours en décembre.

   Il y a _____ jours en décembre.

1-27 Des familles diverses. Michel is comparing his family with his friends' families. Write the subject and verb forms you hear to complete each of his statements.

MODÈLE   You hear: Elle a quatre frères ?

   You write: _Elle a_ quatre frères ?

1. _____ trois sœurs.

2. _____ une sœur.

3. _____ dix cousins ?

4. _____ deux grands-mères.

5. _____ un grand-père.

6. _____ quatre oncles.

7. _____ cinq tantes.

8. _____ six neveux ?

1-28   La famille. Tell how many family members or pets each person in your family has.

MODÈLE   *Ma grand-mère a huit petits-enfants et deux arrière-petits-enfants.*

1. Mon oncle _____

2. Je/J' _____

3. Ma sœur et moi, nous _____

4. Mes grands-parents _____

5. Ma tante _____

6. Mon père _____

7. Et toi ? Tu _____

8. Et vous ? Vous _____

2. Les adjectifs possessifs au pluriel

1-29   Combien ? Amélie and her friends are sorting out what they bought while shopping for school supplies together. Listen to each of their statements and select the correct form of the item(s) mentioned, based on the possessive adjective that you hear.

1. stylo   ~~stylos~~
2. (ordinateur)   ~~ordinateurs~~
3. (calculatrice)   ~~calculatrices~~

4. affiche   (affiches)
5. livre   (livres)
6. gomme   (gommes)

1-30   C'est bien ça ? Invited to dinner by Isabelle and her sister Amandine, Caroline wants to learn more about their family. Complete Isabelle's answers to each of Caroline's questions by writing in the correct possessive adjective and the family member to whom she refers.

MODÈLE   You hear: —Comment est votre grand-mère ?

                            —Notre grand-mère est optimiste.   *Notre = our*

            You write: *Notre grand-mère* est optimiste.

1. ___NOTRE PÈRE_____ est très sympathique.
2. ___NOS ~~PÈRE~~ FRÈRE___ ne sont pas calmes.
3. ___LEUS ~~PÈRE~~ PARENTS___ sont dynamiques.
4. ___NOTRE MÈRE_____ est réservée.
5. ___LEUR CHIEN_____ est très têtu.
6. ___NOS CHATS_____ sont timides.

1-31   Au parc. Paul has run into his French teacher while taking his nephews for a walk in the park. She has just dropped a book, which Paul returns to her. Complete their conversation with the correct form of the possessive adjective.

PAUL :   Excusez-moi, c'est _*votre*_ livre, madame ?

LA PROF :   Oui, merci Paul. Ce sont (1) _____ enfants ? Ils sont adorables.

PAUL :   Non, non, non. Ce sont (2) _____ neveux. (3) _____ mère, c'est ma grande sœur.

LE PROF : Mon mari et moi, nous avons des filles aussi. (4) _____ filles s'appellent Mireille et Michelle.

PAUL : Ah bon ? (5) _____ filles ont quel âge ?

LE PROF : Elles ont vingt-et-un ans. Elles sont étudiantes à la fac (*university*). (6) _____ frère a dix-sept ans. Et (7) _____ neveux, ils ont quel âge ?

PAUL : Ils ont bientôt trois ans.

1-32 C'est qui ? You are trying to figure out the relationships between various members of the Brunet family. Answer the questions below and use the family tree as a guide; be sure to follow the model exactly.

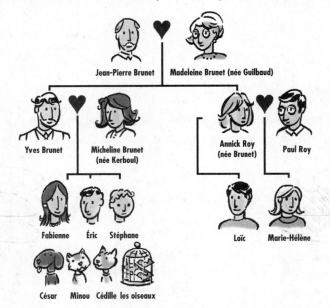

MODÈLES Voici Annick Roy et Yves Brunet, mais qui est Madeleine Brunet ?

C'est leur mère.

Voici Yves et Micheline Brunet, mais qui sont Fabienne, Éric et Stéphane ?

Ce sont leurs enfants.

1. Voici Fabienne, Éric et Stéphane, mais qui sont Loïc et Marie-Hélène ?

_____

2. Voici Loïc et Marie-Hélène, mais qui est Jean-Pierre Brunet ?

_____

3. Voici Éric et Stéphane, mais qui est Fabienne ?

_____

4. Voici Annick et Paul Roy, mais qui sont Éric et Stéphane ?

_____

5. Voici Loïc et Marie-Hélène, mais qui est Yves Brunet ?

_____

Écoutons

1-33 Le sondage : avant d'écouter. Imagine what kinds of questions you might be asked during a marketing survey conducted by telephone. Select the questions you might hear.

_____ Êtes-vous marié/e ?   _____ Comment s'appelle votre chat ?

_____ Avez-vous une calculatrice ?   _____ Êtes-vous idéaliste ?

_____ Avez-vous des enfants ?   _____ Quel âge avez-vous ?

1-34 Le sondage : en écoutant. Listen as Mme Leroy responds to this survey and fill out the form with her answers. You may listen to the recording as many times as you wish.

FORMULAIRE DE SONDAGE

Nom : _LEROY_____   Prénom : _Patricia_____

Adresse : _____

Âge : _____ ans _____   Situation familiale : _____

Prénom du mari : _____   Âge : _____ ans _____

Enfants

1. Prénom : _____   Âge : _____ ans _____

   Anniversaire : _____

2. Prénom : _____   Âge : _____ ans _____

   Anniversaire : _____

3. Prénom : _____   Âge : _____ ans _____

   Anniversaire : _____

4. Prénom : _____   Âge : _____ ans _____

   Anniversaire : _____

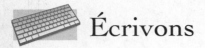 # Écrivons

1-35 Un formulaire : avant d'écrire. When you travel to a foreign country, one of the first things you need to do is fill out forms—customs forms, information forms, etc. Imagine that you're applying to a study program in a French-speaking country. Make a list of the kinds of information that you expect you will need to supply.

_____

_____

1-36 Un formulaire : en écrivant. Now fill in the following application with your personal information. When you finish, look over your form to make sure you have filled it out completely and that all the information you have provided is correct.

ÉTUDES À L'ÉTRANGER
Fiche de demande de renseignements

Nom : _____   Prénom : _____

Date de naissance : _____   Lieu de naissance : _____

Nationalité : _____

Sexe : _____ masculin _____ féminin   État civil : _____ célibataire _____ marié(e)

Si vous êtes marié(e), indiquez :

Le nom du conjoint : _____

Le nombre d'enfants : _____   Âge(s) : _____

Adresse personnelle (numéro, rue, ville, code postal) :

_____

_____

Téléphone : _____

Leçon 3 Nos activités

POINTS DE DÉPART

1-37   La vie familiale. Refer to the presentation of the Dupont family at the beginning of **Leçon 3** to match each family member with the activity they do during a typical week.

_____ 1. Mme Dupont

_____ 2. M. Dupont

_____ 3. Émilie

_____ 4. Simon et ses amis

_____ 5. La famille

_____ 6. Les grands-parents

a. déjeuner ensemble

b. jouer au foot

c. inviter ses parents à déjeuner

d. arriver chez leur fille

e. jouer du piano

f. travailler au bureau

1-38   La semaine. Refer to the presentation of the Dupont family at the beginning of **Leçon 3** and write the day of the week on which members of the Dupont family usually do each of the following activities.

MODÈLE   Mme Dupont travaille dans le jardin. _____ *le lundi* _____

1. Les enfants restent à la maison. _____

2. M. Dupont joue au golf. _____

3. Émilie prépare sa leçon de chant. _____

4. Les grands-parents arrivent. _____

5. L'après-midi, il n'y a pas d'école. _____

6. Simon regarde la télé. _____

7. Simon et ses copains jouent au foot. _____

🔊 **1-39   Une semaine chargée.** Listen as Marianne and Louise try to arrange a time to get together. Write down the day of the week when one or the other will be involved in each of the activities listed. Then indicate on which day(s) they would be free to get together.

1. jouer au tennis _____

2. avoir une leçon de guitare _____

3. travailler dans le jardin _____

4. jouer au golf _____

5. préparer le dîner _____

6. danser _____

7. What day(s) would they be free to get together? _____

🔊 **1-40** **Une journée en famille.** Listen as Henri talks about his own and other people's leisure time activities. Classify each activity that he mentions in one of the following categories: **musique, activités sportives, autres activités**.

	Musique	Activités sportives	Autres activités
1. Henri			
2. Le père d'Henri			
3. La sœur d'Henri			
4. La mère d'Henri			
5. Frédéric			
6. Les cousins d'Henri			
7. Le frère d'Henri			
8. Le grand-père d'Henri			

FORMES ET FONCTIONS

1. Le présent des verbes en -er et la négation

🔊 **1-41** **Un ou plusieurs ?** For each statement, select **1** if the subject of the sentence is one person, **1+** if it is more than one person, and **?** if it is impossible to tell from what you hear.

1. 1   1+   ?   5. 1   1+   ?
2. 1   1+   ?   6. 1   1+   ?
3. 1   1+   ?   7. 1   1+   ?
4. 1   1+   ?   8. 1   1+   ?

1-42   Une semaine en famille. Complete the sentences by filling in what the various members of the Dupont family are doing this week based on the following drawings.

déjeune ensemble   **écoute de la musique**   **jouent au foot**   **joue au golf**

joue du piano   **travaille dans le jardin**

MODÈLE   Mme Dupont _____*travaille dans le jardin*_____ .

3. Simon et ses copains
_____ .

1. Émilie _____ .   2. M. Dupont _____ .

4. La famille _____ .

5. Simon _____ .

🔊 **1-43** **Emploi du temps.** Sarah has called her niece, Emma, to invite her and her husband, Frank, to dinner this week. Listen to their conversation and write the subject and verb form for each sentence.

MODÈLE   You hear: Lundi soir, nous regardons un film à la télé.

You write: *nous regardons*

1. _____

2. _____

3. _____

4. _____

5. _____

6. _____

7. _____

8. _____

1-44 La semaine de Sophie. Sophie has left her date book at your house and has sent you an e-mail to confirm the activities she has planned for the week. Looking at her calendar, answer her questions and tell her what she has planned.

Lundi 13	Mardi 14	Mercredi 15	Jeudi 16	Vendredi 17	Samedi 18
(09) SEPTEMBRE	(09) SEPTEMBRE	(09) SEPTEMBRE	(09) SEPTEMBRE	(09) SEPTEMBRE	(09) SEPTEMBRE
S. Aimé	La Ste Croix	S. Roland	S. Edith	S. Renaud	S. Nadège
9h inviter Michèle au cinéma	19h préparer la leçon de chant	10h préparer les leçons	16h téléphoner à Grand-mère	20h jouer au tennis avec Julie	10h travailler dans le jardin avec Maman

14h regarder un film avec Michèle

Dimanche 19

(09) SEPTEMBRE   S. Emilie

MODÈLES   Je regarde un film samedi ?

Non, tu ne regardes pas de film samedi. Michèle et toi, vous regardez un film dimanche.

Je prépare mes leçons lundi ?

Non, tu ne prépares pas tes leçons lundi. Tu prépares tes leçons mercredi.

1. Je joue au tennis mercredi ? _____

_____

2. J'invite Julie au cinéma ? _____

_____

3. Je travaille dans le jardin dimanche ? _____

_____

4. Je prépare ma leçon de chant lundi ? _____

_____

5. Je téléphone à Michèle jeudi ? _____

_____

2. Les questions

Photos. Listen to Justine's questions about her friend's family photos. Match the letter of each of her questions with the corresponding picture.

1. _____

2. _____

3. _____

4. _____

5. _____

6. _____

1-46   La curiosité. You've just met a really interesting person from a Francophone country. Using the verbs given, ask yes-no questions to find out more about his or her life.

MODÈLE   regarder la télé : *Est-ce que tu regardes la télé le soir ?*

1. travailler : _____

2. jouer de la guitare : _____

3. jouer au foot : _____

4. avoir une famille nombreuse : _____

5. écouter de la musique à la radio : _____

6. avoir un téléphone chez toi : _____

1-47   Réponses. Listen to each question and choose the best response from the options below.

1. a. Oui, j'ai un chat.   **b.** Non, je déteste le tennis.

2. a. Oui, Marie Dubonnet.   **b.** Non, je m'appelle Marie.

3. a. Si, j'adore le français.   **b.** Oui, je parle français.

4. a. Oui, c'est la sœur de ma mère.   **b.** Oui, c'est ma cousine.

5. a. Si, j'aime beaucoup le rap.   **b.** Non, je préfère le rap.

6. a. Non, c'est un lecteur CD.   **b.** Oui, c'est un lecteur CD.

1-48   Ce n'est pas vrai. Karim's annoying cousin doesn't think that Karim does anything. Help Karim set the record straight by matching the appropriate answer to each of the cousin's questions.

_____ **1.** Tu n'es pas étudiant ?   **a.** Non, j'aime le jazz.

_____ **2.** Tu ne prépares pas tes leçons ?   **b.** Non, mais je joue au foot.

_____ **3.** Tu ne travailles pas le week-end ?   **c.** Si, tous les soirs.

_____ **4.** Tu n'aimes pas le hip-hop ?   **d.** Si, j'étudie le français.

_____ **5.** Tu n'as pas d'amis ?   **e.** Si, je travaille dans un restaurant.

_____ **6.** Tu ne joues pas au golf ?   **f.** Si, j'ai beaucoup d'amis.

Écoutons

1-49   Trois familles : avant d'écouter. Suppose you were going to France on an exchange program. What kind of host family would you like to live with? Write your general preferences below.

1. Âge ? Entre 25 et 35 ans ou entre 40 et 50 ans ? _____

2. Résidence ? En maison ou en appartement ? _____

3. Avec enfants ou sans enfants ? _____

4. Avec animaux ou sans animaux ? _____

5. Caractère ? Réservé ou sociable ? _____

6. Activités ? Sportives ou tranquilles ? _____

	Mme LEQUIEUX	M. et Mme MOY	M. et Mme JORET
Âge	*40 ans*		
Résidence			*maison*
Enfants		*pas d'enfants*	
Animaux			
Caractère			
Activités préférées			

Écrivons

1-51   Mon agenda : avant d'écrire. Like their American counterparts, busy French students keep a date book or desk calendar to jot down appointments and plans. Here is a page from a French desk calendar for your own use. Begin by filling in the current month and this week's dates. Next, note your appointments and activities for the week.

Lundi	Mardi	Mercredi	Jeudi	Vendredi	Samedi
8 ___	8 ___	8 ___	8 ___	8 ___	8 ___
9 ___	9 ___	9 ___	9 ___	9 ___	9 ___
10 ___	10 ___	10 ___	10 ___	10 ___	10 ___
11 ___	11 ___	11 ___	11 ___	11 ___	11 ___
12 ___	12 ___	12 ___	12 ___	12 ___	12 ___
13 ___	13 ___	13 ___	13 ___	13 ___	13 ___
14 ___	14 ___	14 ___	14 ___	14 ___	14 ___
15 ___	15 ___	15 ___	15 ___	15 ___	15 ___
16 ___	16 ___	16 ___	16 ___	16 ___	16 ___
17 ___	17 ___	17 ___	17 ___	17 ___	17 ___
18 ___	18 ___	18 ___	18 ___	18 ___	18 ___
19 ___	19 ___	19 ___	19 ___	19 ___	19 ___
20 ___	20 ___	20 ___	20 ___	20 ___	20 ___
21 ___	21 ___	21 ___	21 ___	21 ___	21 ___

Dimanche

8 ___	11 ___	14 ___	17 ___
9 ___	12 ___	15 ___	18 ___
10 ___	13 ___	16 ___	19 ___

1-52   Mon agenda : en écrivant. Now, write a paragraph describing your week to include in a letter to a friend or family member.

MODÈLE   *Cette semaine, j'ai beaucoup d'activités. Lundi matin, j'ai rendez-vous avec mon prof de français. Le soir, je joue au golf avec mon copain, Thomas. Mardi, je…*

_____
_____
_____
_____
_____

Lisons

1-53 **Le carnet : avant de lire.** This text is from a French newspaper. Look it over before you read, and then answer the following questions in English.

1. Which section of the paper do you think this text would appear in?

_____

2. Is there a similar section in the newspaper you read regularly?

_____

3. If so, what kind of information do you find there?

_____

1-54 **Le carnet : en lisant.** Now, as you read, look for and supply the following information.

1. Who has just been born?

_____

2. Who is getting married?

_____

3. Who has made their union official through a **PACS**?

_____

4. Who has died?

_____

5. Which parents have a set of twins? What are the names of the twins?

_____

6. Which couple is thinking of their family and friends unable to attend the ceremony? How do you know?

_____

_____

7. What did the person who died do for a living?

_____

Le carnet ◀

NAISSANCES

Hello
Lucie
est là
18 juin 2010
Claire et Bruno Toubon

■

Coucou
Yves & Pierrette
Ont choisi de venir parmi vous le
21 juin 2010, 1ᵉʳ jour de l'été et
jour de la musique pour faire
plaisir à leurs parents Simon et
Simone PASCALE.

■

MARIAGES

Jean-Pierre
épouse
Françoise
GIRARDOT épouse DUMONT
Une pensée à nos
parents et ami(e)s absents
pour cet évènement.

PACS

Cela s'en tamponne*, mais
Olivier Ménard
et
Jean-Philippe Dupont se
sont pacsés le 16 juin 2010.

DÉCÈS

Mme Isabelle CHARNIERE
et sa fille, Cécile,
ont le chagrin de vous
faire part du décès de
Mme Pierre
de la GARONNIÈRE
née Claire ROTET
professeur d'Université
à la faculté
de Grenoble,
survenu le 22 juin 2010.
Ses obsèques ont eu lieu
le samedi 26 juin 2010 au
cimetière de Besneaux.

■

Informations et tarifs
Tél. : 01 42 47 93 06

to receive an official stamp

1-55   Le carnet : après avoir lu. Reread the announcements, then answer these questions, in English.

1. What do the style and tone of each announcement tell you about the person or people who wrote it? With which writer(s) would you most like to become acquainted? Why?

_____

_____

2. Would you place an announcement of this type in a newspaper for a special event? Why or why not?

_____

3. Using these announcements as a model, write a simple announcement, in French, for someone you know or for a made-up character. You can choose whether to announce a birth, a wedding, or a death.

_____

_____

_____

Venez chez nous !

La famille dans le monde francophone

1-56   La famille royale marocaine. How much do you know about the royal family in Morocco? Complete the chart below with the names and birth dates of the members of the Moroccan royal family. For help in gathering this information, visit the **Chez nous** Companion Website. The names of the various family members have been listed below to help you.

Hassan II   Lalla Meryem   Lalla Salma
Mohammed VI   Moulay Hassan   Moulay Rachid

La famille royale marocaine		
	Nom	**Date de naissance**
Le roi (*king*) :	*Mohammed VI*	*le 21 août 1963*
Sa femme :		
Leur fils :		
La sœur du roi :		
Le frère du roi :		
Le père (décédé) du roi :		

1-57 **Le PACS.** In this chapter, you learned about **le Pacte civil de solidarité (le PACS)**. To find out more about this recent law, which gives legal status to different types of families in France, visit the **Chez nous** Companion Website. Choose one of the sites on **le PACS** and answer the questions below in English.

1. Who can sign a PACS? _____

2. What people are specifically excluded from a PACS? _____

3. Where would you go to sign a PACS? _____

4. What are the advantages of signing a PACS? _____

5. Can a PACS be dissolved? _____

6. If so, how? _____

7. Is there something similar to the PACS in your state or province? _____

1-58 **La famille sur le Web.** Some Francophone countries have official Websites focusing on family life where citizens can find information and/or helpful links. Visit the **Chez nous** Companion Website to find several of these Websites. Write a short description of one of them, in English. Indicate what kind of information can be found on the site, and evaluate it briefly. Do you find the site to be helpful, user-friendly, and comprehensive? Mention as well one interesting detail you've learned about family life from the site.

_____

_____

_____

_____

_____

Video Manual

1-59   Les animaux familiers. The French are very fond of their pets. In this clip you will see pet owners enjoying the company of their animal friends.

1. Which of the animals listed below do you see in the video clip? Select all that apply.

   _____ un chat

   _____ un chien

   _____ un hamster

   _____ un oiseau

   _____ un serpent *(snake)*

2. In what places do you see people with their pets?

   _____ on the beach

   _____ at home

   _____ in the metro

   _____ at a restaurant

   _____ at work in a studio

   _____ in a pet store

1-60   La famille dans le monde francophone. The Francophone families you will see in this montage are very diverse. Watch as they go about some of their normal daily activities and answer the following questions in English.

1. Do they look like the families you see where you live? Explain your answer.

   _____

   _____

2. What are some of the activities in which they are engaged?

   _____

   _____

   _____

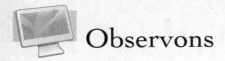 Observons

1-61 **C'est ma famille : avant d'écouter.** You may already have completed the **Observons** activity in the **Venez chez nous !** lesson of this chapter. If not, you will find it helpful to go back and complete that activity before moving on to the questions below. You will see three short interviews in which the people listed below describe their family. Watch the video clip without sound. Try to determine which members of the family each person is describing, and write down the relationships in French.

1. Christian : _____

2. Caroline et Catherine : _____

3. Corinne : _____

1-62 **C'est ma famille : en regardant.** Now replay the clip with sound, and listen carefully to answer the following questions.

1. Is your list of relationships correct and complete? If not, on the basis of the information you have heard, provide any needed adjustments below.

a. Christian : _____

b. Caroline et Catherine : _____

c. Corinne : _____

2. Each person tells where various family members live. Who lives in . . .

a. Besançon? _____

b. Washington? _____

c. Paris? _____

1-63   C'est ma famille : après avoir regardé. Now respond to the following questions.

1. How are these Francophone families similar to, or different from, North American families? Answer in English.

_____

_____

_____

2. What additional questions might you ask each person to get a more complete picture of his or her family? Make a short list of these questions in French.

Christian : _____

_____

Caroline et Catherine : _____

_____

Corinne : _____

_____

Voici mes amis

Leçon 1 Mes amis et moi

POINTS DE DÉPART

2-1   Descriptions. Listen to the descriptions of Marianne and her friends, and select **un trait physique** if a physical trait is being described or **un trait de caractère** if a personality trait is being described.

1. un trait physique   un trait de caractère
2. un trait physique   un trait de caractère
3. un trait physique   un trait de caractère
4. un trait physique   un trait de caractère

5. un trait physique   un trait de caractère
6. un trait physique   un trait de caractère
7. un trait physique   un trait de caractère
8. un trait physique   un trait de caractère

2-2   Le mot juste. Help your roommate review for a French test by selecting the word that best fits in each group of adjectives you hear.

1. sportive   moche   généreuse
2. châtain   gentille   élégante
3. âgée   bête   ambitieuse
4. intelligente   petite   amusante
5. pantouflarde   brune   maigre
6. sérieuse   égoïste   d'un certain âge

2-3   Les retrouvailles. One of your sisters could not attend your annual family reunion picnic this summer but wants to know what everyone looks like now. Describe your family members for her, using the opposite adjectives.

MODÈLE   Tante Lucie, toujours blonde ? Non, elle est _brune_ maintenant.

1. Grand-maman, toujours mince ? Pas du tout, elle est _____ maintenant.
2. Tante Adèle, toujours moche ? Ah non, elle est _____ maintenant.
3. Notre cousine Gaby, toujours petite ? Non, elle est _____ maintenant.
4. Cousine Annie, toujours brune ? Pas du tout, elle est _____ maintenant.
5. Mamie, toujours forte ? Ah non, elle est _____ maintenant.

2-4 À chacune sa personnalité. Select the adjective that best describes each of these women, based on their activities.

1. Bénédicte adore jouer au tennis et au basket. Alors elle est…

   a. sportive. b. sympathique. c. intelligente.

2. Nathalie n'aime pas faire du sport. Alors elle est…

   a. ambitieuse. b. énergique. c. pantouflarde.

3. Isabelle travaille avec des personnes âgées. Alors elle est…

   a. généreuse. b. drôle. c. élégante.

4. Francine adore raconter des histoires drôles. Alors elle est…

   a. gentille. b. amusante. c. méchante.

5. Linda travaille beaucoup. Alors elle est…

   a. égoïste. b. moche. c. ambitieuse.

SONS ET LETTRES

La détente des consonnes finales

2-5 Qui est-ce ? Select the name you hear, listening for the presence or absence of a pronounced final consonant.

1. Clément Clémence
2. François Françoise
3. Jean Jeanne
4. Laurent Laurence

5. Yvon Yvonne
6. Gilbert Gilberte
7. Louis Louise
8. Simon Simone

2-6 Répétez. Repeat the following words and phrases after the speaker. Be sure to articulate the final consonants clearly.

1. chic
2. sportif
3. méchante
4. mal
5. ambitieuse

6. Bonjour, Viviane.
7. Voilà Françoise.
8. C'est ma copine.
9. Elle est intelligente.
10. Nous sommes sportives.

FORMES ET FONCTIONS

1. Les adjectifs variables

2-7 Discrimination. Listen to the descriptions of various men and women, and select in each case the form of the adjective you hear.

1. sportif sportive
2. ambitieux ambitieuse
3. blond blonde

4. sérieux sérieuse
5. pantouflard pantouflarde
6. généreux généreuse

2-8   Délibérations. It's the end of the semester. Listen in as these teachers assess their students and jot down the adjectives you hear. Make sure that the adjective agrees with its subject(s) in each case.

MODÈLE   You hear: Andrès est intelligente. Elle a 15 sur 20.

You write: ANDRÈS   _intelligente_

1. BERNARD   ~~PARR~~ PARESSUCSX
2. BOIVIN et BRUN   très _SÉRICUSES_
3. COURTADON et DESCAMPS   pas assez _AMBITUESX_
4. FAUST, C. et FAUST, P.   très _AMUSANTES_
5. LUTHIN   _PARRASEUSES_
6. MEYER   trop ~~~~ MÉCHANTS
7. MUFFAT   vraiment _BÊtE_
8. PATAUD   ~~~~ ~~~~ PERSPICANT.F
9. REY   trop _ÉNÉRIQUE_
10. TOMAS   vraiment très _DRÔLE_
11. TUGÈNE   très _INTELLIGANTE_
12. VAUTHIER et WEIL   très _GENTILLES_

2-9   Un couple idéal ? François and his girlfriend Françoise are very similar. Based on a description of one of them, provide a description of the other.

MODÈLE   Françoise est grande et mince.

François est _grand_ et _mince_.

1. François est beau et roux.

Françoise est _____ et _____

2. Françoise est généreuse, sympathique et gentille.

François est _____, _____ et _____

3. François est sportif, dynamique et énergique.

Françoise est _____, _____ et _____

4. Françoise est sérieuse mais drôle.

François est _____ mais _____

5. François est ambitieux et discipliné.

Françoise est _____ et _____

6. Françoise n'est pas paresseuse, mais elle est assez stressée.

François n'est pas _____, mais il est assez _____

2-10 Les intimes. Using the descriptive adjectives you've learned, write two or three sentences describing the important people in your life.

MODÈLE votre grand-mère

Ma grand-mère est petite et mince. Elle est assez âgée mais très énergique. Elle est sympathique et très généreuse. Elle est super !

1. votre père / votre mère

_____

_____

2. votre grand-mère / votre grand-père

_____

_____

3. une sœur / un frère

_____

_____

4. un professeur

_____

_____

5. une tante / un oncle

_____

_____

2. Les adverbes interrogatifs

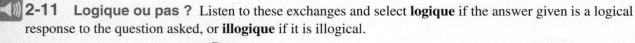

2-11 Logique ou pas ? Listen to these exchanges and select **logique** if the answer given is a logical response to the question asked, or **illogique** if it is illogical.

1. logique	illogique	5. logique	illogique
2. logique	illogique	6. logique	illogique
3. logique	illogique	7. logique	illogique
4. logique	illogique	8. logique	illogique

2-12 Comment ? Lucas tells his friend Maxime all about a terrific new woman he has met. Complete Maxime's questions by filling in each blank with an appropriate expression from the word bank.

Combien de	Comment	Où	Pourquoi	Quand

LUCAS: J'ai une nouvelle copine.

MAXIME :   (1) _____ est-ce qu'elle s'appelle ?

LUCAS :   Elle s'appelle Isabelle. Elle est professeur de musique.

MAXIME :   (2) _____ est-ce qu'elle travaille ?

LUCAS :   Au lycée Faidherbe et au collège Carnot.

MAXIME :   Pas possible ! Ma sœur est au lycée Faidherbe ! (3) _____ est-ce qu'Isabelle travaille là-bas (*there*) ?

LUCAS :   Le matin. L'après-midi, elle est au collège. Elle travaille beaucoup.

MAXIME :   Ah… (4) Et _____ cours est-ce qu'elle a aujourd'hui?

LUCAS :   Trois le matin, deux l'après-midi.

MAXIME :   Elle n'est pas paresseuse alors ! Mais (5) _____ est-ce que tu téléphones ?

LUCAS :   Pour inviter Isabelle à dîner au restaurant parce qu'elle travaille trop !

2-13 La Suisse. You are interviewing a Swiss student who is visiting your campus this semester. Select the questions you might ask her about each of these topics.

1. nom et prénom :   [Comment ça va / Comment est-ce que tu t'appelles] ?

2. famille :   [Combien de personnes est-ce qu'il y a dans ta famille / Quel âge est-ce que tu as] ?

3. travail :   [Quand est-ce que tu arrives / Où est-ce que tu travailles] ?

4. raison de la visite :   [Pourquoi est-ce que tu visites les USA / Combien de jours est-ce que tu restes aux USA] ?

5. retourner en Suisse :   [Combien d'amis est-ce que tu as en Suisse / Quand est-ce que tu retournes en Suisse] ?

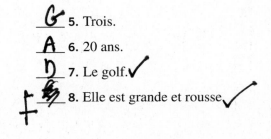
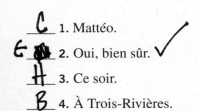

2-14 On fait connaissance. Mattéo's new roommate asks him a lot of questions. Match each question you hear next to its most likely response.

C 1. Mattéo.

E 2. Oui, bien sûr. ✓

H 3. Ce soir.

B 4. À Trois-Rivières.

G 5. Trois.

A 6. 20 ans.

D 7. Le golf. ✓

F 8. Elle est grande et rousse. ✓

 Écoutons

2-15 La baby-sitter : avant d'écouter. Your friend Léa is looking for a babysitter for her three-year-old daughter and asks your advice. Select the essential qualities one would typically look for in a babysitter from the list below.

_____ amusante   _____ gentille

_____ blonde   _____ maigre

_____ calme   _____ méchante

_____ égoïste

2-16 La baby-sitter : en écoutant. Now listen to Léa's descriptions of the two most promising candidates, filling in the note cards below. Some information has already been provided for you. You may listen to the recording as many times as necessary.

Nom : _GASPARD, Carole_

Âge : _23 ans_

Physique : _____

_____

Qualités : _Elle est_ _____

_____

_____

_____

Elle n'est pas _____

_____

Elle aime _____

_____

Nom : _LEGER, Martine_

Âge : _____

Physique : _petite_

_____

Qualités : _Elle est_ _____

_____

_____

_____

Elle n'est pas _____

_____

Elle aime _____

_____

Écrivons

2-17 Les liaisons dangereuses : avant d'écrire. You work at a dating service. Your job is to interview candidates and find their ideal match. You have just interviewed two candidates who will make the perfect couple and must prepare written descriptions of them. Follow the steps outlined below, in French.

1. Name the two people involved.

(for example: *Jean-Marc, Marie-Claire*)

_____

2. Write down three adjectives about each one's appearance.

(for example: *J-M : blond, pas très grand, beau ; M-C : rousse, de taille moyenne, jolie*)

_____

3. Write down three adjectives about each one's personality.

(for example: *J-M : très sportif, assez sociable et intelligent ; M-C : très énergique, gentille, sympa*)

_____

4. Tell what kinds of activities they often engage in.

(for example: *J-M : jouer au volley, au tennis, écouter de la musique classique ; M-C : jouer du piano, jouer au tennis, regarder la télé le soir*)

_____

2-18 Les liaisons dangereuses : en écrivant. Using the information above, write up a description of each person, to be sent to the pair. Then, look over your descriptions. Have you included a physical description as well as a description of each person's character? Did you include activities that each person likes? Look carefully at the adjectives you have used to describe each person. Do they agree in number and gender with the person being described?

MODÈLE   *Jean-Marc est un homme blond et pas très grand. Il est très sportif, et il joue souvent au tennis et au volley. C'est un homme sociable et très intelligent.*

Marie-Claire est une jeune femme de taille moyenne. Elle est rousse et jolie. Elle est sympa aussi. Elle joue du piano. Le soir, elle regarde la télé. Elle est probablement sportive parce qu'elle joue au tennis.

_____

_____

_____

_____

_____

_____

Leçon 2 Nos loisirs

POINTS DE DÉPART

🔊 **2-19 Les photos.** Listen as Mathis shows his pictures from this weekend. Write down the name(s) of each person or people he mentions under the appropriate picture. His friends' names are: **Raphaël, Enzo, Romain, Clara, Lola, Sofiane, Oscar, Rémy, Constance.**

1. _ENZO_ , _ROMAIN_ ~~_CLARA_~~

2. _OSCAR_ , _RAPHAËL_

3. _LOLA_ , _SOFIANE_

4. _CONSTANCE_

5. _Rémy_

6. _CLARA_

2-20 Un choix d'activités. Select the activities that best correspond to each of these persons, based on their preferences. More than one choice may be correct.

1. Nathan est très sportif.
   Alors…
   a. il joue au hockey.
   b. il joue au basket.
   c. il fait la cuisine.
   d. il fait du jogging.

2. Sabine écoute de la musique classique et du jazz tous les jours. Alors…
   a. elle fait de la natation.
   b. elle joue du piano.
   c. elle joue du saxophone.
   d. elle fait du bricolage.

3. Emma est assez pantouflarde mais elle est très intelligente. Alors…
   a. elle joue aux échecs.
   b. elle fait du vélo.
   c. elle joue au rugby.
   d. elle reste à la maison.

4. Astrid est réservée et aime la nature.
   Alors…
   a. elle fait du jardinage.
   b. elle fait des promenades.
   c. elle joue dans un groupe.
   d. elle fait de la marche.

5. Lucas est énergique mais pas sportif.
   Alors…
   a. il joue au volley-ball.
   b. il fait du français.
   c. il fait du bricolage.
   d. il joue de la batterie.

6. Océane aime inviter ses amies à la maison.
   Alors…
   a. elle joue aux cartes.
   b. elle fait la cuisine.
   c. elle joue au football américain.
   d. elle joue aux jeux de société.

2-21 Qu'est-ce que tu fais ? Complete the sentences to tell what these people do on the weekend.

1. Je [fais / joue] du saxophone dans un groupe de jazz.
2. Ma sœur [fait / joue] de la musique aussi.
3. Mes parents [jouent / font] une promenade en ville.
4. Mes amis et moi, nous [jouons / faisons] du sport.
5. Nous [jouons / faisons] au volley le samedi.
6. Mon frère [joue / fait] aux échecs avec ses amis.

🔊 **2-22 Qui fait quoi ?** Listen to Claude describe what he and his friends do in their spare time. Complete the chart by indicating what each person does and does not do. The cells with "xxx" indicate that no answers should be filled in those fields.

	joue	ne joue pas	fait	ne fait pas
1. Claude	a.	b.	xxx	xxx
2. Marie	a.	b.	xxx	xxx
3. Éric	xxx	xxx	a.	b.
4. André	a.	xxx	xxx	b.
5. Azédine	xxx	xxx	a.	b.
6. Sabrina	xxx	xxx	a.	b.

SONS ET LETTRES

L'enchaînement et la liaison

🔊 **2-23** **Liaisons dangereuses.** Listen as the following phrases are pronounced and indicate whether or not you hear a pronounced liaison consonant by selecting **oui** when you hear a liaison consonant and **non** when you do not.

MODÈLE Les amis	*oui*	non
1. un animal familier	oui	non
2. nos amis	oui	non
3. nous avons	oui	non
4. un matin	oui	non
5. un oiseau	oui	non
6. c'est lui	oui	non
7. des colocataires	oui	non
8. chez eux	oui	non
9. c'est ici	oui	non
10. aux échecs	oui	non
11. un bureau	oui	non
12. elles ont	oui	non
13. vous avez	oui	non
14. un petit ordinateur	oui	non
15. un enfant	oui	non

Nom : _____   Date : _____

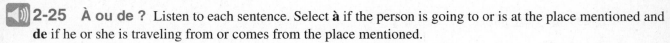

2-24   Avec ou sans enchaînement. For each statement you hear, select **avec** if you hear an *enchaînement* or **sans** if you do not hear any *enchaînement*.

1. avec   sans   4. avec   sans

2. avec   sans   5. avec   sans

3. avec   sans   6. avec   sans

FORMES ET FONCTIONS

1. Les prépositions à et de

2-25   À ou de ? Listen to each sentence. Select **à** if the person is going to or is at the place mentioned and **de** if he or she is traveling from or comes from the place mentioned.

1. (à) de   3. à (de)   5. (à) de   7. à (de)

2. à (de)   4. (à) de   6. à de   8. (à) de

2-26   C'est à qui ? After spending the weekend at a ski resort with friends, Rémi discovers many items that do not belong to him. Using the cues provided, indicate who the rightful owners are. Be careful to use the correct form of **de** and any articles.

MODÈLE   You hear: C'est ton livre ?

You write: Non, c'est *le livre de* Pierre.

1. Non, c'est ___L'AFILHÉ   DE   LA___ copine de Pierre.

2. Non, c'est ___DE L'HARMONIA___ d'___ Annette.

3. Non, ce sont ___LES   Lotre   dES___ frères Durand.

4. Non, c'est ___LE   TÉLÉPHONE   DE LA___ sœur d'Annette.

5. Non, ce sont ___LES   Stylo DE LA___ oncle Jean.

6. Non, c'est ___LA   PHOTO   DU___ frère de Pierre.

THE BOOK of CLAIRES LE LIVRE DE CLAIRE

2-27 Ils parlent de quoi ? Based on their conversations, what are these people talking about? Choose from the list and fill in the blanks with the correct answer. Remember to use contractions of **de** and the definite article when necessary.

les amis de Clément	les jeux de Société	~~le quatre juillet~~	le cinéma
la politique	les sports qu' on aime bien	la famille	le prof de français

MODÈLE KATHERINE : « C'est la fête de l'Indépendance américaine en juillet. »

On parle _du quatre juillet_.

1. PATRICIA : « Je n'aime pas les échecs. Je préfère jouer au Scrabble. »

   On parle _____ .

2. GUY : « Anne est très drôle. Tu ne trouves pas ? »

   PATRICK : « Si, et Clément est sympa aussi. On a des bons amis. »

   On parle _____ .

3. DENISE : « Ma mère est gentille et ma sœur est assez sympa, mais mon frère… »

   On parle _____ .

4. THOMAS : « Notre prof de français est super, non ? »

   LISE : « Oui, il est dynamique et très intéressant. »

   On parle _____ .

5. PAUL : « J'aime bien le football. »

   LUCIE : « Moi, je préfère le golf. »

   On parle _____ .

6. ÉRIC : « C'est bientôt les élections ; qui est ton candidat préféré ? »

   On parle _____ .

7. MARIE : « C'est un film très drôle. »

   CLAUDINE : « Oui, et Depardieu est un bon acteur. J'aime bien *Astérix et Obélix : mission Cléopâtre.* »

   On parle _____ .

2-28 **Les loisirs.** Tell what the different people shown are doing in their leisure time.

MODÈLE   Madeleine *joue au golf*.

1. Christine _____ .

2. Juliette et Isa _____ .

3. Jessica _____ .

4. Bertrand et Thomas _____ .

5. Benoît _____ .

6. Florian et Pauline _____ .

2. Le verbe faire

🔊 **2-29   Le week-end.** Listen as Stéphanie and Arnaud describe their weekend activities. Match each activity with the time of the day when the friends participate in it.

_D_ 1. le samedi matin   **a.** faire du vélo

_G_ 2. le samedi midi   **b.** ne pas faire grand-chose

_f_ 3. le samedi après-midi   **c.** faire de la danse

_C_ 4. le samedi soir   **d.** faire des courses

_H_ 5. le dimanche matin   **e.** faire de la natation

_A_ 6. le dimanche après-midi / Arnaud   **f.** faire une promenade

_E_ ~~B~~ 7. le dimanche après-midi / Stéphanie   **g.** faire la cuisine

_b_ 8. le dimanche soir   **h.** faire du bricolage et du jardinage

2-30   Les activités du soir. Using the verb **faire**, complete these sentences to tell what everyone does in the evening.

MODÈLE   Ma sœur __fait__ du sport chaque soir.

1. Mes parents _____ une promenade tous les soirs.

2. Mon petit frère _____ grand-chose.

3. Mes amis et moi, nous _____ de la natation.

4. Vous _____ de la danse le soir.

5. Je _____ mes devoirs.

2-31   Qu'est-ce qu'ils font ? Given the following situations, decide what these people are doing. Use the verb **faire** along with an appropriate expression.

MODÈLE   Je suis très sportive.

        Je _fais du sport_.

1. Tu invites des amis à dîner.

   Tu _____ .

2. Nous réparons la fenêtre.

   Nous _____ .

3. Vous aimez les plantes.

   Vous _____ .

4. Elles sont très paresseuses.

   Elles _____ .

5. Tu as un beau vélo.

   Tu _____ .

6. Elle joue de la guitare.

   Elle _____ .

64   CHEZ NOUS STUDENT ACTIVITIES MANUAL

2-32   Où sont-ils ? Listen to the activities in which various people are engaged, then select the most likely location for each of the activities mentioned.

1. Je suis [à la maison / (en ville)]

2. Vous êtes [(chez vous) / ~~au parc~~]

3. Nous sommes [à la résidence / (au parc)]

4. Tu es [dans le jardin / (à la maison)]

5. Ils sont [(au parc) / à la résidence]

6. Elle est [(dans le jardin) / en ville]

2-33   Les réactions. Indicate what activities you, your friends, and your family members do in the following situations.

MODÈLE   C'est dimanche soir : vous / votre mère / vos amis

Je reste à la maison et je fais mes devoirs.

Ma mère fait la cuisine.

Mes amis font une promenade en ville.

1. C'est le week-end : vous / votre sœur / vos parents

_____

_____

_____

2. Il y a un examen lundi : vous / votre prof / vos camarades de classe

_____

_____

_____

3. Il n'y a pas de devoirs ce soir : vous / votre prof / vos camarades de classe

_____

_____

_____

Écoutons

2-34   Projets de week-end : avant d'écouter. In French, write down several activities that you usually do on the weekend.

Le week-end, je _____

_____

_____

🔊 **2-35** **Projets de week-end : en écoutant.** Listen as Jennifer, Guillaume, and Constance talk about what they are going to do this weekend. Begin by writing down what each person is going to do on Saturday in the second column of the chart, and what each person is going to do on Sunday in the third column. Some information has already been provided for you.

	samedi	**dimanche**
Jennifer		
Guillaume	le matin :	
	l'après-midi :	
Constance	*nous organisons une fête* le matin :	
	l'après-midi :	

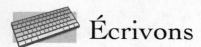 # Écrivons

2-36 Bienvenue chez nous : avant d'écrire. You've been drafted to write a welcoming letter to the exchange student from Belgium your family will be hosting for a month. Follow the steps outlined below, in French.

1. Make a list of the members of your family.

   (for example: *moi, ma mère, mon père, ma sœur Lynn*)

   _____

   _____

2. Include two or three descriptive adjectives for each one.

   (for example: *ma mère : dynamique, sociable ; ma sœur Lynn : très sociable, petite, sportive ; mon père : intelligent, ambitieux, drôle ; moi : sympa, sociable, énergique*)

   _____

   _____

3. List about four activities that you and your family enjoy and one or two that you do not like.

   (for example: *oui : faire du bricolage, jouer au foot, jouer aux cartes, regarder des films ; non : jouer du piano*)

   _____

   _____

4. Make a list of questions you would like to ask the exchange student.

   (for example: *Est-ce que tu aimes le sport ? Est-ce que tu fais de la natation ?*)

   _____

   _____

2-37   Bienvenue chez nous : en écrivant. Compose a letter that (1) provides information about you, your family and your activities, and (2) asks your questions. Note that a letter to a friend typically begins with **Cher** or **Chère** followed by the first name and would end with a short closing such as **Amitiés**, which roughly translates as "Your friend." Then reread your letter. How did you organize it? Did you write about one person per paragraph or did you write about all the members of your family in one paragraph? Is your organization easy for the reader to follow? If not, you might consider changing the order of some of the elements. Did you include all the information requested? Check that the adjectives you used agree in number and gender with the person being described. Finally, double-check that you used the expression **jouer à** with sports and leisure activities and **jouer de** with musical instruments.

MODÈLE   *Chère Bénédicte,*

Je m'appelle Marie-Louise. Dans ma famille, nous sommes quatre : ma mère s'appelle Norma et mon père s'appelle Robert. J'ai une sœur. Ma sœur, Lynn, est petite et très sociable. Elle est sportive aussi...

Le week-end, ma famille et moi, nous faisons du bricolage et nous jouons souvent au foot... Ma sœur... mais moi je... Je n'aime pas jouer du piano.

Et toi ? Est-ce que tu aimes le sport ? Est-ce que tu fais de la natation ?

Amitiés,

Marie-Louise

_____

_____

_____

_____

_____

_____

_____

_____

_____

Leçon ③ Où est-ce qu'on va ce week-end ?

POINTS DE DÉPART

2-38   Une visite guidée. Imagine that you are visiting a small town in France on a guided tour. You are in the back of the group and do not hear everything the guide says. Complete her comments by supplying the missing words from the word bank.

le cinéma	le gymnase	un marché	le musée
la piscine	la place	le stade	le théâtre

Voici (1) _____ de la Victoire où il y a (2) _____ de fruits et légumes (<u>vegetables</u>) le mercredi et le samedi matin. Et nous voilà devant (3) _____ où on joue des pièces. Voici maintenant (4) _____ . Il y a un bon film qui passe en ce moment. Si vous aimez l'art, (5) _____ d'art moderne présente une exposition intéressante ce mois-ci. Il y a aussi beaucoup de possibilités dans notre ville pour les sportifs. Voici (6) _____ où les jeunes jouent au football. Et voilà (7) _____ municipale pour faire de la natation. On joue aussi au basket et on fait de la danse dans (8) _____ .

2-39   C'est en ville. Unscramble each of the following to create words related to places in town.

1. SEGÉIL _____   3. IBIRIERAL _____   5. YMANGES _____

2. NUTOMMEN _____   4. IRAMIE _____   6. CNIPESI _____

🔊 **2-40   Quels endroits ?** Select the various places where these people could be or could be going, according to their statements. More than one answer may be correct for each.

1. à l'église   (au gymnase)   au stade   (au parc)
2. (au théâtre)   à la gare   (au musée)   à l'hôtel
3. (au restaurant)   à la piscine   (au café)   au gymnase
4. (à la mairie)   (à la piscine municipale) ~~au client~~   (au parc)
5. au marché   (à la bibliothèque)   (à la librairie)   au café
6. à l'église   au cinéma   (au parc)   (au marché)

🔊 **2-41   En ville.** Listen to statements overheard one afternoon around town and write the letter of each statement next to the speaker's probable location.

1. _E_   au café   5. _~~B~~ D_   à la librairie
2. _A_   à la piscine   6. _F_   au stade
3. _G_   à la gare   7. _~~H~~ ~~D~~_   à la bibliothèque
4. _C_   au cinéma   8. _B_   au musée

FORMES ET FONCTIONS

1. Le verbe aller et le futur proche

🔊 **2-42 En général ou bientôt ?** Select **en général** if the people mentioned do the stated activity on a regular basis, and **bientôt** if they are going to do it soon.

1. en général	bientôt	5. en général	bientôt
2. en général	bientôt	6. en général	bientôt
3. en général	bientôt	7. en général	bientôt
4. en général	bientôt	8. en général	bientôt

🔊 **2-43 Après les cours.** Anne is discussing her after-class activities with friends. Write the subject and verb forms that you hear to complete their conversation. The first blank has been completed for you as an example.

ANNE: Qu'est-ce que *nous allons* faire cet après-midi ? (1) _____ peut-être aller nager un peu. Et toi, Nora ? (2) _____ travailler ?

NORA: Non, (3) _____ à la piscine avec toi ! Mais pas longtemps parce que (4) _____ me téléphoner cet après-midi. Et Mathieu, est-ce qu' (5) _____ venir avec nous ?

ANNE: Demandons-lui... Mathieu, (6) _____ à la piscine cet après-midi. Tu nous accompagnes ?

MATHIEU: Oh non ! (7) _____ peut-être pas être d'accord avec moi, mais j'aime mieux préparer l'examen de français pour demain !

2-44 On va où ? Complete the following sentences with the correct form of the verb **aller** and a logical destination.

MODÈLE Pour jouer au tennis, Yannick va au parc.

1. Pour regarder des sculptures, vous _____.

2. Pour voir une pièce, je _____.

3. Pour dîner, nous _____.

4. Pour trouver des livres, elles _____.

5. Pour voir un match de football, tu _____.

6. Pour assister à un mariage samedi après-midi, Jacques _____.

2-45   Demain, c'est le week-end. Today is Thursday. The weekend starts tomorrow! Answer the following questions about what each person will be doing tomorrow.

MODÈLE   Est-ce que tu vas rester à la résidence demain ?

Oui, je *vais rester* à la résidence demain.

OU   Non, je *ne vais pas rester* à la résidence demain.

1. Tu vas regarder le match de foot à la télé demain ?

Oui, je _____ le match de foot à la télé demain.

2. Toi et ta sœur, vous allez jouer aux échecs demain ?

Non, nous _____ jouer aux échecs demain.

3. Est-ce que Christophe va travailler chez lui demain ?

Non, il _____ chez lui demain.

4. Est-ce que tes amis vont écouter de la musique à la résidence demain ?

Oui, ils _____ de la musique à la résidence demain.

5. Tu vas aller au restaurant demain ?

Oui, je _____ au restaurant demain.

2-46   Les projets. Tell what the following people will be doing at the time indicated.

MODÈLE   en juillet / moi

En juillet, je vais voyager avec ma famille. Je ne vais pas travailler !

1. ce week-end / ma mère _____

2. demain / mon/ma colocataire _____

3. ce soir / mon/ma meilleur/e ami/e _____

4. la semaine prochaine / mes amis _____

5. le semestre prochain / moi _____

6. bientôt / mon frère ou ma sœur _____

2. L'impératif

2-47   Dire, demander ou commander ? Listen to each sentence and select the period if it is a declarative statement, the question mark if it is a question, and the exclamation point if it is a command in the imperative.

1. .   ?   !   3. .   ?   !   5. .   ?   !

2. .   ?   !   4. .   ?   !   6. .   ?   !

Une amie envahissante. Listen as Coralie, quite bossy and tactless with everyone around her, gives orders to her best friend Léa. Match each of Coralie's orders with the appropriate reason indicated below.

1. _____ Tu vas être malade !   4. _____ Vous n'êtes pas sérieuses !

2. _____ Tu es trop égoïste !   5. _____ Nous sommes fatiguées.

3. _____ Tu es indisciplinée !   6. _____ Tu es trop paresseuse !

2-49   Attention les enfants ! You are babysitting for a mischievous set of twins, Maxime and Mélanie, and they are misbehaving. When one or both of them does something wrong, tell them what to do or not to do.

MODÈLES   Maxime mange beaucoup de chocolat.   *Ne mange pas de chocolat !*

Maxime et Mélanie ne mangent pas leurs carottes.   *Mangez vos carottes !*

1. Maxime ne ferme pas la porte. _____ la porte !

2. Maxime et Mélanie regardent la télé tout l'après-midi. _____ la télé !

3. Mélanie n'écoute pas. _____ -moi !

4. Maxime joue avec le chat. _____ avec le chat !

5. Mélanie va dans le jardin. _____ dans le jardin !

6. Maxime et Mélanie ne font pas leurs devoirs. _____ vos devoirs !

2-50   Les projets. Do you agree or disagree with the activities suggested by your friend? Fill in the blanks with the correct expression of your opinion.

MODÈLE   aller au parc

Allons au parc.

OU   *N'allons pas* au parc.

1. travailler à la bibliothèque

_____ à la bibliothèque.

2. faire une promenade

_____ une promenade.

3. rester à la résidence

_____ à la résidence.

4. jouer au foot

_____ au foot.

5. inviter des amis au restaurant

_____ des amis au restaurant.

6. écouter de la musique classique

_____ de la musique classique.

Écoutons

2-51   Les sorties du week-end : avant d'écouter. Make a list of the popular places where students go during the weekend in your area.

_____

_____

_____

_____

2-52   Les sorties du week-end : en écoutant. Thomas works at the campus radio station on the weekend. Listen as he advertises the main events taking place in his town this weekend.

1. Select all the activities Thomas mentions.

   _____ un ballet   _____ un match de basket

   _____ un concert   _____ un match de foot

   _____ une exposition   _____ une pièce

   _____ une fête   _____ un tournoi de golf

2. Select all the locations where the events are taking place.

   _____ à la bibliothèque   _____ au parc

   _____ au gymnase   _____ au restaurant

   _____ au marché   _____ au stade

   _____ à la mairie   _____ au théâtre

3. Select the verbs of suggestion that you hear.

   _____ arrêtez   _____ mangez

   _____ assistez à   _____ nagez

   _____ écoutez   _____ organisez

   _____ faites   _____ préparez

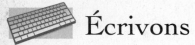 Écrivons

2-53 L'échange : avant d'écrire. Imagine that a group of French university students will soon be visiting your town for a two-week exchange. You have been paired with a student and have been corresponding by e-mail. As the date for the visit approaches, you have received this e-mail to which you must respond:

Salut,

Nous arrivons bientôt aux USA. Comment est ta ville ? Est-ce que c'est une grande ville ou une petite ville ? J'habite une petite ville dans le centre de la France. Où est-ce que tu vas en ville pendant (during) *la semaine ? Qu'est-ce que nous allons visiter pendant notre visite ?*

À bientôt, Florian

Before replying to this e-mail, complete the following activities.

1. Write two to three adjectives in French to describe your city or town.

   (for example: *jolie, assez petite…*)

   _____

2. Make a list, in French, of places in your town or city.

   (for example: *le cinéma, le parc, la bibliothèque municipale…*)

   _____

   _____

   _____

3. Make a list, in French, of things your city or town doesn't have.

   (for example: *il n'y a pas de musée…*)

   _____

   _____

   _____

4. Think about where you usually go during a normal week, and write down the names of those places.

   _____

   _____

   _____

5. Where do you plan to go with your exchange visitor? Make a short list of the places you might visit.

   _____

   _____

   _____

2-54 **L'échange : en écrivant.** Reply to the e-mail. Start with **Salut** or **Bonjour**. Notice that your correspondant used the familiar form, so you can, too. Continue with a general description of your town or city that includes the various facilities you have and do not have. Then talk about where you usually go and where you are going to go with your visitor. Your e-mail should not be a long list of items. Rather you should focus on the highlights of your town or city and/or the things that you think would interest a French student coming to visit your campus. Be sure to include an appropriate closing to your message. Before turning in your work, make sure that the subjects and verbs agree and that any adjectives you have used agree in gender and number with the noun.

MODÈLE   *Bonjour,*

Notre ville est très jolie mais assez petite. Il y a deux cinémas, un grand parc et une bibliothèque municipale… mais il n'y a pas de musée.

En semaine, je vais souvent à la bibliothèque pour travailler et le lundi, et le vendredi, je vais au parc pour faire du jogging. Tu fais du jogging ? Samedi après-midi, nous allons aller au stade parce qu'il y a un match de football américain. Est-ce que tu aimes le football américain ?…

_____

_____

_____

_____

Lisons

2-55 **La quête de l'homme idéal : avant de lire.** This text is from a newspaper article about the casting for a French reality TV show similar to *The Bachelor*. It summarizes the preferences expressed by women who were interviewed for the show. Before you read the passage, consider the following questions.

1. Look at the title. Knowing that the circumflex accent often represents a letter **s** that existed at a prior stage of the French language, can you determine the meaning of the word **la quête**? What does the title of the passage tell you about the subject of these interviews?

_____

2. What qualities might you expect these women to ascribe to their *ideal man*?

_____

2-56 **La quête de l'homme idéal : en lisant.** As you read, look for the following information and select the appropriate answers.

1. According to the article, what qualities are the most important to the women interviewed?

_____ ambitieux	_____ dynamique	_____ sensible
_____ cultivé	_____ énergique	_____ sérieux
_____ discipliné	_____ généreux	_____ sociable
_____ drôle	_____ intelligent	_____ sympathique

2. Which two adjectives are used to describe the physical characteristics of the ideal man?

_____ blond   _____ brun   _____ châtain

_____ de taille moyenne   _____ grand   _____ jeune

3. Océane says that she is fed up with men who are **peu intelligents**. Which of the following words is a synonym for this expression?

_____ bêtes   _____ égoïstes

_____ conformistes   _____ sportifs

4. According to the article, which qualities are more important to the women interviewed?

_____ financial state   _____ intellectual qualities   _____ physical qualities

La quête de l'homme idéal

Ces jeunes filles sont célibataires et à la recherche (*search*) de l'âme sœu (*soul mate*) …
À quoi ressemble (*resembles*) le célibataire idéal qu'elles choisiraient (*would chose*) ?
Pendant (*During*) des interviews, les qualités qui reviennent (*came up again*) sans cesse
sont les suivantes (*the following*) : « il doit être (*must be*) cultivé, sensible, généreux et
sympathique ». Physiquement, le profil du grand brun aux yeux verts (*green eyes*)
revient assez fréquemment : « Pour moi, l'homme idéal c'est Robbie Williams (*a British
pop star very popular in France*) » confie Magali, Parisienne de 18 ans. Pour Océane,
18 ans, de Caen : « Il doit être cultivé ; j'en ai marre de (*I'm fed up with*) tomber sur
(*stumbling upon*) des garçons peu intelligents ». Donc, le physique compte et il doit
avoir un certain charme mais pour ces filles, c'est davantage (*more*) le niveau
intellectuel qui compte.

2-57 La quête de l'homme idéal : après avoir lu. Now that you've read the article, answer the following questions.

1. Indicate in French what adjectives North American women might use to describe the ideal man. How do they compare to the adjectives used by French women?

_____

_____

2. Now think about the ideal woman. What adjectives do you think North American men would use most often to describe the ideal woman? Do you think French men would use the same adjectives? Why or why not?

_____

_____

Venez chez nous !

Vive le sport !

2-58 **Les champions.** The Francophone world is host to many sporting events. Match each event below with its sport. You may wish to visit the **Chez nous** Companion Website for more information.

_____ **1.** la Coupe du Monde

_____ **2.** Roland-Garros

_____ **3.** le Tour de France

_____ **4.** les 24 heures du Mans

_____ **5.** la Coupe Stanley

_____ **6.** l'Open de France

a. le hockey

b. le tennis

c. le football

d. le golf

e. le cyclisme

f. une course automobile

2-59 **La pétanque.** This game originated in the south of France and is still associated with that region, although it is now played in many countries around the world. Visit the **Chez nous** Companion Website to learn more about this sport. Answer the following questions with the information you find.

1. La pétanque :

   a. Number of players: _____

   _____

   b. Equipment needed: _____

   _____

   c. Playing surface: _____

   _____

   d. How to play: _____

   _____

2. Could you play **la pétanque** in the United States? Where? Where could you get the necessary equipment?

_____

_____

_____

3. Do you know or have you played any games that resemble **la pétanque**? What are they called?

_____

_____

_____

Video Manual

2-60   Les amis. This clip shows friends of various ages in a wide variety of contexts.

1. What body language cues indicate the close nature of the relationship in each case?

_____

_____

2. Play the clip again and listen carefully to the voice-over; what activities does it suggest are important among friends? Notice that these activities are illustrated in the video!

_____

_____

2-61   Vive le sport ! The video montage illustrates a range of sports activities observed in the Francophone world. Look at the list below and select all the sports you see in the clip. Are there any terms with which you are unfamiliar? See whether you can match them to the images you see, by using cognates and the process of elimination. Are there any of these sports that are new to you? If so, do a little research on the Internet to find out more about them. Visit the **Chez nous** Companion Website for more information.

_____ le base-ball

_____ le basket-ball

_____ le cyclisme

_____ le football

_____ le jogging

_____ le patin en ligne, le patin à roues alignées (*Can.*)

_____ la pétanque

_____ la promenade en autoneige, en motoneige

_____ le ski

_____ le tennis

_____ la promenade en traîneau à chiens

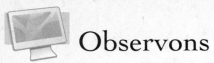 Observons

2-62   Nos passe-temps : avant de regarder. You may already have completed the **Observons** activity in the **Venez chez nous !** lesson of this chapter. If not, you will find it helpful to go back and complete that activity before moving on to the questions below. In this clip, husband and wife Jean-Claude and Christine describe their family's sports and cultural activities, including those of their daughter Agathe and their son Tristan. Look at the list below of activities that they mention and match each activity with its English translation.

_____ 1. le football   **a.** ballet

_____ 2. la danse classique   **b.** exercice class

_____ 3. le rugby   **c.** water aerobics

_____ 4. le judo   **d.** drawing

_____ 5. l'aquagym   **e.** swimming

_____ 6. la natation   **f.** rugby

_____ 7. le fitness   **g.** judo

_____ 8. le dessin   **h.** soccer

2-63   Nos passe-temps : en regardant. Who participates in which activities? Fill in the chart with the activities mentioned for each person, giving only the name of the activity with the definite article.

Personne	Activité/s	
1. Jean-Claude	a.	b.
2. Christine	a.	b.
3. Agathe	a.	b.
4. Tristan	a.	b.

2-64   Nos passe-temps : après avoir regardé. What is your impression of the types and number of activities in which this family is involved? How do their habits compare with your own habits and those of your family and your friends' families?

_____

_____

_____

Études et professions

Leçon ① Nous allons à la fac

POINTS DE DÉPART

3-1 À l'Université Laval. Read through this script for a guided tour of **l'Université Laval** and fill in the missing spaces with the correct campus place names. Do not forget to include the appropriate definite or indefinite article.

Nous voici devant le Pavillon Maurice-Pollack. C'est _le centre étudiant_. Ici, les étudiants peuvent acheter des livres et des cahiers à (1) _____ ou visiter (2) _____ s'ils sont malades. Les bureaux d'(3) _____ se trouvent là aussi pour les gens qui désirent s'inscrire aux associations. Juste à côté de nous, il y a le Pavillon Alphonse-Desjardins où il y a (4) _____ pour manger et (5) _____ pour retrouver ses amis et prendre le café. En face de ce pavillon, vous avez le Pavillon Jean-Charles Bonenfant où il y a (6) _____ pour travailler et chercher des livres et aussi (7) _____ pour s'inscrire à la faculté et aux cours. Plus loin sur la droite, c'est le Pavillon Alphonse-Marie-Parent. Ce sont (8) _____ où habitent les étudiants. Et pour faire du sport, les étudiants vont de l'autre côté du campus ; (9) _____ sont près du Pavillon de l'Éducation physique et des sports. Et voilà notre campus.

3-2 Où es-tu ? Myriam is calling her friends on her new cell phone. Based on what she hears in the background, determine each person's probable location and select it.

1. la librairie   la résidence

2. le pavillon principal   l'amphithéâtre

3. les associations étudiantes   les bureaux administratifs

4. le centre informatique   la cafétéria

5. le bureau des inscriptions   le labo de langues

6. le bureau du professeur   les terrains de sport

3-3 Mauvaises directions. Malika is a new student trying to learn where everything is on campus. Answer each of her questions by giving the opposite direction.

MODÈLE   You hear: L'infirmerie est près du stade ?

You write: Non, l'infirmerie est ___loin___ du stade.

1. Non, le laboratoire de langues est _____ la piscine.

2. Non, la résidence est _____ des terrains de sport.

3. Non, la librairie est _____ du cinéma.

4. Non, le gymnase est _____ de la piscine.

5. Non, le centre informatique est _____ les terrains de sport.

6. Non, la bibliothèque est _____ de la résidence.

3-4 Sur votre campus. Indicate how the following places on your campus are situated with relation to each other using the expressions **près de**, **loin de**, **devant**, **derrière**, **en face de**, **à côté de**, **à droite de**, **à gauche de**, **dans**.

MODÈLE   la bibliothèque et la librairie :

   La bibliothèque est assez loin de la librairie.

1. la bibliothèque et le bureau des inscriptions :

_____

2. le centre étudiant et le labo de chimie :

_____

3. le labo de langues et les résidences :

_____

4. la cafétéria et le centre informatique :

_____

5. le centre sportif et l'infirmerie :

_____

SONS ET LETTRES

Les voyelles /e/ et /ɛ/

🔊 **3-5   /e/ ou /ɛ/ ?** Indicate whether the final vowel you hear in each word is /e/ as in **télé** or /ɛ/ as in **bête** by selecting the appropriate symbol.

1. /e/ /ɛ/   **5.** /e/ /ɛ/

2. /e/ /ɛ/   **6.** /e/ /ɛ/

3. /e/ /ɛ/   **7.** /e/ /ɛ/

4. /e/ /ɛ/   **8.** /e/ /ɛ/

🔊 **3-6   Écoutez bien !** Listen to the following sentences and select the words in which you hear the sound /ɛ/.

1. Il préfère faire du vélo.

2. Arrête un peu ! On étudie à la bibliothèque !

3. Elle déteste être femme d'affaires.

4. Ce trimestre, il va avoir un dictionnaire d'anglais.

5. C'est sa dernière semaine au restaurant universitaire.

FORMES ET FONCTIONS

1. Les adjectifs prénominaux au singulier

3-7   Me voilà à la résidence universitaire. Your friend has just gone away to school and has posted online a description of dorm life. Add detail to the description by choosing the appropriate adjective in each case.

J'ai une (1) [petit / petite] chambre dans la (2) [nouvel / nouvelle] résidence sur le campus. La résidence est près d'un (3) [grand / grande] stade. Il y a aussi une (4) [beau / belle] piscine et un (5) [vieux / vieil] gymnase sur le campus. J'aime bien la (6) [bel / belle] bibliothèque aussi. Je travaille là-bas avec un (7) [vieux / vieil] ami, Robert. Voilà, c'est mon (8) [nouveau / nouvelle] campus.

3-8   Le campus. Your grandparents are curious about your new life in college. Answer each of their questions by filling in the blank with the word that means the opposite.

1. Le campus est moche ?

   Non, c'est un _____ campus.

2. La bibliothèque est nouvelle ?

   Non, c'est une _____ bibliothèque.

3. L'amphithéâtre est vieux ?

   Non, c'est un _____ amphithéâtre.

4. La piscine est moche ?

   Non, c'est une _____ piscine.

5. La faculté des sciences est mauvaise ?

   Non, c'est une _____ faculté des sciences.

6. Le campus est petit ?

   Non, c'est un _____ campus.

3-9   La visite du campus. Lydie's cousin Marc is visiting her campus. As you listen to each of his observations, select the most logical response.

1. **a.** Oui, c'est une petite cafétéria.

   b. Oui, c'est une grande cafétéria.

2. **a.** Oui, c'est une nouvelle piscine.

   b. Oui, c'est une petite piscine.

3. **a.** Non, ce n'est pas un vieux campus.

   b. Oui, c'est un joli campus.

4. **a.** Oui, c'est une bonne bibliothèque !

   b. Oui, c'est une mauvaise bibliothèque !

5. **a.** Oui, c'est un vieux professeur.

   b. Oui, c'est un jeune professeur.

🔊 **3-10   Une nouvelle vie.** Béatrice is on the phone with her family, describing her new lifestyle as a university student. Complete her conversation with the adjectives you hear, paying attention to the form of each adjective. The first blank has been completed for you as an example.

J'habite un ___*petit*___ appartement près de l'université. C'est un (1) _____ appartement mais j'ai une (2) _____ vue sur le campus. Les cours ? Ça va bien... J'ai un très (3) _____ prof de biologie : je l'adore. Il a une (4) _____ moustache, il est assez amusant. Je suis un peu stressée aujourd'hui parce que j'ai mon (5) _____ examen d'italien cet après-midi. Côté vie sociale, j'ai pas mal d'amis. Il y a un (6) _____ étudiant dans mon cours d'économie. Il s'appelle Damien. Il est de Bordeaux. Sa sœur Catherine est une très (7) _____ fille. Tous les garçons de sa classe l'admirent. Bon, je vais travailler pour mon examen. Je te fais un (8) _____ bisou (*kiss*). Au revoir.

2. Les verbes en -re comme attendre

🔊 **3-11   Combien ?** For each statement that you hear, select **1** if the subject of the sentence is one person and **1+** if it is more than one person.

1.	1	1+	**4.**	1	1+
2.	1	1+	**5.**	1	1+
3.	1	1+	**6.**	1	1+

3-12   Pendant la journée. Indicate what the following people do during the day by selecting the appropriate verb.

1. Les étudiants [rendent / rendent visite à] leurs devoirs au professeur.

2. Nous [descendons / répondons] en anglais.

3. Elle [attend / vend] la navette pour aller en cours.

4. Pardon ? Je ne t'[attends / entends] pas ! C'est ton téléphone ?

5. Ils [vendent / répondent à] beaucoup de livres à la librairie.

6. Vous [rendez / descendez] en ville ? Attends, j'arrive !

3-13   Les visites en famille. Indicate who the following persons visit by filling in each sentence with the appropriate form of the verb **rendre visite à.**

MODÈLE   Pour la Saint-Valentin, Guy *rend visite à* sa copine.

1. Le dimanche, mon frère _____ notre vieille tante.

2. En juillet, mes parents _____ leurs petits-enfants.

3. Pour Noël, mes cousins et moi, nous _____ nos grands-parents.

4. Le week-end, vous _____ vos parents.

5. Tu _____ tes amis du lycée de temps en temps ?

3-14 Un e-mail aux parents. Listen as Florence reads aloud an e-mail she has just written to her parents about her new job and her roommates on campus. Complete her message with the verb forms that you hear. The first sentence has been completed for you as an example.

Bonjour à tous les deux,

Je _réponds_ enfin à votre e-mail. Désolée, mais je suis très occupée avec mes cours et mon nouveau travail à la librairie du campus. On (1) _____ principalement des livres, des cahiers, des stylos et des ordinateurs. Ce n'est pas très intéressant ; j'(2) _____ souvent les clients et je (3) _____ mon temps... J'aime beaucoup ma chambre à la résidence. À ma droite, il y a Céline. Elle est très gentille. Mais quelquefois, elle n'est pas contente parce qu'elle (4) _____ ma radio. À ma gauche, il y a Sylvia. Elle est très sympa. Le soir, nous (5) _____ ensemble dîner au restaurant universitaire. Bon, (6) _____-moi vite !

Bisous, Florence

Écoutons

3-15 Nouvelle sur le campus : avant d'écouter. Think about a typical day at your school. Where do you usually go? What do you do? Answer in French.

_____

_____

3-16 Nouvelle sur le campus : en écoutant. Elsa, a new student, is talking to Cédric. Listen as he shares with her the best places on campus for doing various things.

1. The first time you listen, fill in the first column of the chart below with the places Cédric likes to go on campus.

2. The second time you listen, write down what activity can be done in each location in the second column of the chart.

3. The last time you listen, write down the precise locations of Cédric's favorite places in the last column of the chart. Some information has been provided for you.

	À quel endroit ?	Pour quoi faire ?	Où se trouve... ?
proposition 1	_la bibliothèque_		
proposition 2		1. _discuter avec ses amis_ 2.	1. 2.
proposition 3			1. _à droite des terrains de sport_ 2.

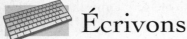 Écrivons

3-17 Mon campus : avant d'écrire. Write a description of your campus to share with a French-speaking e-mail correspondent. Before writing your description, complete the following activities.

1. Make a list, in French, of places on your campus that you will include in your description.

   (for example: *la bibliothèque universitaire, le café dans le centre étudiant…*)

   _____

   _____

2. For as many of the places as possible, jot down what activities are done there.

   (for example: *la bibliothèque : travailler, réviser ses cours ; le café : retrouver des amis, discuter…*)

   _____

   _____

3. Think about where the various places you have chosen are located in relation to each other.

   (for example: *il y a un petit café dans la bibliothèque ; le centre étudiant est près de la bibliothèque…*)

   _____

   _____

4. Write a few adjectives in French that you could use to describe your campus in general or the specific places you are mentioning.

   (for example: *le campus : assez petit, joli ; la bibliothèque : nouvelle, assez grande…*)

   _____

   _____

3-18 Mon campus : en écrivant. While writing your description, keep in mind that if your intended reader is from France, the very idea of a campus might be somewhat foreign to him or her. Make sure to include some adjectives to describe the different places and to tell a little bit about what you do there to make it more interesting. Pay particular attention to the agreement between the adjectives and the nouns they refer to.

MODÈLE *Mon campus est très joli mais assez petit. Le campus se trouve dans un grand parc à l'extérieur de la ville. J'aime beaucoup la nouvelle bibliothèque. Le soir, je vais souvent à la bibli pour travailler avec mes amis. Il y a un petit café dans la bibliothèque pour discuter ou travailler avec des amis. Le grand centre d'étudiants est près de la bibliothèque. Dans le centre, il y a une cafétéria et… Est-ce qu'il y a un centre d'étudiants à la fac de… ?*

_____

_____

_____

_____

_____

_____

_____

Nom : **FRANCIS CORAYNO**   Date : _____

Leçon ② Une formation professionnelle

POINTS DE DÉPART

3-19 Les cours. The following is a list of students and their schools. Match each of them with the course that they are most likely taking.

_____ 1. Hervé : la faculté des sciences économiques

_____ 2. Luc : la faculté des sciences physiques

_____ 3. Vanessa : la faculté des sciences naturelles

_____ 4. Julien : la faculté de droit

_____ 5. Aurélie : la faculté des sciences humaines

_____ 6. Mathieu : la faculté des beaux-arts

_____ 7. Céline : la faculté des lettres

a. un cours de dessin

b. un cours de droit constitutionnel

c. un cours de biologie

d. un cours de philosophie

e. un cours de chimie

f. un cours d'anthropologie

g. un cours de comptabilité

3-20 Parlons des cours. Listen as Hervé talks about his schedule at the University of Montpellier and select the courses he has each day.

1. lundi : ~~biologie~~   histoire   littérature   ~~mathématiques~~

2. mardi : ~~allemand~~   dessin   gestion   ~~informatique~~

3. mercredi : ~~chimie~~   ~~laboratoire~~   médecine   philosophie

4. jeudi : ~~informatique~~   ~~peinture~~   sculpture   ~~mathématiques~~

5. vendredi : ~~laboratoire~~   ~~mathématiques~~   physique   théâtre

3-21 Des programmes d'études et des cours. Listen as Maéva tells what courses she and her friends are taking. Write down each course that is mentioned in the appropriate category.

1. Lettres : PHILOSOPHIE,

2. Sciences humaines : LA SOCIOLOGIE, LA PHYSIOLOGIE,

3. Sciences naturelles : LA BOTANIQUE,

4. Sciences physiques : L'ASTRONOMIE,

5. Sciences économiques : LA COMPTABILITÉ

6. Beaux-arts : LE DESSIN

7. Les arts du spectacle : LA DANSE,

3-22 Les goûts et les spécialisations. Based on the descriptions, complete each sentence with the degrees the following students are probably working toward. Choose from the list.

en arts du spectacle
en beaux-arts
en informatique

en langues étrangères
en médecine

en sciences politiques
en zoologie

1. Claire aime les ordinateurs et les maths.

   Elle prépare un diplôme en _____.

2. Laurent adore les animaux.

   Il prépare un diplôme en _____.

3. Émilie aime beaucoup la politique, surtout les élections.

   Elle prépare un diplôme en _____.

4. Gaëlle se passionne pour le théâtre et la danse.

   Elle prépare un diplôme en _____.

5. Sébastien aime bien la sculpture, la peinture et le dessin.

   Il prépare un diplôme en _____.

6. Élodie aime les sciences naturelles et désire aider les gens.

   Elle prépare un diplôme en _____.

SONS ET LETTRES

Les voyelles /o/ et /ɔ/

🔊 **3-23** **/o/ ou /ɔ/ ?** Indicate whether the vowel you hear is /o/ as in **beau** or /ɔ/ as in **botte**, by selecting the appropriate symbol.

1.	/o/	/ɔ/	6.	/o/	/ɔ/
2.	/o/	/ɔ/	7.	/o/	/ɔ/
3.	/o/	/ɔ/	8.	/o/	/ɔ/
4.	/o/	/ɔ/	9.	/o/	/ɔ/
5.	/o/	/ɔ/	10.	/o/	/ɔ/

🔊 **3-24** **Une berceuse.** Listen to the words of this traditional French lullaby, then, as it is read a second time, repeat each phrase in the pause provided.

Fais dodo, Colin, mon p'tit frère,

Fais dodo, t'auras du lolo.

Maman est en haut

Qui fait du gâteau,

Papa est en bas,

Qui fait du chocolat.

Fais dodo, Colin, mon p'tit frère,

Fais dodo, t'auras du lolo.

FORMES ET FONCTIONS

1. Les verbes comme préférer et l'emploi de l'infinitif

3-25 Préférences. Listen as Laura describes her friends' preferences regarding their classes. Then match each person with the appropriate like or dislike.

__D__ 1. Laura

__G__ 2. Corentin

__A__ 3. Benjamin

__F__ 4. Noémie

__B__ 5. Éloïse

__H__ 6. Nicolas

__E__ 7. Samuel

__C__ 8. Agathe

a. déteste la psychologie.

b. n'aime pas la gestion.

c. adore les sciences politiques.

d. aime la danse.

e. préfère la comptabilité.

f. préfère l'art et la peinture.

g. préfère les cours d'économie.

h. déteste la chimie.

3-26 Des suggestions. Fabien and Cécile have some free time this weekend but cannot decide what to do. Write what the following people would suggest, based on their own interests. A list of possibilities is provided.

un concert de musique classique	un dîner avec des amis	un dîner au restaurant
un film au cinéma	un Scrabble	un film à la télé
un match à la télé	un match de tennis	

MODÈLE   Marc préfère rester à la maison. Il _suggère un film à la télé._

1. J'adore les restaurants chics. Je _____ .

2. Simon adore les jeux de société. Il _____ .

3. Nous sommes très sportifs. Nous _____ .

4. Tu adores les nouveaux films. Tu _____ .

5. Les Colin aiment regarder le sport à la télé. Ils _____ .

6. Vous adorez Mozart et Beethoven. Vous _____ .

7. Mélanie aime inviter des amis. Elle _____ .

3-27 Des préférences des étudiants. Based on the descriptions below, decide which activity the following students prefer.

MODÈLE   une étudiante pantouflarde : regarder un match de foot à la télé ou jouer au foot ?

Elle préfère regarder un match de foot à la télé.

1. des étudiants paresseux : manger au resto U ou faire la cuisine ?

_____

2. des étudiantes sportives : faire du jogging ou une promenade en ville ?

_____

3. un étudiant riche : chercher des vieux livres à la bibliothèque ou des nouveaux livres à la librairie ?

_____

4. un étudiant sérieux : avoir son premier cours le matin ou l'après-midi ?

_____

5. une mauvaise étudiante : suivre des cours faciles ou difficiles ?

_____

6. un étudiant en art dramatique : assister à un match de hockey ou jouer dans une pièce de théâtre ?

_____

3-28   Le répondeur.   Martine is leaving a message on Muriel's answering machine before her arrival on campus. Select the subject and verb forms that you hear to complete each of her statements.

Salut Muriel, c'est ta petite sœur. Finalement, (1) [nous suggérons d' / nous préférons] arriver vendredi soir plutôt que samedi matin. Est-ce que (2) [tu préfères / tu suggères de] dîner au restaurant ce soir-là ? (3) [Papa suggère / Papa préfère] le petit restaurant près de la fac. Moi, (4) [je préfère / je suggère d'] aller à la cafétéria ! Raoul va rester à la maison ce week-end, (5) [il répète / il préfère aller] avec son groupe pour leur concert de lundi soir. (6) [Tu préfères / Tu suggères] une autre date pour une prochaine visite avec lui ? C'est toi l'étudiante occupée, pas nous ! Bon, alors à vendredi soir. Si ça ne va pas, téléphone-moi ! Tu as mon numéro de portable ? C'est le 06.31.23.19.46. (7) [Je répète / Je suggère] : 06.31.23.19.46. Bisous ! À vendredi !

2. Les adjectifs prénominaux au pluriel

3-29   Un ou plusieurs ?   Students are sharing their thoughts about the campus. Listen to each of their statements and select **un** if they comment on one place on campus; select **plusieurs** if they talk about several things.

1. un   plusieurs   4. un   plusieurs

2. un   plusieurs   5. un   plusieurs

3. un   plusieurs   6. un   plusieurs

3-30   Tom exagère.   Tom has a tendency to exaggerate everything. Complete each of his statements with the correct form of the adjective.

MODÈLE   You hear: Il y a beaucoup de jolies filles dans mes cours.

        You write: Il y a beaucoup de _jolies_ filles dans mes cours.

1. Il y a des _____ affiches dans ma résidence.

2. J'ai des _____ notes dans tous mes cours.

3. Il y a beaucoup de _____ étudiants dans mes cours.

4. J'ai trois _____ ordinateurs chez moi.

5. Je mange à la cafétéria tous les midis avec mes _____ amis.

6. J'ai beaucoup de _____ professeurs.

3-31   Me voilà à la fac.   Add detail to your friend's online post about campus life by choosing the appropriate adjective in each case.

Ça va bien à la fac. J'ai des (1) [nouvel / nouveaux] amis et des (2) [bonnes / bons] cours. De tous mes cours, je préfère la chimie. Il y a des (3) [grands / grandes] labos dans le (4) [nouveau / nouvel] pavillon de Sciences et Technologie. C'est demain notre (5) [premier / premiers] cours. Nous avons quelques (6) [gros / grosses] devoirs pour la fin du semestre et le (7) [premier / première] examen est bientôt. Je vais travailler beaucoup pour avoir des (8) [bons / bonnes] notes ce semestre.

3-32   À la fac.   Describe your university experience using the correct form of the following adjectives: **belle**, **bonne**, **dernière**, **grande**, **grosse**, **jeune**, **jolie**, **mauvaise**, **nouvelle**, **petite**, **première**, **vieille**.

MODÈLE   des cours

> *À la fac, il y a des bons cours…*

1. des professeurs _____
2. des étudiants _____
3. des examens _____
4. des résidences _____
5. des bureaux _____
6. des devoirs _____
7. des fêtes _____
8. des amis _____

Écoutons

3-33   Les Grandes Écoles : avant d'écouter.   Think about what kind of career you would like to have and make a list of the courses you might have to take to prepare yourself for this type of career. Answer in French.

_____

_____

3-34   Les Grandes Écoles : en écoutant.   Now listen as Élodie, François, and Virginie discuss their plans to study at **une Grande École.** The first time you listen, write down each person's major. As you listen a second time, fill in the second column with courses they have been taking (be sure to include the definite article for each). Some information has already been provided for you.

	1. Élodie	**2. François**	**3. Virginie**
Spécialisation	*les sciences économiques*	a.	a.
Matières étudiées	*l'économie*	b.	b.
	a.	c.	c.
	b.	d.	d.

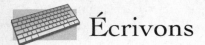 Écrivons

3-35 Votre emploi du temps à la fac : avant d'écrire. Write a short narrative in the form of a paragraph about your classes this semester. Complete the following steps before writing.

1. List the courses you have this semester.

   (for example: *un cours d'histoire*)

   _____

   _____

2. List your major or field of specialization and your minor(s).

   (for example: *la chimie*)

   _____

   _____

3. For each of the courses you listed in (1) above, provide one or two descriptive adjectives.

   (for example: *le cours de chimie : difficile, intéressant ; le cours d'histoire : amusant…*)

   _____

   _____

4. Prepare a concluding statement for your paragraph.

   (for example: *J'aime bien mes cours mais je travaille beaucoup ce semestre. Le semestre prochain va être plus facile.*)

   _____

   _____

3-36 Votre emploi du temps à la fac : en écrivant. Using the information you prepared above, write your paragraph. Once you are satisfied with the content of your paragraph, proofread your work for errors in spelling and grammar.

MODÈLE   *Je prépare un diplôme en chimie. Ce semestre j'ai un programme très difficile. Le lundi par exemple, j'ai un cours de chimie, un cours d'histoire et… J'aime bien mon cours d'histoire mais je préfère mon cours de chimie. Ce cours est intéressant et… J'aime beaucoup mes cours mais je travaille beaucoup ce semestre. Le semestre prochain va être plus facile.*

_____

_____

_____

_____

_____

_____

_____

Leçon 3 Choix de carrière

POINTS DE DÉPART

FRANÇOIS COLACINO

3-37 Quel est son métier ? Match each job description you hear with the appropriate title.

WHAT IS HIS PROFESSION?

__G__ 1. architecte

__C__ 2. musicien

__H__ 3. assistante sociale

__A__ 4. médecin

__E__ 5. professeur

__B__ 6. serveuse

__F__ 7. informaticienne

__D__ 8. acteur

3-38 Quelle profession ? Look at the provided clues to do the following crossword puzzle on the theme of professions.

Horizontalement

3. Elle peut gagner un bon salaire et défendre des victimes.

6. Elle travaille avec les ordinateurs.

8. Elle travaille dans un café.

Verticalement

1. Il aime les maths et a beaucoup de calculatrices.

2. Il joue du piano, du saxophone ou de la guitare.

4. Il travaille à l'université.

5. La spécialité de ce médecin est les dents.

7. Acteurs, chanteurs, peintres, ce sont des…

🔊 **3-39** **Quels sont vos plans ?** As you listen, select the possible careers for each person based on what they are studying. More than one answer may be correct.

1. informaticien   journaliste scientifique   professeur   dentiste

2. acteur   chanteur   comptable   représentant

3. avocate   architecte   fonctionnaire   pharmacienne

4. artiste   informaticien   ingénieur   acteur

5. écrivain   infirmier   médecin   pharmacien

6. journaliste   musicienne   professeur   secrétaire

3-40 **Mille et une possibilités.** Based on the descriptions, suggest professions that might be appropriate for each person below. Choose from the list. Each word can only be used once.

architecte	avocat	~~infirmière~~	professeur
artiste	comptable	journaliste	représentant de commerce

MODÈLE   Céline adore la biologie et elle aime le contact avec le public.

       Une *infirmière*

1. Margaux aime les maths et le travail précis.

   Une _____

2. Xavier s'intéresse aux médias et il adore écrire.

   Un _____

3. Maxime aime le dessin et la construction des maisons.

   Un _____

4. Benoît aime vendre car il a un bon contact avec le public et il préfère voyager.

   Un _____

5. Lise désire travailler avec les enfants.

   Un _____

6. Sarah veut exposer son travail dans une galerie d'art.

   Une _____

FORMES ET FONCTIONS

1. C'est *et* il est

3-41 Professionnels bien connus. For each of these famous people, complete the sentences that give their nationality and profession, using **c'est** or **il/elle est**.

MODÈLE   Gustave Eiffel ? *C'est* un Français. *Il est* architecte.

1. Gabrielle Roy ? _____ écrivain. _____ une Canadienne.

2. Vincent Van Gogh ? _____ néerlandais. _____ un artiste.

3. Marie Curie ? _____ une chimiste. _____ polonaise.

4. Hector Berlioz ? _____ compositeur. _____ un Français.

5. Léopold Sédar Senghor ? _____ un homme politique. _____ sénégalais.

3-42 Choix de carrière. Describe the kind of work your family and friends do and why.

MODÈLE   votre frère : *Mon frère est infirmier. Il travaille dans une clinique à New York. C'est un homme très patient et calme, et il adore le contact avec les enfants.*

1. votre mère : _____

_____

_____

2. votre meilleur/e ami/e : _____

_____

_____

3. votre frère ou sœur : _____

_____

_____

4. votre tante ou oncle préféré/e : _____

_____

_____

3-43 Opinions. Listen as Hélène describes her friends and associate each of her statements with the appropriate description below.

1. _____   C'est un architecte médiocre.

2. _____   C'est une actrice très douée.

3. _____   Ce sont des avocats ambitieux.

4. _____   Ce sont des journalistes sérieux.

5. _____   C'est une excellente musicienne.

6. _____   C'est une mauvaise chanteuse.

◀))) 3-44   Qu'est-ce qu'ils font ? Gabrielle is writing a report on her friends' careers for a journalism class but does not always keep an objective point of view. Help her complete his notes. For each person that you hear about, write a full sentence using **c'est** or **il/elle est**.

MODÈLES   You hear: Antoine : informaticien

You write: *Il est informaticien.*

You hear: Martine : mauvaise artiste

You write: *C'est une mauvaise artiste.*

1. _____

2. _____

3. _____

4. _____

5. _____

2. Les verbes devoir, pouvoir et vouloir

◀))) 3-45   Discrimination. Mathys is talking about his own studies and career plans and those of his siblings. Tell whether he is talking about what someone wants to do, can or cannot do, or has to do by selecting the correct word or expression.

1. wants to	can	has to	**5.** wants to	can	has to
2. wants to	can	has to	**6.** wants to	can	has to
3. wants to	can	has to	**7.** wants to	can	has to
4. wants to	can	has to	**8.** wants to	can	has to

◀))) 3-46   Décision professionnelle. Emma and Fabienne are discussing their career choices. Select the form of the verb **devoir**, **pouvoir** or **vouloir** that you hear.

1. pouvons	pouvez	**4.** dois	doit
2. doivent	doit	**5.** veux	veut
3. peut	peux	**6.** veulent	voulons

3-47   Des devoirs. Complete the following sentences with the correct form of the verb **devoir** to indicate what everyone must do.

MODÈLE   Demain j'ai mon cours de français, alors je *dois* faire mes devoirs.

1. Il n'y a rien dans le réfrigérateur ; vous _____ faire des courses !

2. Luc prépare la critique d'une exposition ; il _____ aller au musée.

3. Nous _____ préparer un examen de calcul.

4. Gilles et Anne _____ voir une pièce pour leur cours de littérature.

3-48 Les invitations et les obligations. Unfortunately, we can't always do what we want to do. Explain why the following people cannot do what they want to do. Follow the sentence structure of the model exactly when giving your answer.

MODÈLE   Isabelle / aller à la piscine / préparer un examen

Isabelle veut aller à la piscine mais elle ne peut pas. Elle doit préparer un examen.

1. Tu / faire du jardinage / terminer tes devoirs

_____

_____

2. David et Fanny / aller au cinéma / dîner chez leurs grands-parents

_____

_____

3. Mes amis et moi, nous / rester chez nous / aller en classe

_____

_____

4. Paul / jouer au tennis avec ses amis / aller chez le dentiste

_____

_____

5. Ton père et toi, vous / regarder un match de basket / aller au concert de ta sœur

_____

_____

Écoutons

3-49 Chez la conseillère d'orientation : avant d'écouter. What kind of questions should one take into consideration when choosing a career? For example: **Vous voulez aider les gens** ? **Vous voulez voyager** ? **Vous voulez gagner beaucoup d'argent** ? Can you think of another possible question?

_____

_____

3-50 Chez la conseillère d'orientation : en écoutant. Mélanie is discussing possible career paths with a counselor. Listen to their conversation and answer the questions below by selecting the correct responses.

1. Pourquoi est-ce que Mélanie prépare un diplôme de médecine ?

   a. Elle adore les maths.

   b. C'est une tradition familiale.

   c. Elle a le tempérament nécessaire.

2. Qu'est-ce que sa conversation avec la conseillère révèle ?

   a. Elle fait un travail médiocre en sciences naturelles.

   b. Elle veut avoir un métier qui a beaucoup de prestige.

   c. Elle est trop solitaire pour être médecin.

3. Quelle nouvelle possibilité se présente à la fin de la conversation ?

   a. Mélanie va étudier la biologie.

   b. Mélanie va faire de la musique.

   c. Mélanie va devenir actrice.

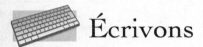 # Écrivons

3-51 **Avis aux étudiants : avant d'écrire.** You are working at the career center at your school and have an idea for a new advice column for students who have questions about their future careers. To sell the idea, you must present a sample column to your supervisor with a question and an appropriate response. Complete the following activities before beginning to write your sample.

1. Imagine that you are a student looking for a future career and make a list, in French, of three qualities you are looking for in your career.

   (for example: *un travail intéressant*, *un bon salaire…*)

   _____

   _____

2. Now make a list, in French, of the skills and/or personal interests you bring to your search for a suitable career.

   (for example: *je travaille beaucoup*, *j'aime aider les gens…*)

   _____

   _____

3. Looking over the qualities you listed in (1) and the skills you listed in (2), suggest, in French, two or three suitable careers.

   (for example: *médecin*, *infirmier*)

   _____

   _____

4. Write down, in French, one or two things that you should do to prepare for the type of career suggested in (3).

   (for example: *étudier la biologie*, *les sciences…*)

   _____

   _____

3-52   Avis aux étudiants : en écrivant. First, looking at the information from questions (1) and (2) from the previous activity, write a letter from a student seeking career advice. Then, looking at the information you provided for (3) and (4), write a brief answer. Now, reread your answer. If you used the verbs **vouloir**, **pouvoir**, or **devoir**, make sure that you have used the correct forms of these verbs and that the verbs following them are in the infinitive. Look carefully at the answer you propose. Does it respond to the question? Did you include some advice for what the student should be doing now to prepare for this career?

MODÈLE   QUESTION : *Je veux un travail intéressant avec un bon salaire. J'aime aider les gens et je peux travailler beaucoup. Je ne veux pas un travail où on est très autonome... Je suis assez patient et je suis généreux. J'étudie la biologie et les sciences naturelles, mais je n'aime pas travailler au laboratoire. Est-ce que vous pouvez m'aider ?*

RÉPONSE : *Je suggère une carrière médicale. Vous pouvez être médecin ou infirmier si vous voulez travailler avec les gens. Vous ne devez pas être technicien si vous ne voulez pas travailler au laboratoire. Vous devez continuer vos études de biologie. Vous pouvez...*

_____

_____

_____

_____

_____

_____

_____

_____

Lisons

3-53   Journal d'un criminologue angoissé : avant de lire. This passage is from a short story in the collection *L'Ange Aveugle* (*The Blind Angel*) by Tahar Ben Jelloun, a Moroccan writer. In this excerpt, one of the main characters, Emilio, who is involved in police work, describes his profession. Before you read, answer the following questions.

1. What kinds of information would you expect Emilio to provide about his profession? Select all that apply.

_____ feelings about his job   _____ prior work experience

_____ job description   _____ type of degree he has

_____ place of work   _____ work schedule

_____ university attended

2. Knowing that Emilio is a criminologist, select what type of extra information could be expected.

_____ information about his boss   _____ information about criminals

_____ information about crime scenes   _____ information about his wages

3-54 **Journal d'un criminologue angoissé : en lisant.** As you read, provide the following information in English.

1. Mention at least three specific things that Emilio does in his line of work.

   _____

   _____

2. List two other professionals with whom he works.

   _____

   _____

3. Emilio fills out a form at each crime scene he visits. In addition to the victim's last and first names, what are the general categories mentioned in the passage that should appear in this form?

   a. _____

   b. _____

   c. _____

   d. _____

   e. _____

   f. _____

JOURNAL D'UN CRIMINOLOGUE ANGOISSÉ

D'abord (*first*) la technique : remonter le film de l'événement, nommer les lieux (*places*), l'heure précise, l'arme utilisée, le calibre des balles …, l'âge, le nom et le prénom, la profession, la réputation … classer tout cela dans un dossier (*file*)…

Cela est mon travail. Je suis criminologue. Je suis fonctionnaire du ministère de la Justice. Je dois être disponible (*available*) pour fournir toutes ces informations le plus rapidement possible. Je fais des fiches (*forms*). Je les classe. Je les analyse au bout d'un certain temps, après une année en général. Je communique mes conclusions aux sociologues, à l'observatoire universitaire de la camorra (*mafia-like criminal organization based in Naples, Italy*), à certains journalistes, à la police éventuellement (*perhaps*).

Source : « Journal d'un criminologue angoissé » in *L'Ange Aveugle,* Tahar Ben Jelloun, © Éditions du Seuil, 1992, coll. Points, 1994, 1995.

3-55 Journal d'un criminologue angoissé : après avoir lu. Now that you've read the text, complete these activities. Answer in English unless otherwise indicated.

1. How did Emilio's description of his profession and day-to-day activities compare to the information you expected him to provide? Did anything surprise you? What?

_____

_____

2. After reading Emilio's description of his profession, what kind of person do you think he is? Write a short portrait of him in French.

_____

_____

_____

_____

Venez chez nous !

Étudier et travailler en pays francophone

3-56   La géographie du Canada. Where in Canada would you like to study or work? Canada has ten provinces and three territories, each with its own capital. Visit the **Chez nous** Companion Website to find related links and test your knowledge of Canadian geography by matching the provinces and territories with their capitals.

_____ 1. l'Alberta

_____ 2. la Colombie-Britannique

_____ 3. l'Île-du-Prince-Édouard

_____ 4. le Manitoba

_____ 5. le Nouveau-Brunswick

_____ 6. la Nouvelle-Écosse

_____ 7. l'Ontario

_____ 8. le Québec

_____ 9. le Saskatchewan

_____ 10. Terre-Neuve

_____ 11. les Territoires du Nord-Ouest

_____ 12. le Nunavut

_____ 13. le Yukon

a. Halifax

b. Yellowknife

c. Québec

d. Charlottetown

e. Victoria

f. Winnipeg

g. Iqaluit

h. Edmonton

i. Toronto

j. Frédéricton

k. St. John's

l. Whitehorse

m. Régina

3-57   Les autres provinces. The Francophone presence in Canada is not limited to Quebec. Choose another province from the list in **3-56** and do some research on the **Chez nous** Companion Website to answer the questions below.

La Province : _____

Superficie : _____

Situation géographique : _____

Population : _____

Nombre de francophones : _____

Pourcentage de francophones : _____

Situation du français dans les écoles : _____

Situation du français dans les universités : _____

Video Manual

3-58 Je suis étudiant. In this clip, three people talk about their work at the **Université de Nice**. Listen and complete each sentence; in some cases, there may be more than one correct answer.

1. Édouard est étudiant en...

   a. histoire-géo.

   b. chimie.

   c. communication.

2. Cette année, son emploi du temps est...

   a. peu chargé.

   b. très chargé.

   c. assez compliqué.

3. Fadoua étudie...

   a. l'art.

   b. la communication.

   c. le marketing.

4. Christian est professeur de...

   a. littérature.

   b. civilisation française.

   c. communication.

3-59 Étudier et travailler en pays francophone (au Canada). The video montage offers varied images of Quebec. As you watch, select the significant elements of Quebecois culture illustrated in the montage.

_____ architecture

_____ climate

_____ diverse populations

_____ industries

_____ language use

_____ leisure activities

_____ natural resources

Métro, boulot, dodo

Leçon 1 La routine de la journée

POINTS DE DÉPART

4-1 À vous de choisir. Complete this description of Françoise's morning routine by choosing the appropriate verb in each case.

Demain, Françoise va (1) [se lever / se dépêcher] à 6 heures du matin pour aller à son bureau. Elle va d'abord (2) [se laver / se maquiller] et ensuite (3) [se coucher / s'essuyer]. Après sa douche, elle va (4) [s'endormir / se coiffer]. Puis, elle va (5) [s'habiller / se déshabiller]. Ensuite, elle va manger un peu. Finalement, elle va (6) [se brosser / s'essuyer] les dents avant d'aller au travail.

4-2 Les articles de toilette. Match the objects listed with the appropriate verb.

_____ 1. pour se maquiller

_____ 2. pour se brosser les dents

_____ 3. pour se laver

_____ 4. pour se raser

_____ 5. pour s'essuyer

_____ 6. pour se laver les cheveux

_____ 7. pour se coiffer

a. un rasoir

b. du shampooing

c. du dentifrice

d. un peigne

e. un savon

f. du maquillage

g. une serviette

 4-3 La routine d´Étienne. Listen as Étienne describes his daily routine. Indicate the order in which he performs the activities listed below by filling in the numbered spaces.

__8__ aller au travail	__12__ s'endormir
__6__ se brosser les dents	__4__ s'essuyer
__7__ se coiffer	__~~5~~ 6__ s'habiller
__11__ se coucher	__2__ se raser
__9__ se dépêcher	__10__ regarder la télé
__3 ~~?~~__ se doucher	__1__ se réveiller

4-4 Avec quoi ? Lise's younger brother is very curious about the morning routine at their house. Answer his questions by selecting the most logical item.

1. du shampooing   du dentifrice

2. un gant de toilette   une serviette

3. une brosse à dent   un peigne

4. du maquillage   du savon

5. un gant de toilette   du dentifrice

6. du savon   un peigne

SONS ET LETTRES

La voyelle /y/

🔊 **4-5 Écoutez bien !** Listen to the following statements and select the words in which you hear the sound /y/.

1. Bien sûr, je me douche avant de m'essuyer !

2. Il joue de la musique dans son bureau.

3. Luc aime les sculptures du Louvre.

4. William étudie les sciences naturelles car il est doué pour cela.

5. Je te suggère de te coucher plus tôt !

🔊 **4-6 /y/ ou /u/ ?** Listen as each pair of words is read. Then listen again as only one of each pair is read. Select the word you hear the second time.

1. bu   boue

2. lu   loup

3. dessus   dessous

4. remue   remous

5. vu   vous

6. rue   roue

7. su   sous

8. pu   pou

Nom : ~~FRANCIS COLACINO~~   **Date :** _____

FORMES ET FONCTIONS

1. Les verbes pronominaux et les pronoms réfléchis

 4-7   Logique ou illogique. Sarah is babysitting her niece and has invented a game to entertain her. Her niece must decide if the sentences she hears are logical or not. Play the game yourself, selecting **logique** if the statement you hear is logical, or **illogique** if it is illogical.

1. (logique)   illogique   4. (logique)   illogique

2. logique   (illogique)   5. logique   (illogique)

3. (logique)   illogique   6. (logique)   illogique

4-8   Un matin chez les Jourdain. Imagine a typical morning at the Jourdains' house with their three-year-old daughter, Émilie, and her baby brother Denis. Complete each sentence choosing the most appropriate verb.

MODÈLE   à 4 h 00 : Denis _se réveille_ pour manger ! (se réveiller, s'endormir)

1. à 4 h 05 : M. et Mme Jourdain _____ (se réveiller, s'habiller).

2. à 4 h 15 : M. Jourdain _____ (se laver, s'endormir) de nouveau (*again*).

3. à 7 h 30 : Émilie _____ (se maquiller, se lever).

4. à 8 h 30 : M. Jourdain _____ (se doucher, se coucher).

5. à 10 h : Mme Jourdain _____ (s'endormir, s'habiller).

6. à 12 h 30 : Émilie et Denis _____ (se laver, s'endormir) après le déjeuner.

 4-9   En visite chez tante Régine. Alexandre and Corinne will be spending the weekend with their aunt Régine. Listen as their aunt speaks with Alexandre on the phone about their routine and complete their conversation with the subject and verb forms that you hear. The first sentence has been completed for you as an example.

ALEXANDRE :   Est-ce que _tu te lèves_ tôt, tante Régine ?

RÉGINE :   En semaine oui, mais pas le week-end. (1) JE ME RÉVEILLE vers 10 h 00. Et vous, (2) VOUS VOUS COUCHEZ quelle heure ?

ALEXANDRE :   Le week-end, (3) ON SE COUCHE vers onze heures ou minuit et (4) ON S'ENDORT tout de suite.

RÉGINE :   Et (5) ~~VOUS VERS~~ VOUS VOUS LEVEZ de bonne heure ?

ALEXANDRE :   Moi, (6) JE ME ~~LÈVE~~ LÈVE vers 10 h 00 comme toi, mais Corinne (7) ELLE NE SE RÉVEILLE PAS avant 11 h 00. Ensuite, (8) ELLE SE LAVE et après, elle prend le petit-déjeuner. Moi, je préfère manger tout de suite avant de prendre une douche.

RÉGINE :   D'accord. C'est noté. Bon alors, à ce week-end !

ALEXANDRE :   Oui, à bientôt.

4-10 La routine matinale. Describe your morning routine and that of someone you live with; for example, a roommate, a spouse, a sibling, or a parent.

MODÈLE *Mon colocataire se lève tôt le matin. D'abord il se rase et se brosse les dents. Puis il…*

Moi, je me réveille tard et je…

_____

_____

_____

_____

4-11 Le baby-sitting. Imagine you are babysitting three energetic little girls. Tell them what to do in each situation.

MODÈLES Émilie et Paméla ont les mains très sales (*dirty*).

Lavez-vous les mains !

Stéphanie ne veut pas rester au lit.

Reste au lit !

1. Paméla et Émilie ont les cheveux en désordre.

_____ !

2. Stéphanie joue avec le maquillage de sa mère.

_____ avec le maquillage !

3. Émilie se déshabille.

_____ !

4. Émilie et Paméla mangent des bonbons.

_____ de bonbons !

5. Paméla a du chocolat sur la figure.

_____ la figure !

6. Vous donnez une serviette de bain à Émilie, Stéphanie et Paméla : elles sortent de la douche.

_____ !

7. Les trois filles sont fatiguées.

_____ !

2. Les adverbes : intensité, fréquence, quantité

4-12 C'est presque pareil. Listen to Renaud's statements describing his sister Céline's daily routine, and select the sentence that has the most similar meaning to each.

1. a. Elle ne mange pas beaucoup le matin. *= SHE RARELY HAS BREAKFAST.*
   b. Elle mange trop le matin.

2. a. Elle ne se maquille jamais. *← RARELY*
   b. Elle se maquille toutes les heures.

3. a. Elle se brosse rarement les dents.
   b. Elle se brosse les dents trois ou quatre fois par jour, tous les jours.

4. a. Elle se douche souvent.
   b. Elle se douche quelquefois.

5. a. Elle travaille souvent à la B.U.
   b. Elle ne travaille jamais à la B.U.

6. a. Elle se couche tard une fois par semaine.
   b. Elle se couche souvent tard.

4-13 Combien ? Tell how much of each item the following people have by completing the sentences with **trop**, **beaucoup**, **assez**, or **peu**.

MODÈLE   Bill et Melinda Gates ont *beaucoup* d'argent.

1. J'ai _____ devoirs.

2. Mes parents ont _____ travail.

3. J'ai _____ amis.

4. Mes amis ont _____ CD.

5. Nous avons _____ problèmes.

6. Mon meilleur ami a _____ livres.

4-14 Le vaniteux. Listen as Clément introduces himself to his new schoolmates. Complete his sentences with the correct adverb of intensity, frequency, or quantity that you hear. The first one has been completed for you as an example.

J'ai *beaucoup de* jeux à la maison. Je joue (1) ___SOUVIENT___ le soir et (2) ___QUEL QUOIS fois___ le matin. J'ai (3) ___PEU DU___ devoirs, alors j'ai (4) ___BEAUCOUP DU___ temps pour jouer. Mon père a (5) ___ASSEZ SE AU___ argent pour acheter tous les nouveaux jeux. Je (6) ___NE PÈRE___ ai _____ frère et ma sœur est à la fac, alors mes parents s'occupent (7) ___BEAUCOUP___ de moi. Ma grand-mère pense que mes parents achètent (8) ___trop___ choses inutiles pour moi.

4-15   Les habitudes. Describe the following people's habits.

MODÈLE   vous : se brosser les dents

   Je me brosse souvent les dents.

1. vous : se coucher tard _____

2. votre meilleur/e ami/e : se lever _____

3. votre mère : se maquiller _____

4. vous : se laver les cheveux _____

5. votre ami/e et vous : se coiffer _____

6. votre prof de français : arriver à l'heure (*on time*) _____

Écoutons

4-16   Les commérages de Lucette : avant d´écouter. Do you live in an apartment or in a dorm?
What kind of things are you likely to know about your neighbors in these settings? Answer in English.

_____

_____

4-17   Les commérages de Lucette : en écoutant. Lucette lives in a Parisian apartment building and
is very nosy. Listen as she describes her neighbors' habits to her friend Jacqueline and match each habit with
the corresponding person.

_____ 1. M. Barrot

_____ 2. Mme Clémence

_____ 3. Karine Millet

_____ 4. Stéphane Millet

_____ 5. M. Martin

_____ 6. M. Roussin

_____ 7. Sylvain Roussin

a. regarde trop souvent la télévision.

b. se dépêche toujours.

c. se lève très tôt.

d. se brosse les dents au moins trois fois par jour.

e. ne se rase jamais.

f. ne travaille pas assez.

g. se maquille trop.

Écrivons

4-18 L'amitié : avant d'écrire. You will write a description of one of your friends. To begin, complete the following activities.

1. Make a list of three or four adjectives, in French, that describe your friend's appearance.

   (for example: *jolie, grande...*)

   _____

   _____

2. Make a list of three or four adjectives, in French, that describe your friend's character.

   (for example: *énergique, sportive, sympa...*)

   _____

   _____

3. Make a list of four or five activities that your friend enjoys.

   (for example: *jouer au tennis, nager, danser, se coucher tard...*)

   _____

   _____

4. Indicate how often or how well your friend carries out each of the activities mentioned in (3) by supplying an adverb for each verb.

   (for example: *jouer souvent au tennis, nager bien, danser beaucoup...*)

   _____

   _____

4-19 L'amitié : en écrivant. Write two brief paragraphs describing your friend. In the first, introduce your friend and describe his or her appearance and character. In the second, talk about your friend's activities. Make sure you use a variety of adverbs to make your paragraphs more interesting.

MODÈLE   *Ma meilleure amie à la fac s'appelle Julie. Elle est blonde, assez mince et très grande. Elle est jolie. Julie est énergique, sportive et très sympa.*

   Nous jouons souvent au tennis ensemble. Julie nage bien aussi. Elle adore danser et elle danse beaucoup. Elle va souvent aux fêtes...

_____

_____

_____

_____

_____

_____

Leçon ② À quelle heure ?

POINTS DE DÉPART

4-20 Quelle heure est-il ? Listen to the following times and select **officielle** if the speaker gives the official time or **non-officielle** if the speaker gives the time in an informal manner.

1. officielle   non-officielle   4. officielle   non-officielle

2. officielle   non-officielle   5. officielle   non-officielle

3. officielle   non-officielle   6. officielle   non-officielle

4-21 Les rendez-vous. Sylvie works as a secretary and schedules appointments for her boss. Listen as she summarizes the day's appointments, and associate the appropriate time with each appointment.

____ 1. 8 h 15

____ 2. 9 h 25

____ 3. 10 h 00

____ 4. 11 h 47

____ 5. 12 h 30

____ 6. 16 h 00

____ 7. 19 h 30

a. Le comptable va téléphoner.

b. Le train part.

c. Entretien avec M. Rolland.

d. Dîner chez Mme Thiaville.

e. La présentation.

f. M. Klein arrive.

g. Le déjeuner.

4-22 À quelle heure ? Look at the TV guide for channel M6 to find out when the shows below begin. Write the time using both the 24-hour clock and conventional time as shown in the model.

◀M6▶	MERCREDI 25 JUILLET
09 h 10	M6 Boutique
10 h 00	Star 6 music
12 h 20	Série. Malcom.
15 h 30	Téléfilm. Drame. Horizons lointains
17 h 10	Série. Les Simpson. *Homer va à la fac.*
17 h 35	Série. Les Simpson. *Marge en cavale.*
20 h 05	Série. Friends.
21 h 00	Série. Desperate Housewives.
23 h 45	Téléfilm italien. Comédie. L'amour 3 étoiles.
02 h 00	M6 music. Les nuits de M6

MODÈLE   Friends :   *20 h 05 OU huit heures cinq du soir*

1. Malcolm :

_____

2. L'amour 3 étoiles :

_____

3. M6 Boutique :

_____

4. Les Simpson Marge en cavale :

_____

5. Desperate Housewives :

_____

6. Horizons lointains :

_____

4-23   La routine. At what time do you usually (**d'habitude**) do the following things?

MODÈLE   se réveiller : *D'habitude, je me réveille vers huit heures moins le quart.*

1. se réveiller : _____

2. se lever : _____

3. manger le matin : _____

4. aller à la fac : _____

5. avoir votre cours de français : _____

6. rentrer chez vous : _____

7. terminer vos devoirs : _____

8. se coucher : _____

FORMES ET FONCTIONS

1. Les verbes en -ir comme dormir

4-24   Un ou plusieurs ? Rachid is waiting for his friend in a café and overhears parts of people's conversations. For each sentence that he hears, select **1** if the subject of the sentence is one person and **1+** if it is more than one person. Remember that in the plural forms of these verbs, you will hear a pronounced final consonant.

1.	1	1+		5.	1	1+
2.	1	1+		6.	1	1+
3.	1	1+		7.	1	1+
4.	1	1+		8.	1	1+

4-25   Projets de groupe. Adeline is describing a typical weekend for herself and her family. For each of her statements, select the infinitive form of the verb that you hear.

1.	dormir	partir	servir	sortir
2.	dormir	partir	servir	sortir
3.	dormir	partir	servir	sortir
4.	dormir	partir	servir	sortir
5.	dormir	partir	servir	sortir
6.	dormir	partir	servir	sortir

4-26 Les vacances. Use the correct form of the verbs **courir**, **dormir**, **mentir**, **partir**, **servir**, and **sortir** to complete these sentences describing things that happen during a vacation.

MODÈLE   Nous *partons* demain à 8 h 15.

1. En juillet, nous _____ pour les Antilles.

2. Le train pour l'aéroport _____ à 7 h 30.

3. Mes parents _____ dans un hôtel de luxe pendant les vacances.

4. Nous les enfants, on _____ sous une tente dans un camping.

5. Nous sommes très gentils, nous ne _____ jamais à nos parents.

6. Je _____ de la piscine en pleine forme.

7. En vacances, tu _____ tous les soirs dans des bons restaurants ?

8. Dans ce restaurant, on _____ du rosbif avec une bonne sauce.

9. Tous les matins, nous _____ deux kilomètres dans le parc pour garder la forme.

10. Et toi, tu _____ aussi dans le parc le matin ?

4-27 Les vacances de rêve. Imagine that you are spending your dream vacation on a tropical island with friends. Describe your activities using the verbs **courir**, **dormir**, **partir**, **servir**, and **sortir**.

Ce sont les vacances et je pars à la Martinique avec... _____

_____

_____

_____

_____

_____

2. Le comparatif et le superlatif des adverbes

🔊 **4-28 Comparaisons.** Christine is comparing her friends. Listen to each of her statements and then select the sentence that has the same meaning.

1. **a.** Marie se lève moins tard que Robert.

   b. Marie se lève plus tard que Robert.

2. **a.** Nadège joue mieux au volley que sa sœur.

   b. Nadège joue aussi bien au volley que sa sœur.

3. **a.** Charlotte va plus souvent au cinéma que moi.

   b. Charlotte va moins souvent au cinéma que moi.

4. **a.** Frédéric a moins de travail que Raoul.

   b. Frédéric a autant de travail que Raoul.

5. **a.** Sabine se maquille plus souvent qu'Angèle.

   b. Sabine se maquille plus rarement qu'Angèle.

4-29 J'en ai plus ! Do you have more, as many, or fewer of the things indicated? Select the correct response for each sentence.

1. J'ai assez d'argent. Mon meilleur ami aussi.

   J'ai [moins d' / plus d' / autant d'] argent que mon meilleur ami.

2. Je n'ai pas de problèmes. Mes amis ont beaucoup de problèmes.

   J'ai [moins de / plus de / autant de] problèmes que mes amis.

3. J'ai beaucoup de travail. Mes parents ne travaillent pas.

   J'ai [moins de / plus de / autant de] travail que mes parents.

4. Je suis assez stressé. Mes profs aussi.

   J'ai [moins de / plus de / autant de] stress que mes profs.

5. J'ai beaucoup d'amis. Ma mère a peu d'amis.

   J'ai [moins d' / plus d' / autant d'] amis que ma mère.

6. J'ai cinquante CD. Mais mon meilleur ami a quatre-vingt CD.

   J'ai [moins de / plus de / autant de] CD que mon meilleur ami.

4-30 Nuances. Complete each sentence to compare how people you know do the indicated activities.

MODÈLE   danser bien ?   Mon père danse _mieux que_ moi.

                       OU   Mon père danse _moins bien que_ moi.

                       OU   Mon père danse _aussi bien que_ moi.

1. chanter bien ?

   Ma mère chante _____ moi.

2. se coucher tard ?

   Mes parents se couchent _____ moi.

3. sortir souvent ?

   Mes amis sortent _____ moi.

4. manger bien ?

   Mes parents mangent _____ moi.

5. voyager souvent ?

   Mes amis voyagent _____ moi.

6. nager bien ?

   Mon meilleur ami nage _____ moi.

7. parler souvent français ?

   Mon prof de français parle français _____ moi.

8. regarder souvent la télé ?

   Mon / Ma colocataire regarde la télé _____ moi.

4-31 Je te rassure. Fabrice lacks self-confidence. His friend Rémi tries to reassure him by telling him that he is the best at everything. Complete what Rémi says by selecting the appropriate ending.

1. le plus souvent   le moins souvent

2. le plus d'amis   le moins d'amis

3. le plus d'argent   le moins d'argent

4. le mieux   le moins bien

5. le plus   le moins

6. le plus de devoirs   le moins de devoirs

 # Écoutons

4-32 Des messages : avant d´écouter. Imagine that you are staying at your French friend's place and he has asked you to check his answering machine messages. Before you listen, select what kind of information his messages are likely to include.

_____ birth date   _____ date   _____ name

_____ brand name   _____ time   _____ phone number

4-33 Des messages : en écoutant.

1. Listen to the messages and, for each one, write down who called in the space labeled **Appel de**.

2. Listen a second time and complete the missing information in the space labeled **Message**.

3. Listen a third time and write down the phone numbers of the person to call back in the space labeled **À noter**.

Remember, we often listen to messages more than once, even in our native language, particularly when trying to record precise information such as a telephone number.

PENDANT VOTRE ABSENCE

Appel de : _ton frère_____

Message : __le train arrive à_____ à
la gare du Nord._____
_____
_____

À noter : _appeler au bureau :_____
_____
_____

PENDANT VOTRE ABSENCE

Appel de : _____

Message : _déjeuner_____ à
_____ pour l'anniversaire
de Marie._____
_____

À noter : _appeler le_____
_____
_____

PENDANT VOTRE ABSENCE

Appel de : _____

Message : _film_____ soir à
_____
_____
_____

À noter : _appeler le_____
_____
_____

PENDANT VOTRE ABSENCE

Appel de : _____

Message : _elle ne peut pas_____
partir_____ parce
qu' elle doit_____. Elle propose
de manger ensemble_____ midi.

À noter : _appeler le_____
_____
_____

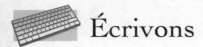 Écrivons

4-34 **Dans la résidence universitaire : avant d'écrire.** Whether you are living in a dorm or in an off-campus apartment, your routine must be different from when you lived at home. Write an e-mail to a member of your family explaining your new routine. To begin, complete the following activities.

1. Make a list of the activities that are part of your daily routine.

(for example: *se lever*, *manger avec Christine*, *partir pour la fac*, *aller au cours de chimie...*)

_____

_____

2. Indicate the time when you do each activity.

(for example: *se lever à 9 h*, *manger vers 9 h 45*, *partir pour la fac à 10 h*, *aller au cours de chimie à 10 h 10...*)

_____

_____

3. Look over your list of activities and add some detail by using adverbs and making comparisons.

(for example: *se lever **généralement** à 9 h, je me lève **plus tard que** ma colocataire Linda, je marche **rapidement** pour aller à la fac parce que mes cours commencent à 10 h 10...*)

_____

_____

4-35 **Dans la résidence universitaire : en écrivant.** Now draft your e-mail. Use words like **d'abord** (*first*), **après** (*after*), **ensuite** (*next*), and **puis** (*then*) to indicate the sequence of activities that make up your daily routine.

MODÈLE   *Chère Maman,*

Tu vas être surprise. Ma routine ici est très différente. Maintenant, je me lève généralement à neuf heures parce que j'ai mon premier cours à dix heures dix ce semestre. Je me lève plus tard que ma colocataire Linda. Elle a cours à huit heures ! D'abord je prends une douche et ensuite je mange un peu vers dix heures moins le quart. Souvent, je mange avec Christine. Ensuite... Quand je me couche vers minuit, je suis vraiment fatiguée.

Je t'embrasse,

Nicole

_____

_____

_____

_____

Leçon ③ Qu'est-ce qu'on met ?

POINTS DE DÉPART

🔊 **4-36 Un cadeau.** Madame Capus is deciding what to buy her daughter for her birthday. Write the letter corresponding to each item she considers next to the correct number below.

1. _____   5. _____

2. _____   6. _____

3. _____   7. _____

4. _____   8. _____

4-37 Qu'est-ce que c'est... ? Identify the clothing worn by these people.

1. _____   4. _____

2. _____   5. _____

3. _____   6. _____

7. _____

MODÈLE   *des chaussures à talon*

4-38 Habillons-nous ! Tell what people normally wear to do the following activities by adding the appropriate form of the verb **mettre**.

MODÈLE   Pour faire du bricolage, je _mets_ un jean, un tee-shirt large et des baskets.

1. Pour jouer, les enfants _____ un jean et un tee-shirt.

2. Pour nager à la piscine, nous _____ un maillot de bain.

3. Pour aller à une fête, Marie, est-ce que vous _____ une belle robe noire ?

4. Pour chercher du travail, Marc, tu _____ un costume ?

5. Pour faire du jardinage, ma mère _____ un vieux jean, un pull et des gants.

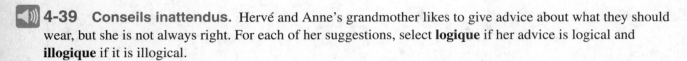 **4-39   Conseils inattendus.** Hervé and Anne's grandmother likes to give advice about what they should wear, but she is not always right. For each of her suggestions, select **logique** if her advice is logical and **illogique** if it is illogical.

1. logique	illogique		5. logique	illogique
2. logique	illogique		6. logique	illogique
3. logique	illogique		7. logique	illogique
4. logique	illogique		8. logique	illogique

4-40   Les couleurs et les fêtes. Complete the following crossword puzzle! The topic is "colors."

Horizontalement

2. C'est la couleur de nos dents quand on les brosse souvent.

4. C'est une couleur du jeu d'échecs.

6. Cette couleur est aussi le nom d'un fruit de Floride.

8. Elle est associée au 14 février.

Verticalement

1. C'est la couleur du chocolat.

3. Cette couleur rime avec le mot « yeux. »

5. C'est la couleur du costume du Père Noël.

7. Mettez un vêtement de cette couleur le 17 mars !

SONS ET LETTRES

Les voyelles /ø/ et /œ/

 4-41   **Vous entendez ?** Listen to the following statements and select the words in which you hear the sound /ø/ as in **bleu**.

1. Le bleu est la meilleure couleur pour les cheveux cet été !

2. C'est un acteur ambitieux mais très ennuyeux.

3. Mon neveu est assez sérieux, il a horreur des jeux.

4. Ma sœur a de nombreux CD mais pas de lecteur CD !

5. Monsieur Lafleur n'est pas paresseux ; il est professeur.

 4-42   **Lequel ?** Listen and indicate whether the sound you hear is like the /ø/ in **bleu**, or like the /œ/ in **leur** by selecting the appropriate symbol.

1.   /ø/   /œ/   4.   /ø/   /œ/

2.   /ø/   /œ/   5.   /ø/   /œ/

3.   /ø/   /œ/   6.   /ø/   /œ/

FORMES ET FONCTIONS

1. L'adjectif démonstratif

 4-43   **Les vitrines.** Léa and Mélanie are shopping and commenting on the clothing they see. Select the correct form of the demonstrative adjective that you hear in each of their statements.

1. ce   ces   4. ce   cet

2. ce   ces   5. ce   ces

3. cet   cette   6. cet   ces

4-44   **Des photos de famille.** Isabelle and Sophie are looking at a photo album. Select the appropriate form of the demonstrative adjective to complete their conversation.

SOPHIE :   Regarde (1) [cet / cette] photo. Vous êtes si élégants. C'est qui ?

ISABELLE :   (2) [Cette / Ces] femme, c'est ma sœur Anne. C'est le jour de son anniversaire. Et (3) [ce / cet] homme en costume, c'est mon beau-frère.

SOPHIE :   Et (4) [ces / cette] deux petites filles adorables ?

ISABELLE :   Ce sont mes nièces et (5) [ce / cette] grand garçon, c'est leur frère, mon neveu Antoine.

SOPHIE :   Et regarde (6) [cet / cette] longue robe noire. Elle est très belle !

ISABELLE :   Oui, (7) [ce / ces] type de robe est toujours à la mode. Je la mets toujours l'été.

SOPHIE :   Ah vraiment ? Et (8) [ce / ces] bottes sur (9) [cet / cette] autre photo, tu les as toujours aussi ?

ISABELLE :   Arrête ! Tu es drôle, toi !

4-45 Le voyage. Karine is going away for the weekend with her roommate. She is explaining why she has packed the following objects; complete her sentences.

MODÈLE   une casquette : _Cette casquette_ , c'est pour le voyage.

1. un ordinateur : _____ , c'est pour faire mes devoirs dans le train.

2. un sac : _____, c'est pour mettre mes vêtements.

3. des lunettes de soleil : _____, c'est parce que c'est chic !

4. une robe : _____, c'est pour sortir danser.

5. un imper : _____, c'est pour mettre avec ma jupe courte.

6. des baskets : _____, c'est pour me promener.

4-46 Un petit désaccord. It is Florent's birthday party and his little brother is jealous. For each of Florent's statements, complete his brother's negative response.

MODÈLE   You hear: Ce sac est pratique.

             You write: _Ce sac_ n'est pas pratique.

1. _____ n'est pas jolie.

2. _____ est démodé.

3. _____ ne sont pas en cuir.

4. _____ n'est pas bien long.

5. _____ n'est pas en soie.

6. _____ n'est pas cher.

2. Le comparatif et le superlatif des adjectifs

4-47 Faisons du shopping ! Knowing that **Le Printemps** is a large department store, **Monoprix** is a discount department store, and **Carrefour** is a warehouse store, compare shopping at the following stores.

MODÈLE   Cher ? Les robes du Printemps sont _plus chères que_ les robes de Monoprix.

1. Bon ? Les jeans de Carrefour sont _____ les jeans du Printemps.

2. Cher ? Les manteaux de Monoprix sont _____ les manteaux de Carrefour.

3. Bon ? Les chaussures du Printemps sont _____ les chaussures de Carrefour.

4. À la mode ? Les costumes du Printemps sont _____ les costumes de Carrefour.

5. Chic ? Les vestes de Carrefour sont _____ les vestes du Printemps.

6. Bon ? Les chemisiers de Monoprix sont _____ les chemisiers de Carrefour.

4-48   Entre frères et sœurs. Jean-Marc is comparing his siblings. Select **son frère** to indicate that his brother has more of the quality he mentions, or **sa sœur** to indicate that his sister has more. Select **les deux** to indicate that brother and sister are alike in the quality mentioned. Listen carefully!

1. son frère	sa sœur	les deux		5. son frère	sa sœur	les deux
2. son frère	sa sœur	les deux		6. son frère	sa sœur	les deux
3. son frère	sa sœur	les deux		7. son frère	sa sœur	les deux
4. son frère	sa sœur	les deux		8. son frère	sa sœur	les deux

4-49   La famille parfaite. David is very proud of his family. Complete each of his statements according to the cues. Pay attention to the adjective agreement.

MODÈLE   Mon père / + grand : Mon père est *le plus grand*.

1. Mon père / + beau : Mon père est _____ .

2. Ma mère / + élégant : Ma mère est _____ .

3. Ma grand-mère / – conformiste : Ma grand-mère est _____ .

4. Mon grand-père / – égoïste est : Mon grand-père est _____ .

5. Mon frère / + sportif : Mon frère est _____ .

6. Ma sœur / – paresseux : Ma sœur est _____ .

4-50   Au magasin. Patricia and Delphine are shopping for clothes at the department store **Le Printemps**. Listen as Patricia voices her opinions regarding Delphine's choices, and select the sentence that most logically completes her thoughts.

1. **a.** C'est le plus cher.   **b.** C'est le moins cher.

2. **a.** C'est la plus démodée.   **b.** C'est la plus à la mode.

3. **a.** Ce sont les plus petites.   **b.** Ce sont les moins petites.

4. **a.** C'est le moins large.   **b.** C'est le moins petit.

5. **a.** C'est la plus élégante.   **b.** C'est la moins élégante.

6. **a.** C'est la plus fine.   **b.** C'est la moins fine.

Écoutons

4-51   La Redoute, j'écoute : avant d´écouter. If you were shopping from a clothing company's catalog, what kind of information would you probably need to provide when you called to place an order? Answer in English. Then, think about your list as you listen to a phone order for **La Redoute**, France's largest mail order company.

_____

_____

La Redoute, j'écoute : en écoutant. Delphine has decided to order items from **La Redoute**'s catalog. As you listen to the sales representative taking her order over the phone, complete the order form as follows:

1. The first time you listen, fill in the information about the customer: name, address, and phone number.

2. The second time you listen, list the items ordered by the customer, including the colors.

3. The third time you listen, indicate the size and the price of the items ordered.

BON DE COMMANDE

Nom : _____

Adresse : _____ *rue Laclos* _____

_____

Téléphone : _____

Description de l'article	Couleur	Taille	Prix
un tee-shirt Adidas	bleu et blanc	38 / 40	6,40 euros

Écrivons

4-53   Madame Mode : avant d'écrire. Imagine that you are an intern for the great fashion columnist Madame Mode. She has asked you to respond to some of her mail. Answer in French.

1. Look at the letter from « **Jeune femme désespérée au Québec** » and Madame Mode's response. What is the problem? What does Madame Mode suggest? Do you have any suggestions for solving this young woman's problem?

   _____

   _____

2. Now, look at the other three letters. Choose the most interesting letter and come up with at least three possible solutions.

   _____

   _____

   _____

3. Choose the best solution.

   _____

   _____

Chère Madame Mode,

Je pars en vacances avec un groupe d'amis. Nous allons passer dix jours au Maroc. Je veux m'habiller en shorts et en tee-shirts mais un de mes amis dit que ce n'est pas une bonne idée pour le Maroc et que je dois m'habiller plus correctement. C'est très important pour moi d'avoir des vêtements confortables et pratiques. Qu'est-ce que je pourrais faire ?
—**Voyageur troublé**

Chère Madame Mode,

Aidez-moi. Ma sœur va se marier l'été prochain. Je suis demoiselle d'honneur et je dois porter une robe vraiment horrible. Elle est orange et noire. Je suis rousse et l'orange ne me va pas du tout.
Avez-vous des suggestions pour moi ?
— Jeune femme désespérée au Québec

Chère Désespérée,
Pas de panique ! Les robes de demoiselles d'honneur sont rarement très jolies. Pour la cérémonie à l'église vous n'avez pas le choix. Mais pour la soirée, je vous suggère d'acheter une jolie veste noire très élégante. Vous pouvez porter la veste avec des perles. Vous serez plus belle que la mariée.
Bon courage !
P.S. Quand vous vous mariez, choisissez une robe verte et violette pour votre sœur !

Chère Madame Mode,

Je vais terminer mes études en communication dans six mois et je commence à chercher un bon poste pour l'avenir. À la fac, je m'habille toujours en jean. En fait, j'adore les vêtements décontractés (*casual*). Je n'ai pas beaucoup d'argent, mais ma mère me dit d'acheter des vêtements plus élégants pour passer les entretiens (*interviews*). Qu'est-ce que vous en pensez ?
—**Inquiète de son avenir**

Chère Madame Mode,

Mon père va se remarier le mois prochain à la Martinique. Nous sommes tous invités au mariage et nous allons passer quatre jours ensemble dans un hôtel de luxe. Je voudrais être élégante mais pas trop chic et je n'ai pas beaucoup d'argent pour acheter de nouveaux vêtements. Avez-vous des suggestions pour moi ?
—**Suzanne S. de Lille**

4-54 Madame Mode : en écrivant. Now, draft a response for Madame Mode. Use her response to **Jeune femme désespérée au Québec** as a model. Make sure all the verbs agree with their subjects and the adjectives agree in number and gender with the nouns they modify.

_____

_____

_____

_____

_____

_____

_____

Lisons

4-55 Poème d'un Africain pour son frère blanc : avant de lire. The text you will read below is an anonymous poem written in Africa and entitled **Poème d'un Africain pour son frère blanc**. In the poem, you will see several different tenses of the verb **être**: **étais** is in the imperfect and means *was*, and **serai/seras** in the future tense means *will be*. Before reading, complete the following activities.

1. Based on the title, what do you think the poem will be about? _____

_____

2. What colors, if any, do you associate with the following:

   a. a newborn baby? _____

   b. getting too much sun? _____

   c. being cold? _____

   d. being afraid? _____

   e. being sick? _____

   f. dying? _____

Poème d'un Africain pour son frère blanc

Cher frère blanc
Quand je suis né (*was born*) j'étais noir.
Quand j'ai grandi (*grew up*) j'étais noir.
Quand je vais au soleil (*sun*) je suis noir.
Quand j'ai froid je suis noir.
Quand j'ai peur (*am afraid*) je suis noir.
Quand je suis malade je suis noir.
Quand je mourrai (*will die*) je serai noir.
Tandis que toi homme blanc,
Quand tu es né tu étais rose.
Quand tu as grandi tu étais blanc.
Quand tu vas au soleil tu es rouge.
Quand tu as froid tu es bleu.
Quand tu as peur tu es vert.
Quand tu es malade tu es jaune.
Quand tu mourras tu seras gris.
Et après cela tu as le toupet (*audacity*)
de m'appeler « homme de couleur ».

4-56 **Poème d'un Africain pour son frère blanc : en lisant.** The poem sets up a contrast between the colors associated with **un Africain** and his **frère blanc** at different stages of their lives and different states of being. As you read, fill in the chart below with these colors.

	Un Africain	Son frère blanc
1. at birth		
2. growing up		
3. in the sun		
4. cold		
5. afraid		
6. sick		
7. at death		

4-57 **Poème d'un Africain pour son frère blanc : après avoir lu.** Complete the following activities in English.

1. What point does the poet make in the last line? What do you think of the poet's assessment of who should be called **un homme de couleur**? Do you find any humor in the poem? What other emotions do you experience in reading this poem?

   _____

   _____

   _____

   _____

2. As you can see from the poem, we use colors metaphorically to describe many different states of being and events. Can you think of any other associations we make with colors? List two or three colors and write down the emotions and/or events you associate with them in your culture.

   _____

   _____

   _____

   _____

Venez chez nous !

La vie de tous les jours à travers le monde francophone

4-58   Où s'habiller ? If you were to live in European Francophone countries, where could you go shopping for clothes? Find the appropriate shop matching the following description or the targeted customers. To learn more about clothing stores in Europe, you can search the Internet or visit the **Chez nous** Companion Website for links to interesting Websites.

_____ **1.** Pour les sportifs

_____ **2.** Un magasin avec des petits prix pour toute la famille

_____ **3.** Un magasin pour les enfants de 2 à 14 ans

_____ **4.** Pour les jeunes femmes cherchant un look citadin ou décontracté (*casual*)

_____ **5.** La mode pour les hommes jeunes

_____ **6.** Un magasin de chaussures et d'accessoires

a. Okaïdi

b. Promod

c. Jules

d. André

e. Decathlon

f. Kiabi

4-59   La vie quotidienne dans un village africain. What is life like in an African village in Senegal? Consult the **Chez nous** Companion Website for useful links and select the appropriate answer to each of the following questions.

1. Les repas :

  a. The Sunday meal is an important occasion for the whole family.

  b. One of the regular ingredients used during the week is chicken.

2. Les vêtements :

  a. Men like to wear colorful articles of clothing.

  b. People only wear the traditional articles of clothing.

3. L'habitat :

  a. In villages, most people prefer to live in the traditional huts rather than brick houses.

  b. Even in the city, few people can afford a brick house due to low wages.

4. La toilette :

  a. In villages and sometimes even in cities, people get their water from a well.

  b. Most people take a bath in the many rivers existing in Senegal.

5. Les transports :

  a. People travel thanks to a community car owned by the head of the village.

  b. People travel thanks to buggies drawn by horses or *taxi brousse*.

6. La religion :

  a. Most Senegalese are Muslims.

  b. Most Senegalese are Catholics.

Video Manual

4-60   La routine du matin. In this amusing clip, two sisters talk about their morning routine. Re-order the activities below to reflect their statements about habits. Be careful! You may not need to include every activity that is listed. For the activity (activities) that are not listed, put an "X" in the space.

__7__ Elles se brossent les dents.

__5__ Elles se coiffent.

__~~2~~ 3__ Elles se disputent. ← THEY ARGUE

__4__ Elles s'habillent.

__2__ Elles se lèvent.

__X__ Elles se maquillent.

__6__ Elles prennent le petit-déjeuner.

__1__ Elles se réveillent. WAKE UP

__8__ Elles vont au collège.

4-61   La mode. In this montage, you see the boutiques of a number of high fashion designers in Paris. How many do you recognize? Do you see any styles of clothing that you like? Which ones?

_____

_____

_____

_____

Observons

4-62   Mon style personnel : avant de regarder. You may already have completed the **Observons** activity in the **Venez chez nous !** lesson of this chapter. If not, you will find it helpful to go back and complete that activity before moving on to the questions below. What effect do climate and social context typically play in the choice of clothing? Think about this question as you watch two people talk about what they like to wear and demonstrate the ways in which they vary their wardrobe.

_____

_____

4-63   Mon style personnel : en regardant. As you watch, look for answers to the following questions. More than one answer may apply for each.

1. Pauline puts on the two different scarves in the first part of the segment. What names does she use to refer to this article of clothing?

   _____ un châle   _____ une écharpe   _____ une étole

   _____ un fichu   _____ un foulard   _____ un voile

2. Select the different ways and reasons why Pauline wears her scarves.

   a. around her neck when she is cold

   b. to look chic when she goes out

   c. on her head to prevent getting wet when it rains

   d. as a skirt when the weather is warm

   e. on her shoulders to go to a party

   f. around her chest to carry her baby

3. In the second part of the segment, how does Fadoua explain her mix of clothing styles?

   a. it represents her sense of individuality

   b. it represents her double ethnic origin, as she is Franco-Moroccan

   c. it represents the latest trend of fashion in Paris

   d. it represents her flare for fashion, as she designs her own clothing

4. Fadoua says that her tunic is inspired by a garment called a **djellaba**. As she describes it, select the main characteristics she mentions from the list below.

   a. it has long, wide sleeves

   b. it is very colorful

   c. it is a full-length garment

   d. it has a hood

   e. it is a traditional North African garment

4-64   Mon style personnel : après avoir regardé. Now consider the following questions and answer in English.

1. Ethnically inspired garments are often fashionable; provide some examples.

   _____

   _____

2. One element of Arab dress, **le voile**, or traditional women's headdress, has been quite controversial in France for some time. Do some research to find out why. You may visit the **Chez nous** Companion Website for more information.

   _____

   _____

   _____

   _____

Nom : _____ Date : _____

5   Du marché à la table

Leçon 1   Qu'est-ce que vous prenez ?

POINTS DE DÉPART

🔊 **5-1**   **Allons au café.** A group of friends is at a café. Listen to what each person orders, and select **boisson chaude** to indicate if it is a hot drink, **boisson rafraîchissante** if it is a cold drink, or **quelque chose à manger** if it is something to eat.

1. boisson chaude	boisson rafraîchissante	quelque chose à manger
2. boisson chaude	boisson rafraîchissante	quelque chose à manger
3. boisson chaude	boisson rafraîchissante	quelque chose à manger
4. boisson chaude	boisson rafraîchissante	quelque chose à manger
5. boisson chaude	boisson rafraîchissante	quelque chose à manger
6. boisson chaude	boisson rafraîchissante	quelque chose à manger

5-2   **Les boissons et les sandwichs.** Associate each picture with each of the labels below.

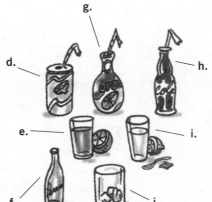

_____ 1. une tasse de café crème

_____ 2. une tasse de chocolat chaud

_____ 3. un verre de citron pressé

_____ 4. une bouteille de coca

_____ 5. des crudités

_____ 6. une bouteille d'eau minérale

_____ 7. des frites

_____ 8. une glace

_____ 9. des glaçons

_____ 10. un verre de jus d'orange

_____11. une cannette de limonade   _____14. un sandwich au jambon

_____12. une bouteille d'Orangina   _____15. une tasse de thé au lait

_____13. une pizza

5-3   Qu'est-ce qu'on prend ? Choose two appropriate drinks for each of the following situations.

1. en décembre :

   a. un chocolat chaud   **b.** un citron pressé   **c.** un café

2. quand on est fatigué :

   a. une bière   **b.** un café   **c.** un thé

3. en juillet :

   a. une limonade   **b.** un Orangina   **c.** un café

4. avec un sandwich au jambon :

   a. un Orangina   **b.** un café crème   **c.** un coca

5. quand vous avez faim :

   a. un chocolat chaud   **b.** un croque-monsieur   **c.** des frites

6. avec une pizza :

   a. un café crème   **b.** une bière   **c.** un coca

5-4   La commande. Corinne and Laurent are having a quick lunch together. Listen to their orders and write them below in the order you hear them.

Corinne : _____

_____

Laurent : _____

_____

SONS ET LETTRES

Les voyelles nasales

5-5   Nasale ou orale ? Listen as each pair of words shown below is pronounced, then indicate which word is repeated.

1. beau	bon	**5.** sans	ça
2. bon	bonne	**6.** attendre	entendre
3. château	chaton	**7.** non	nos
4. planche	plage	**8.** vent	va

🔊 **5-6   Écoutez bien.** Listen to the following sentences and select all the words in which you hear a nasal vowel.

1. Mon enfant aime les cours intéressants.

2. Voilà un bon restaurant.

3. Jacqueline et sa cousine font de la natation.

4. Ton grand-père a quatre-vingt-onze ans ?

5. Mes parents ont cinquante ans.

FORMES ET FONCTIONS

1. Les verbes prendre et boire

🔊 **5-7   Un ou plusieurs ?** For each statement, select **1** if the subject of the sentence is one person or **1+** if it is more than one person.

1.	1	1+	**4.**	1	1+
2.	1	1+	**5.**	1	1+
3.	1	1+	**6.**	1	1+

5-8   Ils ont soif. Using the subject and the verb **boire**, complete these sentences to tell what everyone drinks according to the time of day.

MODÈLE   mon père / le matin : *Il boit* un café au lait.

1. moi / le soir : _____ un thé.

2. toi / avant de te doucher le matin : _____ un jus d'orange.

3. vous / à 4 h de l'après-midi : _____ un coca.

4. nous / le week-end : _____ du vin rouge.

5. elles / le soir de Noël : _____ du chocolat chaud.

5-9   Les préférences. Indicate what you and your friends eat and drink at various times of the day by completing the following sentences with the appropriate form of the verb **prendre**.

MODÈLE   Le matin, mon père *prend* du café noir.

1. Comme goûter, ma sœur _____ toujours des fruits.

2. Le midi, mes amis et moi _____ une pizza.

3. Le week-end, mes copains _____ des frites et du coca.

4. Le soir, je _____ des crudités.

5. Après le dîner, mes parents _____ souvent du café noir.

5-10 Les langues. Complete the sentences with the appropriate verb form (**apprendre** or **comprendre**) and an appropriate language (**l'anglais, l'allemand, l'espagnol, le français, l'italien**).

MODÈLE   Elle est prof de français. Elle _comprend le français_.

1. Ils vont étudier en Italie. Ils _____ .

2. Tu as un cours d'espagnol. Tu _____ .

3. Ma mère parle toujours anglais. Je _____ .

4. Nous allons en Allemagne tous les ans. Nous _____ .

5. Vous travaillez au Canada. Vous _____ .

5-11 Répliques. While you are waiting for your order at a café, you overhear parts of other people's conversations. Match each question or statement you hear with the most appropriate response below.

_____ 1. Non, mais je parle espagnol.

_____ 2. Un croque-monsieur, s'il vous plaît.

_____ 3. Pardon. Je vais parler plus lentement.

_____ 4. Oui, c'est très bon pour les enfants.

_____ 5. Non, merci. Je ne bois jamais de vin.

_____ 6. Nous prenons le train.

2. L'article partitif

5-12 Logique ou illogique ? Listen as Olivier and Christine talk about their food preferences. Select **logique** if the second sentence is a logical response to the first, and **illogique** if it is illogical.

1. logique   illogique   4. logique   illogique

2. logique   illogique   5. logique   illogique

3. logique   illogique   6. logique   illogique

5-13 Au café. You and your friends are at a café. Answer your friends' questions based on the cues provided, telling whether you like or dislike the drink or dish being mentioned.

MODÈLE   —Tu veux des frites ? —Non merci, _je n'aime pas les frites_.

        OU   —Oui. Je veux bien. _J'adore les frites_.

1. —Tu voudrais du sucre avec le café ? —Non merci, _____ .

2. —Tu prends du lait ? —Oui. Volontiers. _____ .

3. —Tu veux manger de la pizza ? —Oui, je veux bien. _____ .

4. —Tu bois de l'eau minérale ? —Non. Pas du tout, _____ .

5. —Tu veux de la glace ? —Oui, s'il te plaît. _____ .

5-14   C'est le menu ? Mélissa and Jamel are planning the menu for a party they are giving. Listen to the likes and dislikes of their guests, and write down what the hosts are going to serve. Pay attention to the articles.

MODÈLES   You hear: J'adore le fromage.

You write: Alors, on sert _du fromage_.

You hear: Je déteste les bananes.

You write: Alors, on ne sert pas _de bananes_.

1. Alors, on ne sert pas _____ .

2. Alors, on sert _____ .

3. Alors, on sert _____ .

4. Alors, on sert _____ .

5. Alors, on ne sert pas _____ .

6. Alors, on sert _____ .

5-15   La nourriture. Write what each of the following people usually orders or does not order at a restaurant.

MODÈLE   votre sœur   _Elle prend du coca, des frites, des hamburgers et de la glace._

Elle ne prend pas de crudités.

1. votre mère _____

_____

2. votre meilleur/e ami/e _____

_____

3. votre frère ou sœur _____

_____

4. vos grands-parents _____

_____

5. vous _____

_____

Écoutons

5-16   Un café et l'addition : avant d'écouter. Richard and Hélène are at their favorite café with an American exchange student, Catherine, on a chilly fall afternoon. Before you listen to their conversation and order, make a list in French of the foods and drinks that might appeal to them.

_____

_____

_____

🔊 **5-17   Un café et l'addition : en écoutant.** Now, listen to the friends' conversation and their order, and answer the following questions.

1. Select the item Richard orders from the list below.

   un café   un chocolat chaud   un citron pressé   un jus d'orange

2. Select the item Hélène orders from the list below.

   une bière   une limonade   un Orangina   un thé citron

3. Select the item Catherine orders from the list below.

   un coca   des glaçons   de l'eau minérale   du sucre

4. Which food items does Hélène mention she will not eat?

   des crudités   des frites   de la pizza   de la salade   du sucre

5. Select the total amount of the bill from the list below.

   trois euros   six euros   neuf euros   treize euros   dix-neuf euros

 # Écrivons

5-18   Les cafés américains : avant d'écrire. You have learned that cafés play an important role in the life of the French. Is there a café on your campus or in a city or town near your campus? Is there another place on campus (a bookstore maybe) that is similar to a café? Describe this place for a French friend. Before writing your description, complete the following activities.

1. Indicate the name of this place and precisely what it is. Is it a café, a restaurant, a small coffee shop, a bookstore with a coffee space?

   (for example: *Lynn's. C'est un magasin.*)

   _____

   _____

2. Make a list of adjectives to describe it.

   (for example: *assez petit, joli, calme*)

   _____

   _____

3. Make a list of food items that are served.

   (for example: *du café, du thé, des boissons rafraîchissantes, des desserts*)

   _____

   _____

4. Explain what you think about the café.

   (for example: *J'aime bien ce petit café dans le centre-ville. Je vais souvent à ce café pour parler avec mes amis. Ce n'est pas trop cher...*)

   _____

   _____

5-19 Les cafés américains : en écrivant. Now write your description. Be sure to use the appropriate partitive articles with the food items you mention in your description.

MODÈLE   *Près de notre campus, il y a un petit café qui s'appelle Lynn's. Ce n'est pas exactement comme un café en France. C'est en fait un magasin où on vend du café et des choses pour préparer le café. Il y a aussi des tables pour les clients. C'est joli et assez calme...*

C'est un peu comme un restaurant mais ils ne servent pas beaucoup de choses. On puet prendre du café, du thé et...

J'aime beaucoup ce café. Mes amis et moi allons souvent chez Lynn's pour discuter et pour prendre un bon café pas trop cher...

_____

_____

_____

_____

_____

_____

_____

_____

_____

_____

Leçon 2 À table !

POINTS DE DÉPART

5-20 Au restaurant. Match each of the following orders with the appropriate meal.

_____ 1. un petit-déjeuner léger

_____ 2. un dîner d'anniversaire

_____ 3. un dîner simple

_____ 4. un petit-déjeuner copieux

_____ 5. un déjeuner rapide

a. « Nous prenons des œufs, du bacon, des tartines, un jus d'orange et du café. »

b. « Je désire un sandwich, des frites, un coca et une tarte aux pommes. »

c. « Nous prenons du poisson, du riz, des asperges, un gâteau au chocolat et une bouteille de champagne. »

d. « Je prends des céréales et un fruit. »

e. « Je prends du poulet et un peu de salade. »

5-21 À table ! Martine is describing typical meals and snacks in France. Match each description you hear with the name of the meal, dish, or drink it describes.

_____ 1. le dessert

_____ 2. le petit-déjeuner

_____ 3. une omelette

_____ 4. un citron pressé

_____ 5. le goûter

_____ 6. un croque-monsieur

5-22 Le petit-déjeuner. Look at the provided clues to complete the following crossword puzzle on foods that can be eaten at breakfast.

Horizontalement

2. Ils sont préparés au plat ou en omelette.

5. C'est un produit laitier *(dairy product)*. On peut en prendre au petit-déjeuner, au goûter, ou en dessert.

7. On en prend dans un bol, avec ou sans lait.

8. On en met sur les tartines avant la confiture ou le fromage. Il est aussi utilisé pour faire la cuisine et préparer la viande, par exemple.

Verticalement

1. Elle est faite avec des fruits et on en met sur les tartines.

3. C'est une tranche de pain grillé au Québec.

4. C'est un fruit rouge, jaune ou vert et il rime avec le mot « homme ».

6. C'est un fruit jaune et long.

🔊 **5-23 Au menu.** Christelle is organizing a Sunday luncheon. As she describes what she will be preparing for this special occasion, write down the menu in the order you hear it.

1. Apéritif : _____

2. Entrée : _____

3. Plat principal : _____

4. Dessert : _____

SONS ET LETTRES

Les voyelles nasales et les voyelles orales plus consonne nasale

🔊 **5-24 Discrimination.** Listen as each pair of words is pronounced and select the word that has a nasal vowel.

1. lion	lionne	**4.** savon	savonne
2. vaine	vain	**5.** mienne	mien
3. câlin	câline	**6.** marin	marine

🔊 **5-25 Où sont les nasales ?** Select the number of nasal vowels you hear in each of the following expressions.

1.	0	1	2	**4.**	0	1	2
2.	0	1	2	**5.**	0	1	2
3.	0	1	2	**6.**	0	1	2

FORMES ET FONCTIONS

1. Le passé composé avec avoir

🔊 **5-26 Aujourd'hui ou hier ?** Alice and her friends are planning a birthday party. For each mentioned activity, select **aujourd'hui** to indicate that the activity is taking place today, or **hier** to indicate that it occurred yesterday.

1. aujourd'hui	hier	**4.** aujourd'hui	hier
2. aujourd'hui	hier	**5.** aujourd'hui	hier
3. aujourd'hui	hier	**6.** aujourd'hui	hier

5-27 Au restaurant. Listen to Loïc as he describes his last outing with friends at a restaurant, and associate each person with the dish or drink they had that night.

_____ 1. Corinne

_____ 2. Maxime

_____ 3. Léa

_____ 4. Henri

_____ 5. Thomas

_____ 6. Audrey

a. a pris du poulet

b. a bu du vin rosé

c. a mangé des crudités

d. a voulu du poisson et du riz

e. a eu un plat copieux

f. a commandé du fromage et un dessert

5-28 Hier. What did these people do yesterday? Choose a logical verb from the list, and write the correct form of the **passé composé** according to the subject.

dormir	écouter	faire	inviter	jouer	préparer	~~regarder~~

MODÈLE   Pauline _a regardé_ un film à la télé.

1. Julien _____ très tard, jusqu'à onze heures.

2. Nous _____ au basket-ball.

3. Vous _____ du vélo.

4. Tu _____ de la musique.

5. J' _____ ma grand-mère.

6. Elle _____ un bon dîner.

5-29 Samedi dernier. Your mother worries about your eating habits since you left home to go to the university. Answer the following questions according to the cue, to reassure her that you are eating well.

MODÈLE   Est-ce que tu as eu assez d'argent pour bien manger le mois dernier ?

Oui Maman, _j'ai eu_ assez d'argent pour bien manger le mois dernier.

1. Est-ce que tu as pris un bon petit-déjeuner ce matin ?

   Oui Maman, _____ un bon petit-déjeuner ce matin.

2. Est-ce que tu as mangé beaucoup de pizzas la semaine dernière ?

   Non Maman, _____ beaucoup de pizzas la semaine dernière.

3. Est-ce que toi et tes amis avez bu de la bière à cette soirée ?

   Non Maman, _____ de bière à cette soirée.

4. Est-ce que tu as choisi des bons plats au resto U ?

   Oui Maman, _____ des bons plats au resto U.

5. Est-ce que tes amis ont été malades aussi hier midi ?

   Non Maman, _____ malades aussi hier midi.

6. Est-ce que tu as fait la cuisine hier soir ?

   Oui Maman, _____ la cuisine hier soir.

2. Les verbes comme acheter et appeler

🔊 **5-30   On fait la queue.** Listen to the bits of conversation that Françoise overhears as she waits in line to purchase concert tickets. For each statement, write the infinitive form of the verb you hear.

MODÈLE   You hear: Ma sœur achète beaucoup de vêtements.

You write: _acheter_

1. _____
2. _____
3. _____
4. _____
5. _____

5-31   Qu'est-ce qu'on achète ? Indicate what each of the following people buys, according to their plans.

MODÈLE   J' _achète_ du bacon pour le petit-déjeuner.

1. Léon _____ du pain pour faire des sandwichs.

2. André et Marc _____ des pizzas pour le dîner.

3. Vous _____ des chips pour une soirée chez des amis.

4. Nous _____ des pains au chocolat pour le goûter.

5. Tu _____ une tarte aux pommes pour le dessert.

🔊 **5-32   Problèmes de compréhension.** Marine is talking to her grandfather, who can't quite hear everything she says. Complete their exchanges by filling in the subject and verb forms that you hear.

MODÈLE   You hear: —Tu achètes un nouveau chapeau ?

—Non, papi ! Nous achetons un nouveau vélo.

You write: —_Tu achètes_ un nouveau chapeau ?

—Non, papi ! _Nous achetons_ un nouveau vélo.

1. —_____ son nom quand il est stressé ?

—Non, papi ! _____ son nom avec un C !

2. —_____ votre téléphone ?

—Non, papi ! _____ mes vieilles factures de téléphone (*phone bills*) !

3. —Tu penses (*think*) que _____ tard le dimanche ?

—Non, papi ! Toi et mamie, _____ tôt, même le dimanche !

4. —_____ ta sœur Corinne tous les jours ?

—Non, papi ! _____ Corinne toutes les semaines !

5-33   Des questions personnelles. Answer the following questions.

MODÈLE   Combien de fois par semaine est-ce que vous appelez vos parents ?

En général, j'appelle mes parents une fois par semaine.

1. Où est-ce que vous achetez vos vêtements ?

   _____

2. Qui lève le doigt (*finger*) le plus souvent dans votre classe de français ?

   _____

3. Est-ce que vos profs épellent correctement votre nom ?

   _____

4. Est-ce que vous jetez vos examens et devoirs corrigés à la fin du semestre ?

   _____

5. Est-ce que votre colocataire et vous achetez des choses en commun ?

   _____

6. Combien de fois par semaine est-ce que vous appelez votre meilleur/e ami/e ?

   _____

 # Écoutons

5-34   On fait les courses : avant d'écouter. Make a list of the items you bought on your last trip to the grocery store.

_____

_____

_____

🔊 **5-35   On fait les courses : en écoutant.** Gérard is describing his trip to the grocery store to his housemate. The first time you listen, make a list of all the products he mentions. The second time, indicate whether he bought each product or not.

1. Select the products he purchased from the list below.

   _____ des asperges   _____ des haricots verts

   _____ du beurre   _____ du jambon

   _____ du bacon   _____ du pain

   _____ des bananes   _____ des pommes de terre

   _____ du fromage   _____ du poulet

2. Select the products he did not purchase from the list below.

   _____ du bacon   _____ des poires

   _____ des pains au chocolat   _____ du poisson

   _____ de la confiture   _____ du riz

   _____ des pâtes   _____ des yaourts

Écrivons

5-36   Un visiteur inquiet : avant d'écrire. Your French pen pal is coming to visit and is worried about what there might be to eat on a college campus. You will write him/her an e-mail giving details about what you ate or drank yesterday, and the day before, to reassure your new friend. Before writing your description, complete the following activities.

1. Make a list of the time and place you had each of your meals.

   (for example: *le petit déjeuner : 7 h 30, dans ma chambre…*)

   _____

   _____

   _____

2. Explain what you ate and drank for each meal.

   (for example: *Pour le dîner : du poulet avec du riz et des haricots verts…*)

   _____

   _____

   _____

   _____

3. Finally, reassure your friend that he or she can eat well while on campus by listing other possibilities for each meal.

(for example: *Pour le déjeuner : acheter des sandwichs, …*)

_____

_____

_____

5-37 **Un visiteur inquiet : en écrivant.** Now write your e-mail, paying attention to the partitive articles.

MODÈLE   *Chère Adeline,*

Hier, j'ai pris mon petit-déjeuner entre 8 h 00 et 9 h 00 à la cafétéria parce que mon premier cours est à 10 h 00. Avant-hier, … Hier, j'ai mangé… au resto U. Avant-hier, mes amis et moi avons commandé… dans un petit restaurant en ville …

Ne t'inquiète pas, tu peux aussi acheter des sandwichs pour le déjeuner, …

Amitiés, Chelsea

_____

_____

_____

_____

_____

_____

_____

Leçon ③ Faisons des courses

POINTS DE DÉPART

5-38 Les courses à faire. Select the supermarket aisles in which the following people will find their products.

1. Sarah va acheter un gâteau d'anniversaire. Elle va au rayon [crèmerie / pâtisserie].

2. Alexandre va manger des crevettes ce soir. Il va au rayon [poissonnerie / charcuterie].

3. Laure va préparer un plateau de fromages pour ses invités. Elle va au rayon [boulangerie / crèmerie].

4. Francine aime manger des croissants le dimanche. Elle va au rayon [boulangerie / fruits et légumes].

5. Mme Colin va servir un rôti à ses invités ce soir. Elle va au rayon [boulangerie / boucherie].

6. David adore le jambon et le pâté. Il va au rayon [fruits et légumes / charcuterie].

🔊 **5-39 Qu'est-ce qu'on mange ?** Anne-Marie is quizzing her younger brother about what he has learned in health class. Listen to the foods she mentions and select the category to which they belong.

1. **a.** les fruits   4. **a.** les condiments

   b. les épices   **b.** les légumes

   c. le poisson   **c.** les boissons

2. **a.** la viande   5. **a.** le poisson

   b. les condiments   **b.** les légumes

   c. les fruits   **c.** la viande

3. **a.** le pain   6. **a.** les fruits

   b. la viande   **b.** les boissons

   c. la charcuterie   **c.** le pain

🔊 **5-40 Les courses.** Benjamin is thinking about what he needs at the grocery store. Help him get organized by writing each item you hear next to the corresponding aisles.

1. Rayon boucherie : _____

2. Rayon charcuterie : _____

3. Rayon poissonnerie : _____

4. Rayon boulangerie : _____

5. Rayon crèmerie : _____

6. Rayons fruits et légumes : _____

7. Rayons surgelés : _____

5-41 Les préférences. Indicate what you like and what you do not like to eat in each category.

MODÈLE   les boissons chaudes : *J'aime prendre du café le matin, mais je ne prends pas de sucre. Je n'aime pas le thé. Quelquefois, je prends du chocolat chaud.*

1. les légumes : _____

_____

2. les fruits : _____

_____

3. les légumes verts : _____

_____

4. les fruits rouges : _____

_____

5. la viande : _____

_____

6. les desserts : _____

_____

FORMES ET FONCTIONS

1. Le passé composé avec être

5-42 La journée d'hier. Jamel is talking with his parents. Listen to each of his statements and select **hier** if he is describing something that took place in the past, or **aujourd'hui** if he is telling about something in the present.

1. hier	aujourd'hui	**4.** hier	aujourd'hui
2. hier	aujourd'hui	**5.** hier	aujourd'hui
3. hier	aujourd'hui	**6.** hier	aujourd'hui

5-43 Les vacances. Listen to Nicole and Paul talk about their vacations. Select the verb form that you hear in each sentence, being careful of agreement.

1. suis arrivée	suis arrivé
2. es parti	es partie
3. suis allé	suis allée
4. a fait	as fait
5. avons rendus	avons rendu
6. sont revenus	sont revenues
7. avons téléphoné	ont téléphoné
8. n'ont pas parlé	n'a pas parlé

5-44 L'amour dans les îles. When Claire was in Guadeloupe, she wrote a letter to her roommate to tell her about her vacation. Complete her letter with the correct verbs from the list below. You may use each verb only once.

aller	descendre	rentrer	revenir	tomber
~~arriver~~	passer	rester	sortir	venir

Chère Julie,

Je _suis arrivée_ à la Guadeloupe la semaine dernière. Ma sœur et sa meilleure amie (1) _____ aussi. Après l'arrivée à l'aéroport, nous (2) _____ à l'hôtel où ma sœur et Diane (3) _____ pendant une heure pour faire la sieste. Quant à moi, je (4) _____ en ville pour faire quelques courses. Un beau garçon (5) _____ devant moi et je me suis retournée pour le regarder. Malheureusement j'ai eu un petit accident. Le beau garçon m'a demandé : « Vous (6) _____ , ça va ? » Avec son aide, je (7) _____ à l'hôtel. Exactement deux jours plus tard, il (8) _____ à l'hôtel pour me voir, et cet après-midi, nous (9) _____ ensemble. On a fait une longue promenade. Vive la Guadeloupe !

5-45 Ah ! Les vacances. Indicate what the following people did on their last vacation.

MODÈLE   D'habitude, je me couche tôt.

Pendant les vacances, je _me suis couché_ après minuit.

OU   Pendant les vacances, je _me suis couchée_ après minuit.

1. D'habitude, Paul se réveille vers 6 heures du matin.

   Pendant les vacances, il _____ vers midi.

2. D'habitude, Marie-Laure et Lucie se lèvent à 7 heures moins le quart.

   Pendant les vacances, elles _____ à neuf heures.

3. D'habitude, nous nous endormons devant la télé.

   Pendant les vacances, nous _____ à la piscine en plein air.

4. D'habitude, tu te rases tous les jours.

   Pendant les vacances, tu _____ une seule fois !

5. D'habitude, je me dépêche pour aller en cours.

   Pendant les vacances, je _____ pour aller au cinéma.

2. Les expressions de quantité et le pronom en

5-46 Allons au marché ! Mireille is at the market. Write down the quantity of each product that she buys.

MODÈLE   You hear: Donnez-moi un kilo de pêches, s'il vous plaît.

You write: _un kilo de_ pêches

1. _____ riz.   4. _____ moutarde.

2. _____ pâté de campagne.   5. _____ fromage.

3. _____ vin rouge.   6. _____ thon.

5-47   Les ingrédients. For each ingredient, give the necessary quantity to prepare the following dishes for four people, choosing from the list below. Each term can be used more than once.

MODÈLE   une soupe à l'oignon : *un demi-kilo* d'oignons, *un peu* de sel, deux *litres* d'eau, quatre *tranches* de pain, 250 *grammes* de fromage

| une boîte | un demi-kilo | une douzaine | grammes | un kilo | litres | un paquet | tranches |

1. une bonne omelette :

_____ d'oeufs, quatre _____ de jambon, 250 _____ de fromage

2. une salade de fruits :

_____ d'ananas sans sucre, _____ de fraises, 500 _____ de pommes Reinettes, _____ de bananes, 500 _____ d'oranges.

3. une soupe aux légumes :

deux _____ d'eau, 250 _____ de carottes, 150 _____ d'oignon, _____ de haricots verts, 200 _____ de tomates, _____ de pâtes.

4. une bonne pizza :

quatre _____ de jambon, 150 _____ de champignons, 300 _____ de fromage, _____ de sauce tomate.

5-48   Une bonne pizza. To celebrate her best friend's birthday, Morgane is organizing a pizza party. She is at the grocery store, doing her shopping. For each of the following ingredients, indicate the quantity she is purchasing now at the grocery store, what she already purchased or what she is going to purchase tomorrow at the market. Use the partitive pronoun **en** as shown in the examples.

MODÈLE   du coca ?   Elle *en achète* 2 litres.

de la mozzarella ?   Elle *en a* déjà *acheté* 500 grammes.

1. du fromage râpé (*grated*) ? Elle _____ déjà

_____ deux paquets.

2. des tomates ? Elle va _____ un kilo demain.

3. des champignons ? Elle va _____ 700 grammes demain.

4. de l'Orangina ? Elle _____ un litre.

5. des olives ? Elle _____ un pot.

6. du jambon ? Elle _____ déjà

_____ dix tranches.

7. des oignons ? Elle va _____ trois demain.

8. de l'eau minérale ? Elle _____ une bouteille.

au supermarché :

2 l. de coca
1 l. d'Orangina
1 bouteille d'eau minérale
1 pot d'olives

au marché demain matin :

700 g. de champignons
3 oignons
1 kilo de tomates

acheté déjà :

✓ *10 tranches de jambon*
✓ *2 paquets de fromage râpé*
✓ *500 g. de mozzarella*

5-49   Je vous en donne combien ? Agathe works at a grocery store. Listen as she talks to her customers and select the most appropriate reply for each question.

1. **a.** —Oui, s'il vous plaît.

   b. —Non, j'en voudrais un litre.

2. **a.** —Oui, s'il vous plaît.

   b. —Non, j'en voudrais une douzaine.

3. **a.** —Oui, s'il vous plaît.

   b. —Non, j'en voudrais un pot.

4. **a.** —Oui, s'il vous plaît.

   b. —Non, j'en voudrais une bouteille.

5. **a.** —Oui, s'il vous plaît.

   b. —Non, j'en voudrais un paquet.

6. **a.** —Oui, s'il vous plaît.

   b. —Non, j'en voudrais trois tranches.

Écoutons

5-50   Lise fait ses courses : avant d'écouter. Lise is preparing a birthday dinner for her sister. Listen to her conversations as she does her shopping. Before you begin, imagine what the dinner will be like. Make a list in French of the food items you think Lise may buy and group them according to the aisles or counters where she would find them.

_____

_____

_____

5-51   Lise fait ses courses : en écoutant.

1. The first time you listen, number the list below to indicate the order in which Lise visits each section of the supermarket. If she does not visit a certain section, place an "X" in the space.

_____ la boucherie

_____ la boulangerie-pâtisserie

_____ la charcuterie

_____ la crèmerie

_____ les surgelés

2. Did you notice Lise forgot a few products while at the supermarket? Listen a second time and list the three items in the order you hear them, including their quantities, that Lise forgot to purchase.

a. _____

b. _____

c. _____

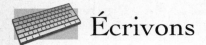 # Écrivons

5-52 Un/e colocataire : avant d'écrire. Imagine that you have moved into a new apartment and you are looking for a roommate who has the same tastes and eating habits as you. Give a precise description of your diet to find a good match. Before writing your description, complete the following activities in French.

1. Make a list of food and drinks you usually have at meal times and between meals.

   (for example: *du café noir, du pain, du beurre, …*)

   _____

   _____

   _____

2. Give the precise quantity you usually have of the items mentioned above.

   (for example: *un bol de café, deux tranches de pain, beaucoup de beurre…*)

   _____

   _____

   _____

3. Give the times of day when you usually have your meals and snacks.

   (for example: *au petit-déjeuner, vers 7 h 30…*)

   _____

   _____

4. Make a list of food and drinks that you like and that you do not like.

   (for example: *J'adore : la pizza, le chocolat, les pêches, le bon café… Je déteste : le poisson, le jambon, les épinards…*)

   _____

   _____

5-53 Un/e colocataire : en écrivant. Write your description, incorporating the elements you mentioned in **5-52**. Make sure to use the definite articles (**le, la, l', les**) when discussing food preferences and the partitive articles (**du, de la, d'**) when you describe your eating habits.

MODÈLE   *J'aime beaucoup manger ! Je prends trois repas par jour et beaucoup de casse-croûte. J'aime bien le chocolat et le bon café. J'adore les pêches et les fraises. D'habitude je prends le petit-déjeuner vers 7 h 30 du matin. Je prends un bol de café noir, deux tranches de pain et du beurre. J'aime bien le beurre...*

_____

_____

_____

_____

_____

_____

Lisons

5-54   Le repas en diligence : avant de lire. This passage is from *Boule de suif*, a short story by Guy de Maupassant, a famous nineteenth-century writer. The story is set in 1870, when France was occupied by the Prussians; it focuses on a group of people traveling by coach to flee the city of Rouen. This excerpt describes the food that Boule de suif, the main character, has brought with her and generously shares with her fellow passengers. Boule de suif is a nickname that means a "ball of lard"; it was given to the main character due to her physical appearance and her fondness for food. Before you read the text, make a list, in French, of the types of food that Boule de suif might have packed for a trip that would last several days.

_____

_____

BOULE DE SUIF

Enfin, à trois heures, Boule de suif retira de sous la banquette un large panier (*basket*) couvert d'une serviette blanche.

Elle en sortit d'abord une petite assiette de faïence (*porcelain*), puis une vaste terrine (*earthenware bowl*) dans laquelle [il y avait] deux poulets entiers, tout découpés, et l'on apercevait (*noticed*) encore dans le panier d'autres bonnes choses enveloppées, des pâtés, des fruits, des friandises (*bonbons*), les provisions préparées pour un voyage de trois jours, afin de ne point (*pas*) toucher à la cuisine des auberges (*inns*). Quatre bouteilles passaient entre les paquets de nourriture. Elle prit une aile (*wing*) de poulet et, délicatement, se mit à la manger avec un de ces petits pains qu'on appelle « Régence » en Normandie. [...] Le panier fut vidé (*emptied*). Il contenait encore un pâté de foie gras (*delicacy pâté*), un pâté de mauviettes (*made from small birds*), un morceau de langue fumée (*smoked tongue*) des poires de Crassane, un pavé de pont-l'évêque (*a brick of cheese*), des petits fours (*petits gâteaux*) et une tasse pleine de cornichons (*pickles*) et d'oignons au vinaigre : Boule de suif, comme toutes les femmes, adorant les crudités.

5-55 **Le repas en diligence : en lisant.** As you read, note that you will see several verbs in the literary past tense such as **retira**, **sortit**, **prit**, **se mit**, **fut.** These are past-tense forms of the verbs **retirer** (*to remove*), **sortir**, **prendre**, **se mettre**, and **être**. The other past tense used in this descriptive passage is the **imparfait**, which you will study in Chapitre 6. Pay particular attention to the vocabulary items and select the appropriate response to each of the following questions. More than one answer may be correct for some questions.

1. At what time does Boule de suif begin to eat?

   a. at noon

   b. at three P.M.

   c. at six P.M.

2. According to the second paragraph, how long did Boule de suif expect the trip to last?

   a. several hours

   b. two days

   c. three days

3. What kinds of meat products are in Boule de suif's basket?

   a. chicken

   b. ham

   c. pâtés

   d. smoked meat

   e. veal

   f. beef

4. What other types of foods are in Boule de suif's basket?

   a. apples

   b. beverages

   c. pickled onions

   d. bread

   e. chocolate

   f. cheese

   g. pears

5. According to the text, what types of foods do all women like?

   a. roasted chicken

   b. candies and sweets

   c. fruits

   d. raw vegetables

5-56 **Le repas en diligence : après avoir lu.** Now that you've read the passage, answer the following question.

If you were planning a road trip and wanted to avoid eating in restaurants, what would you bring to eat? Make a list, in French, of the items you would bring.

_____

_____

Venez chez nous !

Traditions gastronomiques

5-57   Ça vient d'où ? Match each dish with the region or Francophone country it is associated with. Visit the **Chez nous** Companion Website to find more information on Francophone cuisine.

_____ 1. Les crêpes

_____ 2. Le foie gras

_____ 3. La fondue

_____ 4. Le taboulé

_____ 5. La poutine acadienne

_____ 6. Le « curry » indien

_____ 7. Les bananes flambées au rhum

a. La Suisse

b. L'Île Maurice

c. La Martinique

d. La Bretagne

e. Le Périgord/Le sud-ouest de la France

f. Le Québec

g. La Tunisie

5-58   La cuisine française. Imagine that you work for a magazine entitled *Le pain et le vin* and that you write articles on regional dishes in France. Write an article on the region of your choice. First, go to the library or visit the **Chez nous** Companion Website to help you find out more about the region of your choice and its culinary specialties. Then, write a description about the dish and how to prepare it. Finally, mention whether you would likely prepare this dish at home.

_____

_____

_____

_____

_____

_____

_____

Video Manual

5-59 Pour faire une vinaigrette. Before demonstrating her recipe for vinaigrette, Pauline shows us her kitchen.

1. What words in French does she use to describe her kitchen? Which two words are synonyms?

    _____

2. Pauline explains why she likes to make her own vinaigrette. What are her reasons?

    a. _____

    b. _____

    c. _____

3. Make a list in French of the utensils and the ingredients she uses as she prepares the recipe.

    Ustensiles : _____

    Ingrédients : _____

4. Pauline makes a face as she tries out her vinaigrette—why? What does she decide to do as a result?

    _____

5-60 Traditions gastronomiques. This montage will make your mouth water as you view regional specialties. Select all the dishes that you see in the montage.

_____ le couscous   _____ les pâtisseries

_____ les crêpes   _____ la paella

_____ la fondue   _____ la ratatouille

_____ le lapin provençal   _____ la sauce béchamel

Observons

5-61 Voici des spécialités de chez nous : avant de regarder. You may already have completed the **Observons** activity in the **Venez chez nous !** lesson of this chapter. If not, you will find it helpful to go back and complete that activity before moving on to the questions below. In this activity, we will focus on the clip in which Fadoua explains the preparation of a traditional Moroccan dish, **le couscous**. What is couscous? What types of ingredients can one use in this dish? If you need to, look for this information on the **Chez nous** Companion Website or in a cookbook.

_____

_____

5-62 Voici des spécialités de chez nous : en regardant. As you listen to Fadoua's description, match the various utensils and serving pieces she uses with their English equivalent.

_____ 1. un couscoussier

_____ 2. une marmite

_____ 3. un plat

_____ 4. un bol

_____ 5. une assiette

a. a pot

b. a plate

c. a bowl

d. a large pot and steamer to make couscous in

e. a dish, a course

5-63 Voici des spécialités de chez nous : après avoir regardé. Fadoua names many different ingredients that can be used in couscous. What ingredients would you most likely use if you were to prepare and enjoy this dish? Are there any you would leave out? Does this dish remind you of any North American regional specialty with which you are familiar?

_____

_____

Nous sommes chez nous

Leçon **1** La vie en ville

POINTS DE DÉPART

6-1 Chez nous. Indicate in which room one typically does the following activities.

MODÈLE   regarder la télé   *le séjour*

1. préparer le dîner _____

2. garer la voiture _____

3. dormir _____

4. dîner _____

5. se laver les cheveux _____

6. faire un barbecue _____

6-2 Jeux de mots. Use the definitions given to complete the following crossword puzzle.

Horizontalement

2. Cette personne loue des appartements à d'autres personnes.

4. C'est un appartement d'une seule pièce.

6. Quand il n'y a pas d'ascenseur, on doit prendre les…

8. Cette personne paie un loyer au propriétaire pour son appartement ou sa maison.

Verticalement

1. On peut avoir un petit jardin à cet endroit quand on habite dans un appartement.

3. En général, le treizième n'existe pas dans les bâtiments américains.

5. Cette personne habite à côté de chez vous.

7. Un quartier peut être tranquille ou au contraire…

🔊 **6-3 Une grande maison.** Madeleine is showing her new house to her friends. Listen to each of her statements and select the room or place she is probably describing.

1. **a.** la cuisine

   b. la salle à manger

2. **a.** la chambre

   b. la salle de bains

3. **a.** la salle de séjour

   b. la salle à manger

4. **a.** la salle de séjour

   b. la cuisine

5. **a.** le garage

   b. la chambre

6. **a.** la terrasse

   b. les toilettes

🔊 **6-4 À quel étage ?** Léo works as a **concierge** in a large apartment building. Listen as he provides information to visitors about where the residents live. Complete the chart below by writing the correct floor and apartment number next to the name of each resident.

	Nom	Étage	Appartement
MODÈLE	M. et Mme Philippou	*cinquième*	*508*
1.	Docteur Mevégand		
2.	Mlle Thomas		
3.	M. Camus		
4.	Mme Truong		
5.	Professeur García		
6.	M. et Mme Sarr		

🔊 **6-5 Les petites annonces.** Mélèdge, an African student living in Angers, is looking for a new place to live. Listen to the message a friend has left on his answering machine about two different apartments that are available. For each apartment, select the information you hear.

Appartement 1 :

1. Type d'appartement : [un studio en centre-ville / un studio dans un quartier résidentiel]

2. Description de pièces : [une grande cuisine, une petite salle de bains et deux chambres / une petite cuisine, une assez grande salle de bains et une chambre]

3. Étage : [sixième / huitième]

4. Loyer : [420 euros par mois / 480 euros par mois]

5. Autre(s) information(s) : [il n'y a pas de balcon / il n'y a pas d'ascenseur]

Appartement 2 :

6. Type d'appartement : [un cinq-pièces dans un quartier résidentiel / un trois pièces dans un quartier animé]

7. Description de pièces : [deux chambres, un séjour et deux salles de bains / trois chambres, un séjour et une salle à manger]

8. Étage : [cinquième / septième]

9. Loyer : [800 euros par mois / 900 euros par mois]

10. Autre(s) information(s) : [c'est un nouvel immeuble avec ascenseur / c'est un vieil immeuble avec ascenseur]

SONS ET LETTRES

La consonne l

🔊 **6-6 Discrimination.** Listen to the following pairs of words. For each pair, select the word that has the sound /l/.

1. bille   bile
2. malle   maille
3. mouiller   mollet
4. belle   abeille
5. vrille   ville
6. sillage   village

🔊 **6-7 Prononciation.** Pronounce the following sentences, making sure to place your tongue against the back of your upper front teeth to form the final l.

1. Quelle école ?
2. Pas mal !
3. Il est difficile !
4. Quelle belle ville !
5. Il a une nouvelle balle.
6. Elles sont drôles !
7. Elles ne sont pas belles.

FORMES ET FONCTIONS

1. Les verbes en -ir comme choisir

🔊 **6-8   Changements.** Nora and Edwige are discussing their children over lunch. Select the verb form that you hear in each of their sentences.

1. rougissent   rougissons   4. réfléchissons   réfléchissent
2. désobéis   désobéit   5. choisis   choisit
3. punissent   punissez   6. grandis   grandit

6-9   C'est juste ! Complete each of the following sentences with one verb from the word bank. Remember to conjugate the verb correctly.

choisir	désobéir	finir	~~grandir~~	grossir	maigrir
obéir	pâlir	réfléchir	réussir	rougir	

MODÈLE   Entre 7 et 15 ans, les enfants __*grandissent*__ ; donc ils doivent bien manger.

1. Tu es stressé parce que tu _____ trop à ce choix d'appartement.

2. Mes parents _____ toujours rapidement quand ils cherchent un nouveau logement.

3. On _____ quand on prend les escaliers et pas l'ascenseur.

4. Ce sont des bons voisins. Ils _____ toujours aux règlements.

5. Si je mange trop de sucre, je _____ .

6. Vous _____ à vendre rapidement votre maison. Bravo !

7. Nous _____ bientôt le travail de réparation dans la maison.

6-10   Causes et effets. Complete each of the following sentences using a verb in **–ir**.

MODÈLE   Tu *rougis* quand tu fais une faute devant la classe.

1. Nous _____ quand nous mangeons trop.

2. On _____ quand on fait beaucoup d'exercice physique.

3. Je _____ toujours les devoirs avant d'aller en classe.

4. Les enfants _____ toujours trop vite pour leurs parents.

5. Vous _____ quand vous préparez bien les examens.

🔊 **6-11   Sondage.** A survey is being conducted to learn more about people's views on living in the city. Match each question you hear with the most appropriate response below.

_____ 1. Non, les gens n'obéissent pas aux règles en général !

_____ 2. Je choisis la maison parce qu'il y a plus de place.

_____ 3. Je finis à 17 h 00, pourquoi ?

_____ 4. Pas vraiment, mes voisins sont très discrets.

_____ 5. Le trois-pièces sans ascenseur ! Comme cela on maigrit !

Nom : _____   Date : _____

2. Les pronoms compléments d'objet direct le, la, l', les

6-12   Comment tu trouves l'appartement ? Pauline visits her friend Aurélie's new apartment. As Aurélie asks for Pauline's feedback, complete her responses with the appropriate direct-object pronoun.

MODÈLE   —Comment tu trouves mon appartement ? C'est super, non ?

—Oui, je _le_ trouve super.

1. —Et voici la cuisine. Elle est grande, hein ?

—Oui, je _____ trouve grande.

2. —Et par ici, ce sont les chambres. Elles sont un peu petites, non ?

—Oui, je _____ trouve un peu petites.

3. —Voilà la terrasse. Elle est bien ensoleillée, hein ?

—Oui, je _____ trouve bien ensoleillée.

4. —Comment tu trouves l'immeuble ? Il est bien situé, non ?

—Oui, je _____ trouve bien situé.

5. —Et que penses-tu des toilettes ? Bien pratiques, non ?

—Oui, je _____ trouve bien pratiques.

6. —Et pour finir, voici la salle de bains. Elle est moderne, hein ?

—Oui, je _____ trouve très moderne.

6-13   La vie à la fac. Match each of the following questions with the appropriate answer.

_____ 1. Les livres ?

_____ 2. Mes repas ?

_____ 3. Mon colocataire ?

_____ 4. Mes parents ?

_____ 5. Ma copine ?

_____ 6. Le cours de musique ?

_____ 7. Les examens ?

a. Je le trouve assez sympa.

b. Je les trouve difficiles.

c. Je joue de la guitare, alors je l'aime beaucoup.

d. Je les prends à la cafétéria.

e. Je les appelle le week-end.

f. Je les achète à la librairie.

g. Je l'ai vue hier.

6-14   Répliques. You are in your apartment building lobby and you overhear people talking. Select the most appropriate reply to each of the comments that you hear. Pay attention to the gender and number of the object and its pronoun.

1. a. Non, je ne l'attends pas.

   b. Non, je ne les attends pas.

2. a. Je l'ai dans ma poche.

   b. Je ne les ai pas.

3. a. Je vais la rendre à la bibliothèque.

    b. Je vais le rendre à la bibliothèque.

5. a. Elle les a garées au coin.

    b. Elle l'a garée au coin.

4. a. Mais je ne la regarde pas !

    b. Mais je ne les regarde pas !

6. a. Oui, ils vont les acheter.

    b. Oui, ils vont l'acheter.

🔊 **6-15 Chacun son goût.** Buying a new home is stressful, and Patrick and his wife Élise do not seem to agree about anything. For each statement, complete each response using the appropriate object pronoun to avoid repetition.

MODÈLE   You hear: J'aime bien le deux-pièces de la rue Kléber.

             You write: Et bien moi, je ne *l'*aime pas.

             OU   Et bien moi, je *le* déteste.

1. Et bien moi, je _____ aime bien.

2. Et bien moi, je _____ déteste.

3. Et bien moi, je _____ déteste.

4. Et bien moi, je _____ aime bien.

5. Et bien moi, je _____ aime beaucoup.

Écoutons

6-16 L'agent immobilier : avant d'écouter. Laure is looking for a new place to live, and a real estate agent is presenting several possibilities to her. Before you listen, select some of the vocabulary you expect to hear in the description.

_____ un étage   _____ un quartier   _____ les soldes

_____ une salle de classe   _____ du dentifrice   _____ le loyer

_____ un appartement   _____ égoïste   _____ animé

🔊 **6-17 L'agent immobilier : en écoutant.** As you listen, select the relevant information for each place you hear about.

1. C'est un [appartement / studio] au [16ᵉ étage / 6ᵉ étage] [à l'extérieur de la ville / en centre-ville]. Le loyer est de [650 euros sans les charges / 750 euros avec les charges]. Il y a [un balcon / une cuisine équipée].

2. C'est un [appartement / studio] au [sous-sol / rez-de-chaussée] [dans un quartier résidentiel / en centre-ville]. Le loyer est de [500 euros sans les charges / 700 euros avec les charges]. Il est [pratique / meublé].

3. C'est un [appartement / studio] au [10ᵉ étage / 12ᵉ étage] [dans un quartier résidentiel / en centre-ville]. Le loyer est de [650 euros sans les charges / 850 euros avec les charges]. Il y a [un jardin / un ascenseur].

Écrivons

6-18   La maison de vacances : avant d'écrire. Imagine you are on vacation at the beach with your friends or family. You will write an e-mail to a friend, describing the house or the apartment you are renting. To begin, complete the following activities.

1. Make a list of adjectives in French to describe the house or the apartment:

(for example: *grande*, *neuve*, *moderne*...)

_____

_____

2. Add other significant characteristics:

(for example: *beaucoup de fenêtres*, *2 étages*, *un grand jardin*...)

_____

_____

3. Make a list of the rooms:

(for example: *une grande cuisine*, *4 chambres*, *une terrasse*)

_____

_____

6-19   La maison de vacances : en écrivant. Write your e-mail in a paragraph of five or six sentences. Make sure that the adjectives agree with the nouns and that the verbs agree with their subjects.

MODÈLE   *Chers Donna et Sean,*

La maison que nous louons est très grande avec deux étages et beaucoup de fenêtres. Cette maison est neuve et très moderne. Il y a une grande cuisine et quatre chambres. Comme ça, nous pouvons recevoir des invités sans problème... Quand est-ce que vous allez passer un week-end avec nous ?...

Amitiés, Paul

_____

_____

_____

_____

_____

_____

_____

_____

_____

Leçon 2 Je suis chez moi

POINTS DE DÉPART

🔊 **6-20** **Un studio.** Fabienne is looking for a furnished apartment. She has located a sketch of a potential studio online and has called the agent to ask a few questions. Pretend that you are the agent and answer **oui** or **non** to Fabienne's questions based on the sketch of the studio below.

1. oui	non		**4.** oui	non
2. oui	non		**5.** oui	non
3. oui	non		**6.** oui	non

6-21 **Ce qu'il y a chez moi.** Write what you have or do not have at home.

MODÈLE un réfrigérateur ? *Oui, il y a un* réfrigérateur chez moi.

OU *Non, il n'y a pas de* réfrigérateur chez moi.

1. un grand lit ? _____ grand lit chez moi.

2. un beau tapis ? _____ beau tapis chez moi.

3. une armoire ? _____ armoire chez moi.

4. des placards ? _____ placards chez moi.

5. des rideaux ? _____ rideaux chez moi.

6. un grand fauteuil ? _____ grand fauteuil chez moi.

7. un coin cuisine ? _____ coin cuisine chez moi.

6-22   Chez Vanessa. Vanessa found a place to live. Complete her description logically.

MODÈLE   *Le loyer* n'est pas cher ; c'est seulement 450 euros par mois.

1. Le studio est _____ ; c'est bien parce que je n'ai pas de meubles.

2. Les meubles sont un peu _____ parce qu'ils sont vieux.

3. Le _____ est très confortable ; c'est bien parce que j'adore dormir !

4. Je vais mettre des nouveaux _____ à la fenêtre.

5. Je peux ranger mes vêtements dans cette belle _____ ancienne.

6-23   Une mauvaise ligne. Salima is describing her new apartment to her father over the phone, but her sentences sound incomplete because of a bad connection. Listen to and complete her sentences by selecting the most logical possibilities from the choices below.

1. **a.** meublé

   b. agréable

2. **a.** bien équipée

   b. vieille

3. **a.** désagréable

   b. nouveau

4. **a.** petite

   b. abîmée

5. **a.** grande

   b. chère

6. **a.** rénové

   b. confortable

SONS ET LETTRES

La consonne r

6-24   Répétez. Repeat the following words during the pauses, being sure to keep the tip of your tongue pointing down. Do not move it up or back.

1. des rideaux

2. orange

3. le garage

4. sérieux

5. vous préférez

6. la guitare

7. faire

8. le soir

6-25   Liaisons et enchaînements. Repeat the following sentences during the pauses, paying attention to the linking across words.

1. La chambre à coucher est parfaite.

2. Pourquoi mes affaires sont par terre ? Range-les dans le placard !

3. Pierre leur a offert un réfrigérateur et une cuisinière pour leur mariage.

4. L'appartement du dernier étage est très agréable et entièrement rénové.

FORMES ET FONCTIONS

1. Les pronoms compléments d'objet indirect lui et leur

6-26 **Vos habitudes au téléphone.** Imagine you are answering a survey conducted by France-Télécom to determine your phone habits. Complete each sentence with the correct indirect-object pronoun.

MODÈLE Ma mère ? Oui, je __*lui*__ téléphone tous les jours.

1. Mes parents ? Je vais _____ téléphoner le week-end.

2. Mon père ? Je _____ téléphone le samedi.

3. Mes amis ? Je _____ téléphone souvent.

4. Ma grand-mère ? Je _____ ai téléphoné avant-hier.

5. Mon meilleur ami ? Je vais _____ téléphoner ce soir, comme d'habitude.

6-27 **La crémaillère.** Christelle and Gérard are giving a housewarming party (**pendre la crémaillère**). Listen to the conversations among their guests, and select **logique** if the second statement is a logical response to the first and **illogique** if it is illogical. Pay particular attention to the choice of indirect-object pronouns in the responses.

1. logique	illogique		4. logique	illogique
2. logique	illogique		5. logique	illogique
3. logique	illogique		6. logique	illogique

6-28 **Des questions personnelles.** Answer each of the following questions. Be sure to use an indirect-object pronoun in your answer.

MODÈLE Quand est-ce que vous écrivez à vos parents ?

Je leur écris quand j'ai besoin d'argent !

1. Combien de fois par semestre est-ce que vous parlez à vos profs dans leurs bureaux ?

_____

2. Qu'est-ce que vous aimez offrir à votre copain / copine pour Noël ?

_____

3. Qu'est-ce que vous préférez apporter à vos amis quand vous êtes invité/e ?

_____

4. Qu'est-ce que vous dites au prof de français quand vous n'avez pas fait vos devoirs ?

_____

5. Qu'est-ce que vous empruntez souvent à votre colocataire ?

_____

6-29   Recommandations. Your mother is concerned because you are about to move into your first apartment. Reassure her by answering her questions affirmatively, using indirect-object pronouns.

MODÈLE   You hear: Tu as parlé au propriétaire ?

You write: Mais oui Maman, je *lui ai parlé*.

1. Mais oui Maman, je _____ ma nouvelle adresse.

2. Mais oui Maman, je _____ .

3. Mais oui Maman, je _____ le loyer.

4. Mais oui Maman, je _____ .

5. Mais oui Maman, je _____ de m'aider.

6. Mais oui Maman, je _____ un double des clés (*keys*).

2. Les nombres à partir de mille

6-30   Le code postal. Before leaving on her summer vacation, Christiane double-checks her friends' addresses. Select the postal code that you hear in each address.

1. 81 600	81 500		**4.** 62 180	72 180
2. 85 710	95 710		**5.** 46 090	48 090
3. 34 230	34 330		**6.** 61 540	71 540

6-31   Faisons les comptes. Antoine is a real estate agent. Listen as he lists his monthly commissions and write down the numbers that you hear.

MODÈLE   You hear: Pour janvier, ça fait 1 600 euros.

You write: janvier : ___1 600___ euros

1. février : _____ euros   3. avril : _____ euros   5. juin : _____ euros

2. mars : _____ euros   4. mai : _____ euros   6. juillet : _____ euros

6-32   Question d'habitudes. Match each of the following dates with their written equivalent.

_____ 1. 1968   a. dix-neuf-cent-quatre-vingt-seize

_____ 2. 1978   b. mille-neuf-cent-quatre-vingt-six

_____ 3. 1984   c. dix-neuf-cent-soixante-huit

_____ 4. 1986   d. mille-neuf-cent-quatre-vingt-quatorze

_____ 5. 1994   e. mille-neuf-cent-soixante-dix-huit

_____ 6. 1996   f. dix-neuf-cent-quatre-vingt-quatre

6-33   Les montants. Renting or buying a house can be expensive. Practice writing out checks in euros for the following amounts.

MODÈLE   2 750 € : Payez contre ce chèque   *deux-mille-sept-cent-cinquante euros*

somme en toutes lettres

1. 8 201 € :   Payez contre ce chèque

_____
somme en toutes lettres

2. 23 586 € :   Payez contre ce chèque

_____
somme en toutes lettres

3. 530 254 € :   Payez contre ce chèque

_____
somme en toutes lettres

4. 740 890 € :   Payez contre ce chèque

_____
somme en toutes lettres

5. 1 660 258 € :   Payez contre ce chèque

_____
somme en toutes lettres

Écoutons

6-34   Un nouveau logement : avant d'écouter. What kind of home would you like to live in?
Indicate below the types of features you would look for in a home.

1. Type of dwelling: _____

2. Location: _____

3. Rooms: _____

4. Furnishings: _____

6-35   Un nouveau logement : en écoutant. Pierre and Denise Gagné have moved recently. Listen as
Denise describes their new home and select the appropriate responses to the questions below.

1. Type of dwelling:	un appartement	une maison	un studio
2. Location:	dans un quartier animé	en centre-ville	près du campus
3. Living space:	trois pièces : un séjour, une salle à manger et une chambre		
	trois pièces : un séjour et deux chambres		
	quatre pièces : un séjour et trois chambres		
	quatre pièces : un séjour, une salle à manger et deux chambres		
4. Features and furniture:	une baignoire	une douche	des WC
	beaucoup de placards	peu de placards	
	un petit canapé	deux gros fauteuils	
	une table	quatre chaises	six chaises
	deux lits	trois lits	une armoire
5. Advantages:	une salle de bain moderne	une chambre d'amis	
6. Disadvantages:	pas d'ascenseur	des voisins ennuyeux	une vieille cuisine

Écrivons

6-36   Une nouvelle résidence : avant d'écrire. Imagine that you have inherited some money from a great-aunt. You can finally purchase the house of your dreams. Write a letter to a real estate agency, explaining what you are looking for. To begin, complete the following activities.

1. Indicate where you would like to find a house.

   (for example: *dans un quartier résidentiel*)

   _____

   _____

2. Indicate the size of the house you would like.

   (for example: *assez grande, avec 3 chambres...*)

   _____

   _____

3. Make a list of characteristics you are looking for in a house.

   (for example: *une grande cuisine bien équipée...*)

   _____

   _____

4. Make a list of three or four activities that you will do in your house.

   (for example: *faire la cuisine, faire du jardinage tous les jours...*)

   _____

   _____

6-37   Une nouvelle résidence : en écrivant. Write your letter to the real estate agent, making sure to use appropriate opening and closing statements for a letter.

MODÈLE   *Madame/Monsieur,*

   Je cherche une maison dans un quartier résidentiel où je peux faire du jogging et de la natation. Je voudrais une maison avec un jardin et...

   J'aime bien faire la cuisine, donc une grande cuisine bien équipée est essentielle...

   En attendant votre réponse, je vous adresse mes salutations les meilleures.

   Mademoiselle Dumont

_____

_____

_____

_____

_____

_____

_____

Leçon ③ La vie à la campagne

POINTS DE DÉPART

🔊 **6-38 Préférences.** Karine and Olivier have different perspectives about life in the country as opposed to life in the city. Listen to each of their statements, and select **campagne** if the statement describes life in the country, or **ville** if it describes city life.

1. campagne   ville   4. campagne   ville

2. campagne   ville   5. campagne   ville

3. campagne   ville   6. campagne   ville

6-39 On aime la nature. Indicate where these people go on vacation, according to their tastes.

1. Anaïs aime faire de l'alpinisme. Elle va [dans un bois / à la montagne].

2. Vous adorez aller à la pêche. Vous allez au bord [d'une rivière / d'une vallée].

3. Tu aimes bien te promener au milieu des arbres. Tu vas dans [un champ / une forêt].

4. Paul est sportif ; il aime les randonnées. Il va [dans un potager / dans les collines].

5. On veut faire du canoë. On va [au lac / au jardin].

6. Ma grand-mère plante des carottes et des tomates. Elle est dans [son bois / son potager].

🔊 **6-40 Tout près de la nature.** Match each description you hear with the name of the corresponding geographical feature.

_____ 1. un bois

_____ 2. un champ   _____ 5. une vallée

_____ 3. une colline   _____ 6. une plage

_____ 4. un lac

6-41 Au choix. Match each activity with the appropriate place.

_____ 1. On va au cinéma   a. à la ferme.

_____ 2. On va faire du bateau à voile   b. dans la vallée.

_____ 3. On va faire du ski   c. en ville.

_____ 4. On se lève très tôt le matin   d. au potager.

_____ 5. On fait du jardinage   e. au lac.

_____ 6. On va admirer les oiseaux   f. à la montagne.

FORMES ET FONCTIONS

1. Faire des suggestions avec l'imparfait

🔊 **6-42   Demande ou suggestion ?** Aline is getting bored at a family gathering and keeps interrupting her parents. Each time she speaks to them, select **demande** if she is asking a question, or **suggestion** if she is making a suggestion.

1. demande   suggestion   4. demande   suggestion

2. demande   suggestion   5. demande   suggestion

3. demande   suggestion   6. demande   suggestion

6-43   Des suggestions. In class, your French professor prefers suggestions to commands. Turn the following commands into suggestions.

MODÈLE   —Regardez le tableau !   —Si vous _regardiez_ le tableau ?

1. —Faites les devoirs !   —Si vous _____ les devoirs ?

2. —Fermez le livre !   —Si vous _____ le livre ?

3. —Préparez l'examen !   —Si vous _____ l'examen ?

4. —Parlez en français !   —Si vous _____ en français ?

Now try the same technique with your little brother at home.

MODÈLE   —Range ta chambre !   —Si tu _rangeais_ ta chambre ?

5. —Ferme la porte !   —Si tu _____ la porte ?

6. —Mets la table !   —Si tu _____ la table ?

7. —Mange ta salade !   —Si tu _____ ta salade ?

8. —Va au lit !   —Si tu _____ au lit ?

6-44   Il n'y a rien à faire ! Your family and friends are out of ideas of things to do. Propose some activities by completing the following sentences with a verb in the **imparfait**.

MODÈLE   Si on _allait_ à la campagne ?

1. Si vous _____ du vélo ?

2. S'ils _____ dans le potager ?

3. Si tu _____ en ville ?

4. Si nous _____ une randonnée ?

5. Si elles _____ au cinéma ?

6. Si on _____ aux échecs ?

((�)) **6-45** **Un dimanche à la campagne.** Hugo is spending the day at his parents' country house with his friends Océane and Mattéo. Listen to their comments; then choose the most logical suggestion in response to each one.

1. **a.** Si on ne faisait pas grand-chose ?

   b. Si on travaillait ?

   c. Si on faisait nos devoirs ?

2. **a.** Si tu te promenais dans la vallée ?

   b. Si tu allais au bord du lac ?

   c. Si tu jouais au basket-ball ?

3. **a.** Si tu te détendais ?

   b. Si tu jouais au foot ?

   c. Si tu jouais aux cartes ?

4. **a.** Si on préparait le dîner ?

   b. Si on téléphonait à Sandrine ?

   c. Si on se promenait ?

5. **a.** Si on s'occupait du potager ?

   b. Si on allait nager ?

   c. Si on bricolait ?

6. **a.** Si on dansait ?

   b. Si on allait au sommet de la colline ?

   c. Si on rentrait ?

2. L'imparfait : la description au passé

6-46 **Quand j'étais petite.** Complete the following sentences to describe this family's habits, using a verb from the word bank.

aller	faire	jouer
avoir	~~habiter~~	partir

MODÈLE   Nous *habitions* un quartier tranquille.

1. On _____ toujours des animaux.

2. Souvent, ma sœur _____ au tennis.

3. Tous les après-midi, je _____ du vélo.

4. Le week-end, ma famille et moi _____ à la campagne.

5. En été, toute la famille _____ en vacances à la plage.

((�)) **6-47** **Les histoires de grand-mère.** Joël is visiting his grandmother, who lives in the country. Listen as she tells him about her younger days, and select Joël's most likely responses.

1. **a.** Tu détestais te promener dans les champs.

   b. Tu aimais te promener dans les champs.

2. **a.** Vous deviez lire beaucoup.

   b. Vous deviez vous amuser.

3. **a.** Vous ne faisiez jamais de pique-nique.

   b. Vous faisiez souvent des pique-niques.

4. **a.** Ton père aimait faire la cuisine.

   b. Ta mère aimait faire la cuisine.

5. **a.** Tu aimais travailler dans le potager.

   b. Tu détestais travailler dans le jardin.

6. **a.** Ton père ne voulait jamais se détendre.

   b. Ton père refusait de travailler le week-end.

6-48   Souvenirs. Chantal is describing her childhood vacations in the country. Complete her story with the correct subject and verb forms that you hear. The first sentence has been completed for you as an example.

Chaque été _nous partions_ le premier août, comme tout le monde. (1) _____ y _____ toujours beaucoup de circulation à la sortie de la ville, mais quand (2) _____ en Auvergne, (3) _____ calme. Le premier jour, (4) _____ jamais grand-chose. Mon frère et moi, (5) _____ souvent faire une randonnée dans les bois. (6) _____ de bonne heure, car (7) _____ l'air de la campagne fatigant.

6-49   Les activités d'hier. Describe what you were doing yesterday at each of the given times.

MODÈLE   À 6 h 30, _je dormais tranquillement chez moi._

1. À 8 h 00, _____ .

2. À 9 h 30, _____ .

3. À 12 h 00, _____ .

4. À 17 h 45, _____ .

5. À 21 h 15, _____ .

Écoutons

6-50   Contrastes : avant d'écouter. Write down in French the activities you enjoy when you spend a weekend in the country.

faire une promenade, _____

_____

6-51   Contrastes : en écoutant. It is Monday morning and everybody is back at work. Mme Chapon and M. Lefort are talking about their weekend activities.

The first time you listen, select the weekend activities of Mme Chapon and those of her husband.

1. Mme Chapon :

_____ Elle s'est occupée du potager.   _____ Elle a rangé sa maison.

_____ Elle a organisé ses placards.   _____ Elle s'est détendue dans le jardin.

_____ Elle s'est promenée dans les champs.   _____ Elle a dormi sur la terrasse.

2. Son mari :

_____ Il a joué aux cartes avec son fils.   _____ Il a fait la cuisine.

_____ Il a bricolé.   _____ Il a fait du bateau à voile.

_____ Il a fait du jardinage.   _____ Il est allé à la pêche.

The second time you listen, select what M. Lefort and his wife did last weekend, as well as what their daughter did.

3. M. Lefort et sa femme :

_____ Ils sont allés au théâtre.

_____ Ils ont fait les courses.

_____ Ils sont restés à la maison.

_____ Ils ont fait du jardinage.

_____ Ils ont fini de rénover leur salle de bains.

_____ Ils ont regardé la télé.

4. Leur fille :

_____ Elle s'est reposée.

_____ Elle est allée au cinéma avec des amies.

_____ Elle a révisé pour le bac.

_____ Elle a joué aux jeux vidéo.

Écrivons

6-52 Un mystère : avant d'écrire. You are preparing to write the first paragraph of a thriller story, in which you will describe the crime scene. Begin by completing the following activities.

1. Give the following details about the crime:

L'heure du crime : _____

L'endroit où le crime a eu lieu : _____

Une description de l'endroit : _____

2. Make a list of two or three adjectives that can describe the physical appearance of a passerby observing the crime.

(for example: *jeune*, *bien habillé*, *portait un costume noir...*)

_____

_____

3. Add two or three adjectives that describe this passerby's emotions.

(for example: *troublé*, *anxieux...*)

_____

_____

6-53 Un mystère : en écrivant. Now write the beginning of your thriller. Be sure to use the **imparfait** for the verbs describing the scene or your witness(es).

MODÈLE *Il était une heure du matin, les rues de... étaient très calmes... Un homme passait dans la rue. Il était jeune et assez bien habillé. Il portait un costume noir, ... et il avait un parapluie noir à la main...*

_____

_____

_____

_____

_____

_____

_____

Lisons

6-54   À la recherche d'un logement : avant de lire. This excerpt is from the novel *L'Emploi du temps*, by Michel Butor. The main character is a Frenchman who is working in London for a year. The novel is written as a journal in which he records his daily activities. Before you read, answer these questions in English.

1. The main character repeatedly attempts and fails to find a place to stay. How do you think this makes him feel about his search? _____

_____

2. This man is single and doesn't make much money. What type of lodging do you think he might be looking for? _____

_____

L'emploi du temps
MARDI 27 MAI

Il m'a fallu (*I needed*) toute la semaine pour épuiser (*go through*) ma liste de chambres…
Souvent j'ai trouvé les portes fermées, et quand on m'ouvrait, après une conversation pénible (*difficult*) sur le seuil (*on the doorstep*), pénible non seulement à cause de mon mauvais accent et des particularités dialectales de mes interlocuteurs, mais aussi, la plupart du temps, de leur air soupçonneux (*suspicious*), de leurs questions bizarres, on m'apprenait que j'étais venu trop tard, que la place était déjà prise.
Une fois seulement, je crois, cette semaine-là, une femme m'a fait entrer, … qui après m'avoir dit : « il n'y a pas de chauffage, mais vous pouvez acheter un radiateur à pétrole ; vous serez tout à fait libre, la seule chose que je vous demande, c'est de ne pas rentrer après dix heures du soir », et d'autres phrases que je n'ai pas comprises, ou dont je ne me souviens plus (*I no longer remember*), sur le même ton sans réplique, m'a fait visiter une chambre sans table, plus mal meublée encore, plus étroite et plus triste encore que celle que j'occupais à « l'Ecrou », où je ne parvenais pas (*I was never able to*) à me réchauffer.
Il me fallait recommencer les travaux préliminaires, de nouveau déchiffrer (*to decode*) l'*Evening News*, repérer (*to find*) d'autres rues sur le plan, relever (*to take note of*) d'autres numéros de bus.

Michel BUTOR, *L'Emploi du temps* © Editions de Minuit.

6-55 **À la recherche d'un logement : en lisant.** As you read, select the description that best fits the story.

Over and over...

1. Doors: open closed
2. Conversations: difficult friendly
3. Problems: his accent strange questions
4. Availability: available already taken

This time...

5. The woman: speaks to him doesn't speak to him
6. The heat: exists doesn't exist
7. Restrictions: none some
8. The room: sad comfortable

6-56 **À la recherche d'un logement : après avoir lu.** Now that you've read the passage, complete the following activities.

1. Based on the text, do you believe the Frenchman will take the room? Why or why not?

_____

_____

2. Remember (or imagine) a time when you were looking for a place to live and were not having much luck. Were your feelings similar to those of the main character? In what ways?

_____

_____

3. Thinking back on the event you described above, write a short paragraph in French that describes either the best or the worst place you visited during your search for a place to live.

_____

_____

_____

_____

Venez chez nous !

À la découverte de la France : les provinces

6-57   Les langues régionales. Associate each regional language with its region. Visit the **Chez nous** Companion Website and read the information on the **langues régionales** in France.

_____ **1.** l'alsacien

_____ **2.** le basque

_____ **3.** le breton

_____ **4.** le catalan

_____ **5.** le corse

_____ **6.** le niçois

_____ **7.** l'occitan

a. dans le Languedoc-Roussillon

b. à Nice

c. en Corse

d. en Bretagne

e. en Alsace

f. dans le Sud de la France

g. au Pays Basque

6-58   Encore des langues. Choose three languages given in activity **6-57** and provide a sentence as an example. To find these sentences, you may wish to consult your textbook or visit the **Chez nous** Companion Website and read the information on the **langues régionales** in France. Write these sentences with their French translation.

_____

_____

_____

_____

_____

_____

6-59   La région de... Choose a region of France (for example **l'Alsace, la Bretagne, la Corse, la Normandie, la Provence, la Touraine**) and complete the following chart. You may wish to consult your textbook or the **Chez nous** Companion Website and read the information on the French regions.

LA RÉGION : _____

Situation géographique : _____

Paysage : _____

Population : _____

Superficie : _____

Plats traditionnels : _____

Langue(s) : _____

Attractions touristiques : _____

Video Manual

6-60   Mon quartier. In this clip, Pauline describes her favorite part of Paris—her own neighborhood.

A. Paris is divided into sections called **arrondissements**. Look at the map of Paris below: how many **arrondissements** are there?

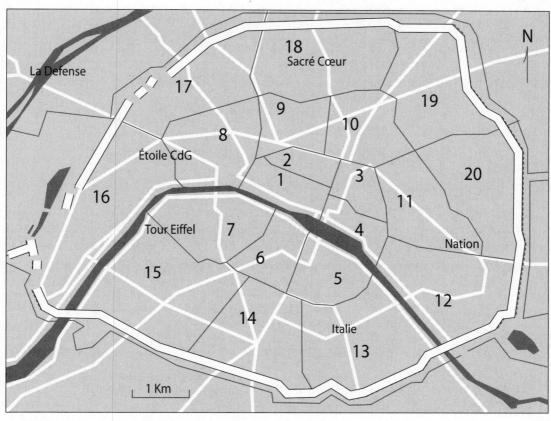

Il y a _____ arrondissements.

B. Now listen and watch as Pauline describes and visits different places in her neighborhood. Indicate the order in which you see each place.

1. son appartement _____

2. la boulangerie _____

3. le cinéma _____

4. le marché _____

5. le métro _____

6. le parc _____

C. What three aspects of her neighborhood does Pauline highlight?

a._____

b. _____

c._____

6-61   À la découverte de la France : les régions. Watch this montage showing different regions in France to get an idea of the country's geographic diversity. Begin by looking at the map of France on the inside cover of your textbook; you may notice that there are twenty different regions in France. Then watch the montage.

1. What regions can you recognize?

   _____

   _____

2. Are there any sites or monuments that you recognize? Which ones?

   _____

   _____

3. Did you see any places that you would like to visit? If so, which ones?

   _____

   _____

Observons

6-62   Visitons Seillans : avant de regarder. You may already have completed the **Observons** activity in the **Venez chez nous !** lesson of this chapter. If not, you will find it helpful to go back and complete that activity before moving on to the questions below. Visit the **Chez nous** Companion Website, and read the description provided about Seillans. Select the elements that make this village charming, according to the Website.

_____ its medieval château   _____ its new train station   _____ its small shady squares

_____ its soap factory   _____ its countryside   _____ its twelfth-century church

_____ its zoo   _____ its fountains   _____ its monastery

6-63   Visitons Seillans : en regardant. Now watch and listen to the mayor of Seillans as he guides us around the village. Compare his description to the one you found on the Internet. What common elements do you find in the two descriptions?

MODÈLE   *the small shady squares*

   1. _____

   2. _____

6-64   Visitons Seillans : après avoir regardé. Return to the site of the **villages classés de France** you found to visit other **villages**. Which villages would you be interested in visiting, and why? Is there any designation equivalent to the French **villages classés** where you live? Is it a good idea to describe villages in this way? Why or why not?

   _____

   _____

   _____

   _____

   _____

Les relations personnelles

Leçon **1** Les jeunes et la vie

POINTS DE DÉPART

7-1   Les définitions. Find the appropriate definition for each word or expression.

_____ 1. être bien dans sa peau

_____ 2. être autoritaire

_____ 3. être célibataire

_____ 4. avoir des bons rapports avec ses parents

_____ 5. avoir le goût du travail

_____ 6. avoir des racines multiculturelles

_____ 7. être rebelle

_____ 8. une famille recomposée

_____ 9. une femme au foyer

a. une femme qui ne travaille pas hors de la maison

b. ne pas avoir de problèmes avec ses parents

c. être travailleur/travailleuse

d. avoir un beau-père/une belle-mère et des demi-frères et sœurs

e. être strict, exigeant

f. ne pas toujours obéir

g. ne pas être marié/e

h. avoir confiance en soi

i. avoir des parents de cultures différentes

7-2   La famille. Valérie, a seven-year-old, is talking about her friends and their families. Match each of her statements with a logical restatement, chosen from the list below.

_____ 1. Alors, ils vivent en union libre.

_____ 2. Ce sont des parents autoritaires sans doute.

_____ 3. Alors, elle a des bons rapports avec ses parents.

_____ 4. Donc, il a un père absent.

_____ 5. Ah, c'est une mère célibataire.

_____ 6. Donc, c'est un père au foyer.

7-3 Casse-tête. Look at the provided clues to complete the following crossword puzzle.

Horizontalement

1. Si on quitte la maison trop tard, on risque de … le train.

5. Souvent les couples mariés qui ne s'entendent plus se séparent avant de…

6. C'est le contraire de « strict ».

7. Se dit d'un environnement qui rassure et qui protège les enfants.

8. Quand il y a un seul parent comme chef de famille, c'est une famille…

Verticalement

2. Quand le professeur est malade, les étudiants sont contents parce qu'il est…

3. On parle des grandes et petites … de la vie. Ce sont les difficultés que tout le monde rencontre un jour dans la vie.

4. Si on va régulièrement à l'église, au temple, à la synagogue ou à la mosquée pour prier, alors on est…

7-4 Les jeunes parlent. After interviewing a group of young people, a counselor reviews his notes. Select the sentence that most logically follows each of his statements.

1. a. Elle vient d'une famille monoparentale.

   b. Elle a des racines multiculturelles.

   c. Ses parents vivent en union libre.

2. a. Elle a une famille recomposée.

   b. Elle a des parents autoritaires.

   c. Elle a une famille étendue.

3. a. Il a des complexes.

   b. Il a une vision du monde.

   c. Il a des bons rapports avec ses parents.

4. a. Elle vient d'une famille recomposée.

   b. Elle est pratiquante.

   c. Elle vient d'une famille monoparentale.

5. a. Il a une famille traditionnelle.

   b. Il a le goût du travail.

   c. Il est rebelle.

6. a. Ses parents sont autoritaires.

   b. Ses parents sont exigeants.

   c. Ses parents sont indulgents.

FORMES ET FONCTIONS

1. Les verbes de communication écrire, lire et dire

🔊 **7-5   Combien ?** Listen as two students talk about their reading assignments. For each statement that you hear, select **1** if the subject of the sentence is one person and **1+** if it is more than one person.

1.   1   1+   4.   1   1+
2.   1   1+   5.   1   1+
3.   1   1+   6.   1   1+

7-6   On écrit. Complete the following sentences using the verb **écrire** and an item from the word bank.

une autobiographie	une critique	une pièce de théâtre (a play)	un rapport
un article	une lettre	un poème	un roman (a novel)

MODÈLE   Vous devez décrire le système politique en France pour votre prof de sciences po.

Vous _écrivez un rapport_.

1. Nous voulons décrire notre séjour en Afrique à une amie.

Nous _____ .

2. Je veux raconter ma vie quand j'étais enfant.

J' _____ .

3. Vous voulez critiquer l'ONU (l'Organisation des Nations Unies).

Vous _____ .

4. Vos profs veulent publier leur recherche en linguistique appliquée.

Ils _____ .

5. Un ami veut critiquer la société moderne d'une façon créative.

Il _____ .

🔊 **7-7   Les garçons.** Two teenage girls are talking about boys their own age. Listen to each of their comments and questions, and select the correct form of the verb **dire**, **écrire**, or **lire** that you hear.

1. lis   lisent   4. disent   dit
2. lisons   lisent   5. lisent   lis
3. dit   dites   6. écris   écrit

7-8 La lecture. Indicate what the following people read by completing the sentences.

MODÈLE   Vous vous intéressez aux évènements politiques actuels (*current*).

Vous lisez des journaux comme *Le Monde* ou *Le Figaro*.

1. Elle adore l'œuvre de Shakespeare et de Molière.

_____ des pièces de théâtre.

2. Nous n'avons pas beaucoup de temps pour lire.

_____ des magazines.

3. Ils préparent un rapport sur les élections.

_____ des magazines comme *L'Express* ou *Le Nouvel Observateur*.

4. Tu aimes les histoires d'amour.

_____ des romans.

5. J'adore faire la cuisine.

_____ des livres de cuisine.

2. Imparfait et passé composé : description et narration

7-9 Paroles. Maurice is telling his grandchildren a story. Listen to each of his statements and select **action** if the statement describes a completed event or **information** if the statement provides background information.

1. action	information		**4.** action	information	
2. action	information		**5.** action	information	
3. action	information		**6.** action	information	

7-10 La Famille-ours et une petite fille curieuse. This is an excerpt from a children's story that you may have read. Decide if the verbs need to be in the **passé composé** or the **imparfait** by selecting the appropriate form. The first one has been completed for you as an example.

Il [a été / <u>était</u>] une fois une famille d'ours qui (1) [a habité / habitait] une jolie maison dans les bois (*woods*). Tous les matins, Maman-ours (2) [a préparé / préparait] des céréales chaudes pour sa famille. Un matin, Papa-ours (3) [a dit / disait] : « C'est trop chaud. Attendons un peu avant de manger. » La Famille-ours (4) [a décidé / décidait] de faire une promenade dans les bois avant de manger.

   De l'autre côté de la forêt, une petite fille (5) [s'est réveillée / se réveillait]. Elle (6) [a décidé / décidait] de faire une promenade dans les bois. Elle (7) [a découvert / découvrait] la maison de la Famille-ours. Elle (8) [a ouvert / ouvrait] la porte et elle (9) [est entrée / entrait] dans la maison. Elle (10) [a eu / avait] faim. Elle (11) [a goûté / goûtait] aux trois bols de céréales sur la table. Celui de Papa-ours (12) [a été / était] trop chaud. Celui de Maman-ours (13) [a été / était] trop froid. Mais celui de Bébé-ours (14) [a été / était] parfait. La petite fille (15) [a mangé / mangeait] le bol tout entier !

   Après le petit déjeuner, elle (16) [a été / était] fatiguée, donc elle (17) [a monté / montait] l'escalier pour trouver un lit confortable. Dans la chambre, il y (18) [a eu / avait] trois lits. Elle (19) [a essayé / essayait] (*tried*) le lit de Bébé-ours ; (20) [ça a été / c'était] parfait. La petite fille (21) [s'est endormie / s'endormait] tout de suite. Elle (22) [a dormi / dormait] tranquillement quand les trois ours (23) [sont rentrés / rentraient] à la maison...

7-11 Une fête ratée. What a disaster this party turned out to be! Complete the following sentences to find out why.

_____ **1.** Ahmed a oublié d'apporter des CD,

_____ **2.** Estelle travaillait le lendemain (*the next day*),

_____ **3.** Clément a trop mangé,

_____ **4.** Maxime est arrivé en retard

_____ **5.** Marise n'a pas voulu manger

_____ **6.** La police nous a rendu visite

a. alors il est devenu malade.

b. parce qu'elle était malade.

c. parce qu'on parlait trop fort.

d. alors il n'y avait pas de musique.

e. parce qu'il a eu un accident.

f. alors elle est partie tôt.

 7-12 Questions personnelles. Karine's friend Thomas wants to learn more about her childhood. Choose the most logical answer to each of his questions.

1. a. Ils étaient assez autoritaires.

   b. Ils avaient trente ans.

   c. Ils ont été très indulgents ce jour-là.

2. a. J'ai eu un petit chien pour mon anniversaire.

   b. Je ne mangeais pas de poisson.

   c. J'étais très timide.

3. a. Pour me détendre, je regardais la télé ou je faisais une promenade.

   b. J'ai participé à un marathon.

   c. J'étais très stressée avant les examens.

4. a. Ma mère voulait devenir chanteuse.

   b. Je voulais être infirmière.

   c. J'ai voulu acheter un vélo.

5. a. Oui, j'ai travaillé dans une boulangerie un été.

   b. Oui, ma tante avait un chat chez elle.

   c. Non, je n'avais pas d'animaux domestiques.

6. a. Nous sommes allés en Suisse l'année dernière.

   b. J'allais à la plage avec mes parents tous les ans.

   c. J'adore la montagne.

 # Écoutons

7-13   La vie de famille en francophonie : avant d'écouter. Do you believe there is such a thing as a "typical family"? Why or why not? Make a list in French of different words used to describe families today.

_____

_____

7-14   La vie de famille en francophonie : en écoutant. An international family conference for youths from Francophone countries is being held in Montréal. Listen as Jan, Catherine and Amina introduce themselves and describe their experiences. For each question below, write the appropriate first name next to the information pertaining to each of the three friends. If the given information does not pertain to anyone, put an "X" in the corresponding space(s).

1. What is the respective country of origin of Jan, Catherine and Amina?

   a. _____ la Suisse   d. _____ la France

   b. _____ l'Algérie   e. _____ la Belgique

   c. _____ le Maroc   f. _____ le Cameroun

2. Indicate each person's family situation and the sort of relationship he/she has with both parents.

   a. _____ a des parents divorcés.

   b. _____ a une mère au foyer.

   c. _____ fait partie d'une famille recomposée.

   d. _____ a des parents indulgents.

   e. _____ a une famille étendue.

   f. _____ a un père exigeant.

   g. _____ a une situation sécurisante.

   h. _____ a des parents qui travaillent beaucoup.

   i. _____ a des bons rapports avec sa mère.

   j. _____ a un père absent.

3. Indicate what memories each of them has about their childhood.

   a. _____ était proche de ses oncles et tantes.

   b. _____ était une enfant rebelle.

   c. _____ avait des complexes.

   d. _____ n'était pas pratiquante.

   e. _____ avait une vision du monde.

   f. _____ ne se sentait pas seul.

   g. _____ vivait mal l'absence de ses parents.

   h. _____ n'aimait pas se sentir différente.

Écrivons

7-15   Mon enfance : avant d'écrire. You will write two paragraphs to describe an activity you frequently did when you were younger. Before writing your description, make notes about the following topics or details in French.

Activité : _____

Quand ? _____

Où ? _____

Avec qui ? _____

Autres détails : _____

7-16   Mon enfance : en écrivant. Now write and then reread your paragraphs describing the activity mentioned in **7-15**. Think about the following questions as you check your work: Did you use the **imparfait** when talking about habitual actions or providing background information? Which verbs did you write in the **passé composé**? Check that you made the appropriate tense choice between **imparfait** and **passé composé** for each verb. Make sure you used the appropriate auxiliary (**avoir** or **être**) and the correct form of the past participle for the **passé composé**.

MODÈLE   *Quand j'avais douze ans, je jouais au softball tout l'été. Mon père était l'entraîneur de notre équipe. J'aimais beaucoup les filles qui jouaient avec moi… Un jour il y avait un match spécial. Nous jouions contre nos rivales, les Hornet. Pour une fois, nous gagnions, quand soudainement notre meilleure joueuse est tombée. Nous avons attendu quelques instants mais elle a dû quitter le match. Quand nous avons recommencé à jouer, nous étions tristes pour notre amie, nous n'étions plus concentrées et nous avons finalement perdu !*

_____

_____

_____

_____

_____

_____

_____

_____

_____

Leçon ② Les grands èvènements de la vie

POINTS DE DÉPART

7-17 **Les vœux.** Imagine that you work as a translator for a greeting card company. Match the French expressions with each of the corresponding situations.

_____ 1. une femme qui fête ses 40 ans

_____ 2. le 25 décembre

_____ 3. un jeune qui a réussi son bac avec mention très bien

_____ 4. un couple qui part en vacances

_____ 5. un couple qui annonce ses fiançailles

_____ 6. le 31 décembre

a. Bon voyage !

b. Félicitations !

c. Bonne année !

d. Meilleurs vœux de bonheur !

e. Joyeux anniversaire !

f. Joyeux Noël !

7-18 **Les photos.** Valérie is looking at Isabelle's family photos. Listen as Isabelle describes each picture, and write down its number next to its title.

_____ 1. C'est mon baptême.

_____ 2. C'est Noël.

_____ 3. C'est mon anniversaire.

_____ 4. Là, c'est quand je suis née.

_____ 5. Ici, nous sommes en vacances.

_____ 6. C'est le jour des Rois.

7-19 **Qu'est-ce que c'est ?** Thierry is helping an American friend learn a few French phrases. Select the occasion when each expression would most likely be used.

1. **a.** C'est le Nouvel an.

   b. C'est Noël.

2. **a.** C'est la Toussaint.

   b. C'est un mariage.

3. **a.** C'est la fête du Travail.

   b. C'est un anniversaire.

4. **a.** C'est un mariage.

   b. C'est Pâques.

5. **a.** C'est un anniversaire de mariage.

   b. C'est la Chandeleur.

6. **a.** C'est Noël.

   b. C'est le jour des Rois.

7-20 **Les fêtes en France.** Associate each celebration with its description below.

_____ 1. la Chandeleur

_____ 2. la fête du Travail

_____ 3. Noël

_____ 4. un anniversaire

_____ 5. Pâques

a. Le premier mai, on offre du muguet à ses parents.

b. On offre des œufs en chocolat aux enfants.

c. C'est le 2 février. Traditionnellement, on mange des crêpes.

d. On décore le sapin et on échange des cadeaux.

e. On fête le jour de sa naissance. Il y a un gâteau avec des bougies et aussi des cadeaux !

SONS ET LETTRES

La semi-voyelle /j/

🔊 **7-21   Discrimination.** Listen to the following pairs of words and select the word that contains the semi-vowel /j/.

1. uni	union		**4.** joyeux	joie	
2. loyer	loi		**5.** ennuyeux	ennui	
3. étudie	étudiant		**6.** essai	essayer	

🔊 **7-22   Écoutez bien !** Repeat the following sentences in the pauses provided.

1. Le mariage est mieux considéré que l'union libre.

2. Certains pensent que le mariage est ennuyeux.

3. Les étudiants ont une vision pessimiste de leur avenir professionnel.

4. C'est idiot de dire que Mireille n'est pas travailleuse.

FORMES ET FONCTIONS

1. L'imparfait et le passé composé : d'autres contrastes

🔊 **7-23   Conversations.** While waiting for class, Laurie overhears other students talking. Listen to what they are saying, and select **habitude** if a statement is about a habitual action or enduring state in the past, or **évènement** if it is about an event that occurred at a specific time in the past.

1. habitude	évènement		**4.** habitude	évènement
2. habitude	évènement		**5.** habitude	évènement
3. habitude	évènement		**6.** habitude	évènement

7-24   Des explications raisonnables. Imagine what the following people were doing yesterday instead of what is mentioned.

MODÈLE   Jean-Patrick ne m'a pas téléphoné à huit heures.

Il *parlait* au téléphone avec sa nouvelle copine.

1. Sophie n'a pas travaillé au McDo hier après-midi.

Elle _____ au tennis avec son copain.

2. Nicolas et Laurence n'ont pas fait leurs devoirs entre sept heures et huit heures hier soir.

Ils _____ la télé.

3. Marc n'a pas joué au foot avec ses copains à quatre heures de l'après-midi, comme prévu.

Il _____ une promenade au parc avec sa nouvelle copine.

4. Vous n'avez pas rendu visite à votre grand-mère hier après-midi.

Vous _____ à la bibli pour préparer l'examen.

5. Nous n'étions pas à la piscine hier matin.

Nous _____ malades.

6. Tu n'as pas fait la cuisine.

Tu _____ une pizza au restaurant avec des amis.

7-25 La dernière semaine du semestre. It is the last week of classes before final exams and Mireille's routine has changed a bit. Contrast her routine during the semester with this week's activities by changing the verbs in the **imparfait** to the **passé composé** and the verbs in the **passé composé** to the **imparfait**.

MODÈLE   Le vendredi, elle travaillait au département de mathématiques.

Ce vendredi, elle *a travaillé* à la bibliothèque pour préparer ses examens.

1. Le lundi, elle avait trois cours.

Ce lundi, elle _____ trois examens.

2. Le mardi, elle _____ à onze heures du matin.

Ce mardi, elle s'est levée à huit heures pour réviser.

3. Le mercredi après-midi, elle faisait de la natation à la piscine.

Ce mercredi après-midi, elle _____ du jogging avec une copine.

4. Le jeudi, elle rentrait tard.

Ce jeudi, elle _____ de bonne heure pour travailler.

5. Le vendredi soir, elle ne _____ pas ses cours.

Ce vendredi soir, elle a révisé ses cours.

6. Le week-end, elle sortait avec ses amis.

Ce week-end, elle n'_____ pas _____ avec ses amis.

7-26 Interruptions. Explain why Arthur was very late for class this morning. First, read the cue and write down what Arthur was doing. Then listen and write how he was interrupted.

MODÈLE   You see: dormir

You hear: Le réveil a sonné.

You write: Il *dormait* quand le réveil *a sonné*.

1. s'habiller : Il _____ quand son frère _____ .

2. manger : Il _____ quand sa grand-mère _____ .

3. aller à la fac : Il _____ à la fac quand il _____ un ami.

4. parler avec lui : Il _____ avec lui quand le bus _____ .

5. se dépêcher : Il _____ quand il _____ .

2. Les pronoms complément d'objet me, te, nous et vous

🔊 **7-27   Logique ou illogique ?** Charlotte's family is having a lively conversation. After listening to each exchange, select **logique** if the second statement is a logical response to the first, and **illogique** if it is an illogical response.

1. logique   illogique   4. logique   illogique

2. logique   illogique   5. logique   illogique

3. logique   illogique   6. logique   illogique

7-28   Souvenirs de vacances. Your friend Aurélie is back from vacation. What did she bring home as souvenirs for her friends? Complete the following sentences with an indirect-object pronoun: **me, te, nous, vous.**

MODÈLE   Pour moi ? Elle _m'_ a apporté un beau livre.

1. Pour Jean et toi ? Elle _____ a apporté des cartes postales.

2. Pour toi ? Elle _____ a donné un bracelet.

3. Pour Éric et moi ? Elle _____ a offert des chocolats.

4. Pour ses colocataires et toi ? Elle _____ a offert des affiches.

5. Pour moi ? Elle _____ a donné un joli calendrier.

7-29   La générosité. You have a generous roommate. Complete the following sentences with an indirect-object pronoun: **me, te, nous, vous, lui, leur.**

MODÈLE   À Marc et moi ? Il _nous_ prête ses pulls.

1. À toi ? Il _____ prête sa voiture.

2. À ses camarades de classe ? Il _____ prête ses livres.

3. À son meilleur ami ? Il _____ prête de l'argent.

4. À Jennifer et toi ? Il _____ prête des CD.

5. À moi ? Il _____ prête sa raquette de tennis.

6. À Denis et moi ? Il _____ prête ses bottes.

🔊 **7-30   Entente cordiale.** The family has gathered at Christian's new house and he is on his best behavior. Write down his affirmative answer to each person's request.

MODÈLE   You hear: Tu nous montres le jardin ?

                You write: Bien sûr, je _vous montre_ le jardin.

1. Bien sûr, je _____ le séjour.

2. Bien sûr, je _____ mon CD.

3. Bien sûr, je _____ du champagne ce soir.

4. Bien sûr, je _____ au restaurant.

5. Bien sûr, tu _____ dans la cuisine.

6. Bien sûr, je _____ un gâteau.

Écoutons

7-31   Souvenirs d'enfance : avant d'écouter. Think about your childhood; then write two pleasant memories and two not-so-pleasant memories that you have of that time in your life.

_____

_____

_____

_____

7-32   Souvenirs d'enfance : en écoutant. Now, listen as Robert and Denise compare childhood memories. Select the phrase that best completes each statement below.

1. Quand il était petit, Robert…

    a. faisait du camping en été.

    b. jouait au foot.

    c. regardait le sport à la télé avec son frère et son père.

2. Contrairement à Robert, Denise…

    a. rendait souvent visite à sa famille.

    b. rendait rarement visite à ses grands-parents.

    c. préférait être seule.

3. Le dimanche, Robert…

    a. jouait du piano.

    b. sortait avec ses amis.

    c. écoutait de la musique dans sa chambre.

4. Le dimanche, Denise ne pouvait pas accompagner ses parents parce qu'elle…

    a. ne voulait pas.

    b. avait trop de devoirs.

    c. regardait la télé.

Écrivons

7-33 Un évènement important : avant d'écrire. Choose a picture of one of your family gatherings. You will write a few paragraphs to describe the party and the guests. Before writing your description, complete the following in French.

1. Write a sentence to identify the event.

   (for example: *C'était le jour du baptême de mon cousin.*)

   _____

2. Look at the picture and make a list of people who attended the party.

   (for example: *mon petit cousin, ses parents, ma sœur (la marraine), mon beau-frère...*)

   _____

3. Think of that particular day and make a list of other activities not shown in the picture.

   (for example: *la cérémonie à l'église, la fête chez ma grand-mère, le match de football avec mes cousins et mes oncles...*)

   _____

4. Write a conclusion that gives your impression of the party.

   (for example: *C'était une journée très agréable.*)

   _____

7-34 Un évènement important : en écrivant. Now give your description of the event in at least one complete paragraph using the **imparfait** and the **passé composé** to talk about this past celebration. Be sure to use the **imparfait** for background information and the **passé composé** for events that move the story forward. Remember to use the appropriate auxiliary verb (**avoir** or **être**) and the correct form of the past participle for the **passé composé**. When you've finished writing, look over your work and make any necessary changes, keeping these points in mind.

MODÈLE   *C'était le jour du baptême de mon petit cousin, James. Ma sœur, Stéphanie, était la marraine, et le parrain, c'était mon beau-frère, Frank. Les parents de mon cousin étaient un peu stressés ce jour-là, surtout la maman. Mais, mon cousin, lui, était très sage et très calme...*

D'abord, nous étions à l'église pour la cérémonie. Après nous sommes allés chez ma grand-mère pour une fête avec toute la famille. Nous avons fait un match de football avec mes cousins et mes on-cles. Le match était très drôle...

Finalement, c'était une journée très agréable.

_____

_____

_____

_____

_____

_____

_____

Leçon 3 Les émotions

POINTS DE DÉPART

7-35 L'humeur qui change. Choose the best statement to explain these people's feelings.

MODÈLE votre frère : *Il est heureux parce qu'il a rencontré la femme idéale !*

1. 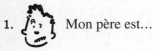 Mon père est…

   a. content parce qu'il a trouvé un nouveau travail.

   b. anxieux parce qu'il a perdu son travail.

   c. triste parce qu'il n'a pas de vacances.

2. Mon colocataire est…

   a. fatigué parce qu'il n'a pas dormi.

   b. furieux parce que sa copine l'a quitté.

   c. triste parce que son grand-père est mort.

3. 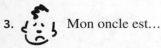 Mon oncle est…

   a. triste parce que ses enfants ne lui rendent pas visite.

   b. gêné parce qu'il a fait une faute.

   c. stressé parce qu'il a trop de travail.

4. 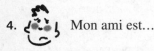 Mon ami est…

   a. jaloux parce que je suis sortie avec des amis sans lui.

   b. surpris parce que nous avons préparé un bon dîner pour lui.

   c. gêné parce qu'il ne m'a pas acheté de cadeau d'anniversaire.

5.  Je suis …

   a. stressé parce que j'ai trois examens et un devoir pour demain.

   b. heureux parce que j'ai gagné un match de tennis.

   c. malheureux parce que mon CD préféré est abîmé.

7-36 Dans le bus. Listen to the comments made by passengers on a crowded city bus. Write the number of each comment next to the most appropriate reaction.

_____ **1.** Calme-toi, voyons !   _____ **3.** Formidable !   _____ **5.** Ah, mince !

_____ **2.** C'est pas vrai !   _____ **4.** Ça m'est égal.   _____ **6.** Pardon, je suis désolé(e) !

7-37 C'est prévisible. Provide a situation that provokes the following emotions in these persons.

MODÈLE   votre mère : fâchée

     Elle est fâchée quand je ne range pas ma chambre.

1. votre colocataire : anxieux/anxieuse

_____

2. votre prof : heureux/heureuse

_____

3. votre meilleur/e ami/e : gêné/e

_____

4. votre ami/e : stressé/e

_____

5. vous-même : ?

_____

7-38 Les ennuis. Listen as family members reassure each other. Match each statement you hear with the scene to which it corresponds.

1. _____   **2.** _____   **3.** _____

4. _____   **5.** _____

SONS ET LETTRES

Les semi-voyelles /w/ et /ɥ/

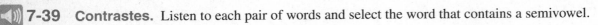 **7-39** **Contrastes.** Listen to each pair of words and select the word that contains a semivowel.

1. nous   noir

2. jouer   joue

3. chou   chouette

4. où   oui

5. puis   j'ai pu

6. j'ai eu   huit

7. salut   saluer

8. la Suisse   j'ai su

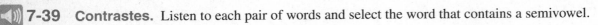 **7-40** **Phrases.** Repeat the following sentences during the pauses, paying careful attention to the semivowels.

1. Louis est joyeux aujourd'hui.

2. J'ai envie de suivre un cours de linguistique.

3. On fait beaucoup de bruit dans la cuisine.

4. C'est bien ennuyeux. Ma voiture ne marche pas.

FORMES ET FONCTIONS

1. Les verbes pronominaux idiomatiques

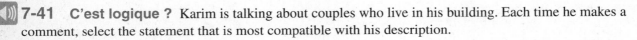 **7-41** **C'est logique ?** Karim is talking about couples who live in his building. Each time he makes a comment, select the statement that is most compatible with his description.

1. a. Ils vont bientôt divorcer.

   b. Ils s'entendent bien.

2. a. Ils viennent de tomber amoureux.

   b. Ils habitent ensemble depuis deux ans.

3. a. Ils se font du souci.

   b. Ils s'entendent bien.

4. a. Ils veulent se détendre.

   b. Ils ne se rappellent pas.

5. a. Elle se promène souvent.

   b. Elle se fâche facilement.

6. a. Les Valois s'inquiètent.

   b. Les Valois se promènent.

7-42 Autrement dit. Choose a verb from the list to express these sentences in a different way.

se dépêcher	s'entendre	s'inquiéter	se rappeler
s'ennuyer	se fâcher	s'intéresser	se téléphoner

MODÈLE Anne arrive toujours en retard.

Elle ne _se dépêche_ jamais.

1. Nous nous parlons au téléphone tous les jours.

Nous _____ tous les jours.

2. Vous aimez beaucoup le cinéma.

Vous _____ au cinéma.

3. Elle n'oublie jamais les noms de ses étudiants.

Elle _____ toujours les noms de ses étudiants.

4. Jeremy et Gregory ne trouvent rien à faire.

Ils _____.

5. Margaux et Sarah sont des bonnes amies.

Elles _____ bien.

6. Tu es souvent en colère.

Tu _____ trop facilement.

7-43 C'est prévisible. Indicate the situations in which the following things happen to each of these people.

MODÈLE s'inquiéter : Ma mère _s'inquiète quand j'arrive un peu en retard._

1. se fâcher : Mon père _____.

2. s'énerver : Mon prof de français _____.

3. s'amuser : Mes amis _____.

4. s'embrasser : Ma mère et moi _____.

5. s'ennuyer : Mes amis et moi _____.

6. se dépêcher : Je _____.

🔊 **7-44   Réactions.** Listen to Cédric recount the day's events. Choosing from the verbs listed below, indicate his probable reaction to each situation.

s'amuser	s'ennuyer	s'inquiéter
se dépêcher	se fâcher	se reposer

MODÈLE   You hear: Il est en retard pour son cours d'économie.

You write: *Il se dépêche.*

1. _____

2. _____

3. _____

4. _____

5. _____

2. *Les verbes* voir *et* croire *et la conjonction* que

7-45   Qu'est-ce qu'on voit ? Indicate what the following people are seeing, based on their location, using the correct subject pronouns and the correct conjugation of the verb voire.

MODÈLE   Sarah est au stade. <u>*Elle voit*</u> un match de foot ou un match de base-ball.

1. M. et Mme Colin sont en centre-ville.

_____ la mairie et un restaurant.

2. Isabelle est au centre commercial (*mall*) avec des amis.

_____ un café et beaucoup de magasins.

3. Vous êtes au cinéma.

_____ un film.

4. Nous sommes à la résidence universitaire.

_____ nos amis et leurs chambres.

5. Tu es au zoo.

_____ des girafes et des hippopotames.

6. Je suis dans ma chambre.

_____ une belle affiche et mon reflet dans le miroir.

🔊 **7-46   Qu'est-ce qu'ils disent ?** Anaïs and her family are talking over dinner. Match each statement you hear with the relevant response.

_____ 1. Je crois que nous devons boire du champagne pour fêter cela alors !

_____ 2. Tu ne crois pas qu'il exagère un peu ? Achète-lui juste un autre CD.

_____ 3. Super ! Je vais aller le voir.

_____ 4. Tu crois qu'ils vont se séparer ?

_____ 5. C'est normal, elle a quatre ans...

_____ 6. Ma sœur va y aller... Elle veut la voir sur scène.

7-47   Les vedettes. Compare these different people's opinions about the following celebrities.

MODÈLE   Orlando Bloom : vous / vos amies / votre prof de français

Je *crois qu'* il est super.

Mes amies *croient qu'* il est très beau et sexy.

Mon prof de français *croit qu'* il est assez ordinaire.

1. Juliette Binoche : moi / mon amie Chelsea / mes parents

Je _____ elle est douée et très belle.

Elle _____ elle ne parle pas bien anglais.

Ils _____ elle a bien joué dans le film *Chocolat*.

2. Gérard Depardieu : toi / mon colocataire et moi / ton père

Tu _____ il n'est pas très beau.

Nous _____ il est drôle, surtout dans *Astérix et Obélix : mission Cléopâtre*.

Il _____ c'est un bon ambassadeur pour la France.

3. Jennifer Lopez : mon père / mes amis / vos sœurs et vous

Il _____ elle a eu trop de fiancés et de maris.

Ils _____ c'est une très belle femme mais une mauvaise actrice.

On _____ elle n'est plus très à la mode.

4. Julia Roberts : toi / mon père / mes grands-parents

Tu _____ c'est une très bonne actrice.

Il _____ elle est très belle avec son grand sourire.

Ils _____ c'est une bonne mère maintenant qu'elle a des enfants.

7-48   Devinettes. Élodie is describing members of her family. Associate each person she mentions with the most logical statement according to her description.

_____ 1. Arthur   a. voit ses amis tous les jours.

_____ 2. Adèle et Fabrice   b. croit que la vie est belle !

_____ 3. Romane   c. ne voit pas souvent son père.

_____ 4. Thierry et sa copine   d. croit qu'il va participer aux Jeux Olympiques un jour.

_____ 5. Séverine   e. croient en Dieu.

_____ 6. Robert   f. ne croient pas au mariage.

Écoutons

7-49   Des émotions bien variées : avant d'écouter. Describe briefly in French the situations in which you experience the following emotions.

MODÈLE   la colère : *quand ma sœur emprunte mes affaires sans me demander*

1. l'inquiétude : _____

2. la surprise : _____

3. l'embarras : _____

4. la joie : _____

🔊 **7-50 Des émotions bien variées : en écoutant.** Now listen as Sandrine's friends confide in her, expressing their feelings about various events in their lives.

1. The first time you listen, associate each person with the expressed emotion.

   _____ 1. Marie   **a.** Elle est surprise.

   _____ 2. Estelle   **b.** Elle est gênée.

   _____ 3. Odile   **c.** Elle est fâchée.

   _____ 4. Camille   **d.** Elle est heureuse.

   _____ 5. Océane   **e.** Elle est inquiète.

2. The second time you listen, associate each person with the reason they give to explain their emotions.

   _____ 1. Marie   **a.** Bernard n'appelle pas et ne répond pas aux messages.

   _____ 2. Estelle   **b.** Elle a une invitation à dîner mais elle doit travailler.

   _____ 3. Odile   **c.** Sa sœur se marie.

   _____ 4. Camille   **d.** Sophie a emprunté sa voiture sans lui demander.

   _____ 5. Océane   **e.** Alex est très en retard ; d'habitude il est en avance.

Écrivons

7-51 Les études à l'étranger : avant d'écrire. Imagine that you are getting ready to spend a year in France as a foreign student. You will write an e-mail to a friend who knows you well. Before writing your e-mail, complete the following activities.

1. Make a list of the emotions you could feel in this context. Remember not to use the word *excité*; it is a false cognate that does not mean "excited." Instead, use the word *impatient : je suis impatient/e de partir en France.*

   (for example: *content, stressé, un peu anxieux*)

   _____

   _____

2. Make a list of your uncertainties and fears.

   (for example: *Est-ce que je vais pouvoir comprendre les Français ? Est-ce que je vais aimer la cuisine ?*)

   _____

   _____

   _____

3. Make a list of your hopes and expectations for this experience abroad.

   (for example: *parler mieux français, rencontrer des étudiants français, visiter Paris*)

   _____

   _____

7-52   Les études à l'étranger : en écrivant. Write your e-mail, incoporating your ideas and notes from activity **7-51**.

MODÈLE   *Cher Carl,*

Comme tu le sais (know), je vais partir dans quelques semaines étudier en France. Je suis très content, mais il reste encore beaucoup de choses à faire. Je suis un peu anxieux... Et parfois je me pose des questions. Est-ce que je vais comprendre les gens quand ils parlent français ? Est-ce que...

J'espère (hope) que je vais parler mieux français après mon séjour et...
Amitiés,

Richard

_____

_____

_____

_____

_____

Lisons

7-53   La détresse et l'enchantement : avant de lire. You are going to read an excerpt from the autobiography of a French-Canadian writer, Gabrielle Roy. This passage describes the shopping trips she often took with her mother when she was a little girl. Before you read the passage, answer the following questions in English.

1. Think about a memorable shopping excursion you took with an older family member when you were a child. What kind of feelings are evoked by this memory?

   _____

   _____

2. Gabrielle Roy discusses her experience growing up Francophone in a non-Francophone region of Canada (Manitoba). What kind of things would you expect her to mention?

   _____

   _____

7-54   La détresse et l'enchantement : en lisant. As you read, look for the following information, and select the appropriate answer(s) for each question below.

(Note: You will see the verb **demanda** in the literary past tense. You should recognize this as the verb **demander**.)

1. When did they leave for their shopping trips?

   _____ only on weekends   _____ early in the morning   _____ later, after work

2. How did they travel?

   _____ by bus   _____ on foot   _____ by bike   _____ by car

3. What was her mother's mood when they started off? Select all answers that apply.

   _____ angry   _____ anxious   _____ dreamy   _____ embarrassed

   _____ happy   _____ optimistic   _____ sad   _____ worried

4. The author mentions two possible scenarios for how the day would unfold once they had arrived at Eaton's. Indicate what determined whether it would be a good or a bad day.

_____ the price of needed items   _____ her mother's mood   _____ the weather

5. Select all the things that would happen on a good day.

_____ mother was assertive   _____ often met a neighbor

_____ found very good deals   _____ daughter behaved in store

_____ had time to do her shopping   _____ had pleasant conversations

_____ demanded help in French

6. Select all the things that would happen on a bad day.

_____ mother spoke English from the start with lots of gestures

_____ daughter misbehaved in store

_____ sometimes had serious misunderstandings

_____ had no time to do her shopping

_____ too many people in the store to shop conveniently

Nous partions habituellement de bonne heure, maman et moi, et à pied (*on foot*) quand c'était l'été… En partant, maman était le plus souvent rieuse (*laughing*), portée à l'optimisme et même au rêve (*dream*), comme si de laisser derrière elle la maison, notre ville, le réseau (*network*) habituel de ses contraintes et obligations, la libérait…

C'était à notre arrivée chez Eaton seulement que se décidait si nous allions oui ou non passer à la lutte (*struggle*) ouverte. Tout dépendait de l'humeur de maman…

Si maman était dans ses bonnes journées, le moral haut… elle passait à l'attaque. Elle exigeait (*demanded*) une de nos compatriotes pour nous venir en aide. Autant maman était énergique, autant, je l'avais déjà remarqué, le chef de rayon était obligeant. Il envoyait vite quérir (*request*) une dame ou une demoiselle une telle, qui se trouvait souvent être de nos connaissances, parfois même une voisine. Alors s'engageait… la plus aimable et paisible des conversations…

Mais il arrivait à maman de se sentir vaincue (*defeated*) d'avance, lasse (*tired*) de cette lutte toujours à reprendre, jamais gagnée une fois pour toutes, et de trouver plus simple, moins fatigant de « sortir », comme elle disait, son anglais.

Nous allions de comptoir en comptoir. Maman ne se débrouillait (*get by*) pas trop mal, gestes et mimiques aidant. Parfois survenait une vraie difficulté comme ce jour où elle demanda « a yard or two of chinese skin to put under the coat… », maman ayant en tête (*in her head*) d'acheter une mesure de peau de chamois pour en faire une doublure (*lining*) de manteau.

Gabrielle Roy, *La détresse et l'enchantement*. © Fonds Gabrielle Roy.

7-55 La détresse et l'enchantement : après avoir lu. Now that you've read the excerpt, answer the following questions in English.

1. The author recounts one episode involving a linguistic misunderstanding. Her mother wanted to buy some chamois cloth to line a coat but asked for something different. Why would the author think this situation was difficult? Why do you think the author chose to include this particular example?

   _____

   _____

   _____

   _____

2. What do you think about the mother's choice to use the French language or the English language when she goes shopping? Do you think one approach was better than the other? Why or why not?

   _____

   _____

   _____

   _____

3. Do you think linguistic situations similar to those evoked in this passage arise in present-day Canada? If so, where might they occur and why? If not, why not?

   _____

   _____

   _____

4. Have you ever been in a situation where you were speaking a foreign language and had a big misunderstanding due to something that you said the wrong way? Or have you ever been in a situation where a foreign person trying to communicate with you said something very strange? Describe the situation(s).

   _____

   _____

   _____

   _____

Venez chez nous !

Les rites et les rituels

7-56 La fête nationale. Visit the **Chez nous** Companion Website and read about the national holidays in France and Québec. From your research, select all the information pertaining to France and Québec, respectively. Note that some information may be applicable to both Québec and France.

   1. Select all the information pertaining to France:

   a. Le jour :

   _____ le 24 juin

   _____ le 14 juillet

   b. Origines historiques :

   _____ la fête de St-Jean-Baptiste

   _____ la prise de la Bastille en 1789

   c. Des activités typiques :

   _____ un défilé militaire

   _____ un défilé de Géants

   _____ des feux d'artifice

   _____ un bal

   _____ des spectacles

   2. Select all the information pertaining to Québec:

   a. Le jour :

   _____ le 24 juin

   _____ le 14 juillet

   b. Origines historiques :

   _____ la fête de St-Jean-Baptiste

   _____ la prise de la Bastille en 1789

   c. Des activités typiques :

   _____ un défilé militaire

   _____ un défilé de Géants

   _____ des feux d'artifice

   _____ un bal

   _____ des spectacles

7-57 **Le Mali et le Maroc.** Your textbook explores rituals existing in these two African countries. It is your turn to introduce these countries as if you were talking to prospective tourists. Visit the **Chez nous** Companion Website and read about **le Mali** and **le Maroc**; then give the following information below.

Le Mali

1. Capitale : _____

2. Chef d'état : _____

3. La monnaie : _____

4. Langues : _____

5. Activités touristiques : _____

_____

_____

Le Maroc

1. Capitale : _____

2. Chef d'état : _____

3. La monnaie : _____

4. Langues : _____

5. Activités touristiques : _____

_____

_____

Video Manual

7-58   Une famille, style marocain. Listen and watch as Fadoua describes her family, using a map and photos. She tells where various members of the family now live and where her parents originally came from.

1. Fadoua lists members of her immediate family. How many people does she mention, not including herself ?

   three   four   five   six

2. Who currently lives in …

   a. Casablanca?   her parents   her younger brother   her older sister

   b. Nice?   her uncle   Fadoua   her grandmother

   c. Auvergne?   her cousins   her younger brother   her older sister

3. Which of her parents is originally from Meknés?

   her mother   her father

4. What are the elements of a traditional Moroccan family, according to Fadoua? Select all that apply.

   having a large family

   having strict parents

   wearing traditional colorful clothing for family gatherings

7-59   Les rites et les rituels. The montage presents images of ceremonies or rituals that take place in the Francophone world. What elements do you see that suggest each of the following events? Answer in English.

1. a national holiday: _____

2. a wedding: _____

3. a family gathering: _____

4. a religious service or celebration: _____

5. a celebration of Christmas and the New Year: _____

6. Are these the same elements you would expect to see for similar celebrations where you live? Explain your answer.

   _____

   _____

Observons

7-60   Rites et traditions : avant de regarder. You may already have completed the **Observons** activity in the **Venez chez nous !** lesson of this chapter. If not, you will find it helpful to go back and complete that activity before moving on to the questions below.

In the clip that you will see, Corinne describes two important events in her life: her baptism and first communion. What do you know about these sacraments of the Catholic Church? If the nature and symbolic meaning of these rituals are unfamiliar to you, visit the **Chez nous** Companion Website to do some basic research before viewing the clip.

_____

_____

_____

7-61   Rites et traditions : en regardant. As you watch and listen, look for and select the answers to the following questions.

1. Corinne parle d'abord … de sa petite cousine.

   a. de la naissance   **b.** du baptême   **c.** de la première communion

2. Pour Corinne, c'était différent ; elle a demandé ce sacrement à l'âge de…

   a. 4 ans.   **b.** 14 ans.   **c.** 15 ans.

3. Cela s'est passé le jour de…

   a. Noël.   **b.** Pâques.   **c.** la Saint-Patrice.

4. Pour sa première communion, Corinne était habillée en…

   a. rose.   **b.** bleu.   **c.** blanc.

5. Après, il y a eu un grand…

   a. repas.   **b.** voyage.   **c.** mariage.

6. La pièce-montée, c'est…

   a. une fête.   **b.** un gâteau.   **c.** un cadeau.

7-62   Rites et traditions : après avoir regardé. Corinne remarks that even non-practicing Catholics in France tend to celebrate baptisms and first communions. Why might this be so, in your opinion? Can you compare these traditions with any traditions in your own family or community?

_____

_____

_____

_____

8 Activités par tous les temps

Leçon 1 Il fait quel temps ?

POINTS DE DÉPART

8-1 La météo. Match each picture with the corresponding season and weather forecast.

1. _____

2. _____

3. _____

4. _____

5. _____

6. _____

a. Il y a un orage. Il fait mauvais.

b. Au printemps, il pleut souvent.

c. Il fait beau, il y a du soleil.

d. C'est l'été. Il fait chaud et il fait lourd.

e. Le ciel est couvert. Il va pleuvoir.

f. C'est l'hiver. Il neige.

8-2 On est bien habillé pour le temps qu'il fait. Indicate the weather condition that corresponds to the type of clothing each of the following people are wearing.

_____ 1. Julie porte une jupe en laine, deux pulls, un foulard et un manteau.

_____ 2. Cyril porte un pantalon et un pull léger.

_____ 3. Sophie porte un imperméable et elle prend son parapluie.

_____ 4. Clara porte un maillot de bain et des sandales.

_____ 5. Romain porte un pull, un jean, un foulard et une veste.

_____ 6. Stéphanie porte un anorak, des bottes et des gants et elle prend son parapluie.

a. Il pleut.

b. Il neige.

c. Il fait assez froid.

d. Il fait très froid.

e. Il fait chaud.

f. Il fait frais.

8-3 Le temps par toutes les saisons. You will hear six weather forecasts. Match each forecast you hear with the sentence that best completes the description.

_____ 1. Il y a des éclairs et du tonnerre.

_____ 2. Il fait beau, mais encore frais sur la côte.

_____ 3. Quel automne ! Prenez votre parapluie !

_____ 4. Il fait chaud et lourd.

_____ 5. C'est l'hiver. Il fait très froid.

_____ 6. Il fait mauvais.

8-4 Autres prévisions. Listen to the evening weather report from a French radio station and select the best description for each city.

1. Lille : [Il y a du brouillard et du verglas. / Il fait chaud et lourd.]

2. Paris : [Le ciel est bleu. / Il fait froid et il gèle.]

3. Caen : [Il y a beaucoup de vent. / Le ciel est gris.]

4. Strasbourg : [Il y a du tonnerre et des éclairs. / Le ciel est couvert et il neige.]

5. Toulouse : [Il y a des nuages mais il ne pleut pas. / Il fait bon et le ciel est bleu.]

6. La Guadeloupe : [Il fait très chaud. / Il fait frais et il y a du brouillard.]

8-5 Les proverbes. Match the following French weather proverbs to their English equivalents.

_____ 1. Après la pluie, le beau temps.

_____ 2. D'avril les ondées, font les fleurs de mai.

_____ 3. Si mars vient en courroux, il deviendra trop doux.

_____ 4. Ciel de juillet rouge au matin est un pluvieux voisin.

_____ 5. Une hirondelle ne fait pas le printemps.

_____ 6. Janvier rigoureux, an très heureux.

a. March comes in like a lion and goes out like a lamb.

b. One swallow does not a summer make.

c. Every cloud has a silver lining.

d. Deep snow in winter, tall grain in the summer.

e. Red sky in the morning, sailors take warning.

f. April showers bring May flowers.

SONS ET LETTRES

La prononciation de la lettre e

🔊 **8-6   Quel genre de** *e* **?** Listen to the following pairs of words and select the word in which the boldface letter **e** is pronounced [ø] as in **deux**.

1. jeter   il jette

2. une leçon   d'espagnol

3. une veste   une chemise

4. retourner   rester

5. premier   dernier

6. restaurant   infirmerie

🔊 **8-7   Le** *e* **instable.** Listen to the following words, paying careful attention to the pronunciation of the boldface **e**'s. Select the word with the underlined **e** if it is pronounced and select the word with the strikethrough **e** if it is not pronounced.

1. [une boulang<u>e</u>rie / une boulang~~e~~rie]

2. [un m<u>e</u>lon / un m~~e~~lon]

3. [une om<u>e</u>lette / une om~~e~~lette]

4. [un r<u>e</u>pas / un r~~e~~pas]

5. [la charcut<u>e</u>rie / la charcut~~e~~rie]

6. [un m<u>e</u>nu / un m~~e~~nu]

FORMES ET FONCTIONS

1. Les questions avec quel *et* lequel

🔊 **8-8   Qu'est-ce que tu dis ?** Listen to the following brief dialogues. Select **logique** if the answer is a logical response to the question, or **illogique** if it is an illogical response.

1. logique   illogique

2. logique   illogique

3. logique   illogique

4. logique   illogique

5. logique   illogique

6. logique   illogique

8-9   Des détails. Complete the following questions with the appropriate form of the interrogative adjective **quel** to ask for more details.

MODÈLE   —Je suis assez sportive. J'aime le football, le basket, la natation et le base-ball.

—*Quels* sports est-ce que tu pratiques ?

1. —J'adore la musique. J'écoute du rap, du hip-hop et du reggae.

—_____ musique est-ce que tu préfères ?

2. —J'adore faire les magasins. J'aime beaucoup les Galeries Lafayette et le Printemps.

—_____ magasins est-ce que tu fréquentes le plus ?

3. —Je parle trois langues.

—_____ langues est-ce que tu parles ?

4. —J'ai beaucoup de cours difficiles ce semestre.

—_____ cours est le plus difficile ?

5. —J'ai beaucoup voyagé avec ma famille.

   —_____ ville est-ce que tu préfères ?

6. —J'adore la littérature française et la littérature russe.

   —_____ écrivain est-ce que tu aimes le plus ?

8-10 Le correspondant. You are answering a letter from your new pen pal from Togo. Select the appropriate form of the interrogative adjective **quel** or of the interrogative pronoun **lequel** to complete the following questions.

1. Tu aimes beaucoup les sports mais [lequel / quel] est-ce que tu pratiques ?

2. Dis-moi, [lesquelles / quelles] langues est-ce que tu parles ?

3. Tu portes des vêtements traditionnels de temps en temps ? [Lesquels / Quels] est-ce que tu mets pour un mariage ?

4. Tu fais la cuisine quelquefois ? [Lequel / Quel] plat est-ce que tu prépares bien ?

5. [Laquelle / Quelle] est la capitale du Togo ?

6. Tu écoutes les chansons de *Magic System*, n'est-ce pas ? [Laquelle / Quelle] chanson est-ce que tu préfères ?

8-11 Au pair. Before Florence's departure to be an au pair in Nice, her mother asks her several questions. Match each question you hear with the most likely response.

_____ 1. le 31 août   _____ 4. Grasse et Cannes

_____ 2. 6 et 8 ans   _____ 5. à 14 h 30

_____ 3. M. et Mme Leblanc   _____ 6. Ils sont dentistes.

2. Les expressions de nécessité

8-12 Les conseils de M. Météo. M. Météo likes to give unsolicited advice along with his weather forecasts on the radio. Complete each forecast by matching it with an appropriate piece of advice.

_____ 1. Quand il y a du vent,   a. il est important de boire souvent.

_____ 2. Quand il y a du verglas,   b. il est nécessaire de mettre des gants et un bonnet.

_____ 3. Quand il fait très chaud,   c. il vaut mieux ne pas sortir pour ne pas tomber.

_____ 4. Quand il y a des éclairs,   d. il est inutile de porter des lunettes de soleil.

_____ 5. Quand il neige,   e. il est utile d'avoir un peigne pour pouvoir souvent se recoiffer.

_____ 6. Quand le ciel est couvert,   f. il ne faut pas rester sous un arbre.

🔊 **8-13   Recommandations.** Sandrine is preparing to go camping with her friends, and her mother gives her advice before the trip. For each statement that you hear, select the most logical response.

1. a. Il vaut mieux rester en groupe pour voyager.

   b. Il est important de bien manger.

2. a. Il faut prendre des pulls et des grosses chaussettes.

   b. Il est important de mettre vos lunettes.

3. a. Alors, il faut prendre tes bottes.

   b. Alors, il faut prendre ton maillot de bain.

4. a. Il vaut mieux prendre un parapluie avec toi.

   b. Il est important de prendre un livre avec toi.

5. a. Il faut toujours écouter tes amis.

   b. Il vaut mieux rester au camping pour vous amuser.

6. a. Il est nécessaire d'écouter la météo pour demain.

   b. Il ne faut pas te coucher tard ce soir.

8-14   Les bons conseils. Give appropriate advice to the following people. Use an expression of necessity such as **il faut**, **il ne faut pas**, **il vaut mieux**, **il est important**, **il est nécessaire**, **il est utile**.

MODÈLE   Votre mère veut visiter le Cameroun.

   Il faut avoir un visa. *Il est important* de ne pas rester trop longtemps au soleil.

1. Votre colocataire veut réussir à son examen de maths mais ne comprend pas la dernière leçon.

   _____ d'aller voir le professeur de maths. Il peut t'aider.

   _____ stresser. _____ étudier avec un tuteur ou des amis bons en maths.

2. Votre sœur veut partir en week-end à la plage avec ses amis.

   _____ de consulter la météo avant de partir. S'il va pleuvoir, _____ ne pas partir.

3. Votre meilleur ami veut étudier dans un pays francophone l'an prochain.

   _____ aller au bureau des Études étrangères pour discuter avec un/e conseiller/ère.
   _____ de faire un peu de recherche sur les programmes en France, en Belgique et en Suisse.

4. Un/e ami/e veut passer ses vacances en Bretagne.

   _____ oublier ton imperméable et tes bottes pour aller en ville quand il fait mauvais. Pour les jours de beau temps, _____ de prendre ton maillot de bain pour aller à la plage. Bien sûr, en bonne touriste, _____ goûter les crêpes et le cidre !

5. Votre prof de français décide d'apprendre l'italien.

   _____ aller en Italie ! _____ de suivre un cours d'été à Florence.

8-15   Les choix. For each situation, select the pieces of advice that could be given.

1. **a.** Il faut mettre des chaussures confortables.

   b. Il est utile de manger une glace avant de partir.

   c. Il est nécessaire d'avoir un peu d'argent sur soi.

   d. Il vaut mieux porter des vêtements à la mode.

2. **a.** Il vaut mieux préparer des sandwichs.

   b. Il n'est pas utile d'apporter de l'eau.

   c. Il faut faire des courses.

   d. Il vaut mieux apporter une couverture (blanket) .

3. **a.** Il est important de bien te maquiller.

   b. Il vaut mieux rester dans la maison.

   c. Il est nécessaire de mettre des bottes et un imperméable.

   d. Il faut prendre une boisson chaude en rentrant.

4. **a.** Il ne faut pas oublier d'inviter tes amis.

   b. Il est nécessaire d'avoir une stéréo.

   c. Il est utile d'avoir un ordinateur.

   d. Il vaut mieux faire des courses.

5. **a.** Il faut faire du jogging ou du sport.

   b. Il vaut mieux porter des baskets.

   c. Il ne faut pas manger beaucoup de bonbons.

   d. Il est important de ne plus aller au McDo.

6. **a.** Il est nécessaire d'avoir un ordinateur.

   b. Il faut suivre des cours de journalisme et de langues.

   c. Il vaut mieux regarder les films à la télé.

   d. Il est important de faire un stage (*internship*) pour un journal.

 # Écoutons

8-16   La météo : avant d'écouter. Select all the weather conditions that might occur during a typical fall season in France.

_____ Il pleut.   _____ Il fait chaud.

_____ Le ciel est couvert.   _____ Il fait 10 degrés.

_____ Il y a du vent.   _____ Le ciel est gris.

_____ Il fait lourd.   _____ Il gèle.

🔊 **8-17   La météo : en écoutant.** Listen to the weather forecast for France.

1. As you listen the first time, select the appropriate weather description for each of the following regions.

   a. Région parisienne : [Le ciel est gris. / Il y a du vent.]

   b. Dans le Nord : [Il fait assez frais. / Il fait assez froid.]

   c. Dans le Sud-Ouest : [Le ciel est bleu. / Le ciel est couvert.]

   d. Sur la Côte d'Azur : [Il y a des nuages. / Il y a du soleil.]

1. Listen a second time and select the appropriate temperature for each of the following regions.

   a. Région parisienne : [12°C / 2°C]

   b. Dans le Nord : [18°C / 8°C]

   c. Dans le Sud-Ouest : [16°C / 6°C]

   d. Sur la Côte d'Azur : [19°C / 29°C]

Écrivons

8-18   Chez nous : avant d'écrire. You are exchanging e-mails with a group of French language students from another university. You will describe the weather of the region where you study to your virtual pen pal who plans on visiting you soon. Follow the steps outlined below, in French.

1. Make a list of the seasons typically found in this region.

   (for example: *Il y a seulement deux saisons : la saison chaude et la saison des pluies.*)

   _____

   _____

2. Describe the weather for each of the seasons mentioned.

   (for example: *En été, la saison chaude, il fait très chaud et…*)

   _____

   _____

3. Name your favorite season and explain why.

   (for example: *Je préfère l'été parce que j'adore aller à la plage et nager.*)

   _____

   _____

4. Make a list of what students usually wear on your campus during each season.

   (for example: *en été : des shorts, des tee-shirts, des jupes, des robes courtes, des sandales…*)

   _____

   _____

5. Using expressions of necessity, provide some advice to your virtual pen pal who is planning to visit your campus soon.

(for example: *En été, il est utile d'avoir des lunettes de soleil.*)

_____

_____

6. Prepare a few questions related to the weather in your pen pal's region, which you will add at the end of your message.

(for example: *Est-ce qu'il pleut beaucoup chez toi ?*)

_____

_____

8-19 Chez nous : en écrivant. Using the information in **8-18**, write a draft of your e-mail. Do not forget to organize your text logically by dividing it into several paragraphs.

MODÈLE *Salut Céline,*

En Louisiane, le climat est assez tropical. Il y a seulement deux saisons : la saison chaude et la saison des pluies. Pendant l'été, la saison chaude, il fait chaud et très lourd. Les étudiants sur le campus mettent des shorts et des tee-shirts. Les femmes mettent aussi des robes et des jupes. Tous les étudiants mettent des sandales…

Pendant la saison des pluies, il pleut beaucoup. Il y a des gros orages avec beaucoup de tonnerre et des éclairs. Les gens mettent des bottes et des imperméables quand ils sortent. Il ne pleut pas tous les jours mais…

Je préfère l'été parce que j'adore aller à la plage. Nous allons souvent à la plage pour nager et pour…

Si tu arrives en été, il est utile d'avoir des lunettes de soleil, ….

Et comment est le climat dans ta région ? Est-ce qu'il pleut beaucoup ?…

Amitiés, Sylvia

_____

_____

_____

_____

_____

_____

_____

_____

_____

Leçon ② On part en vacances !

POINTS DE DÉPART

🔊 **8-20   Des activités par tous les temps.** Match each person with the activity he or she enjoys.

_____ 1. Thomas

_____ 2. Morgane

_____ 3. Astrid

_____ 4. Guillaume

_____ 5. Hong

_____ 6. Estelle

a. faire de l'alpinisme

b. faire de la moto

c. faire du vélo

d. faire du camping

e. faire du cheval

f. faire du ski nautique

8-21   Ça dépend du temps. Based on the weather, indicate which activity one could do in each of the following places.

1. Quand il fait très chaud à la plage, on peut faire…

   a. du surf des neiges.   **b.** de la natation.   **c.** des courses.

2. Quand il neige à la montagne, on peut faire…

   a. du ski.   **b.** du ski nautique.   **c.** du vélo.

3. Quand il fait beau à la campagne, pour manger on peut faire…

   a. des courses.   **b.** la cuisine.   **c.** un pique-nique.

4. Quand il y a du vent à la plage, on peut faire…

   a. du cheval.   **b.** de la voile.   **c.** des achats.

5. Quand il fait beau en ville, on peut faire…

   a. du surf.   **b.** du cheval.   **c.** du tourisme.

🔊 **8-22   Activités diverses.** Natacha and Frédéric are discussing their favorite vacation activities. Indicate where each activity mentioned is most likely to take place by completing the chart below.

	À la montagne	À la plage	À la campagne	En ville
MODÈLE		*faire de la natation*		
1.				
2.				

	À la montagne	À la plage	À la campagne	En ville
3.				
4.				
5.				

8-23 Casse-tête pour les vacances. Look at the clues provided to complete the following crossword puzzle on the theme of vacations.

Horizontalement

6. Quand on part en vacances, il vaut mieux envoyer un mot à ses amis avec une…(2 mots)

8. On peut avoir des … de vacances, des … pour la maison ou pour le futur.

Verticalement

1. Il est nécessaire d'avoir cet objet pour prendre l'avion.

2. C'est un bon endroit pour faire du ski et de la motoneige.

3. C'est un bon endroit pour faire de la voile, du ski nautique, du surf ou simplement nager !

4. La plage est une … fréquente pour les vacances d'été des Français.

5. C'est une façon de se loger à bon marché quand on part en vacances.

7. C'est une activité à faire si on aime le repos ou si on veut manger du poisson.

FORMES ET FONCTIONS

1. Les questions avec les pronoms interrogatifs : qui, que, quoi

8-24 La bonne réponse. Match the appropriate answer with each of the following questions.

_____ 1. Qui est-ce que tu vois sur la plage ? Un acteur ?

_____ 2. À qui est-ce que tu as prêté ta planche de surf ?

_____ 3. Qu'est-ce qu'on mange ce midi ?

_____ 4. Qui a préparé le pique-nique ?

_____ 5. Avec quoi est-ce que tu as fait ta vinaigrette ?

_____ 6. Qu'est-ce que tu veux faire cet après-midi ?

_____ 7. Avec qui est-ce que tu vas danser ce soir ?

a. À mon copain.

b. Moi.

c. Avec mes voisins de camping.

d. Avec un peu de moutarde forte.

e. Simplement me reposer.

f. Oui, c'est Will Smith.

g. Un sandwich, des chips et une salade.

8-25 Les vacances de Claire. Claire is talking about her wonderful vacation in Guadeloupe. Complete each question based on the underlined information from her answers.

MODÈLE   Je vais parler <u>de mes vacances à la Guadeloupe.</u>

De quoi est-ce que tu vas parler ?

1. Je suis allée à la Guadeloupe <u>avec ma sœur et une de ses amies.</u>

   _____ tu es allée à la Guadeloupe ?

2. Elles ont fait <u>de la planche à voile.</u>

   _____ elles ont fait ?

3. <u>J'ai fait des achats</u> et j'ai eu un accident.

   _____ tu as fait avant l'accident ?

4. J'ai marché <u>avec une canne.</u>

   _____ tu as marché ?

5. Après, j'ai rencontré <u>un beau garçon.</u>

   _____ tu as rencontré ?

6. J'ai fait une promenade sur la plage <u>avec ce beau garçon.</u>

   _____ tu as fait une promenade sur la plage ?

8-26 Une excursion. Listen to Stéphane's questions about his friend's weekend, and match each question you hear with the phrase that best answers it.

_____ 1. Avec Hélène et Sabine.

_____ 2. Des vêtements : un pull et un jean.

_____ 3. Des vacances.

_____ 4. Au cinéma puis au café.

_____ 5. C'est Éric.

_____ 6. Le dernier film avec Orlando Bloom.

8-27 Comment ? Lola is talking with her friend Alex at the airport. Each time he tries to say something, however, she misses part of his sentence because it's so noisy. Write the questions she would ask for clarification.

MODÈLE   You hear: J'ai fait du … hier.

              You write: *Qu'est-ce que tu as fait hier ?*

1. _____

2. _____

3. _____

4. _____

5. _____

2. Les verbes connaître et savoir

8-28 Les connaissances. Do the following people know each other personally? Complete each sentence appropriately for the specified group of people, as modeled in the two sample sentences.

MODÈLES   Moi / mes colocataires

             Je *les connais* personnellement.

             Ma grand-mère / mon professeur de français

             Elle *ne le connaît pas* personnellement.

1. Mon prof de français / le président de la France

    Il _____ personnellement.

2. Mes grands-parents / Brian Williams

    Ils _____ personnellement.

3. Ma sœur et moi / nos cousins

    Nous _____ personnellement.

4. Moi / mon prof de français

    Je _____ personnellement.

5. Mes amis et moi / le/la président/e de l'université

    On _____ personnellement.

6. Toi / le président des USA

    Tu _____ personnellement.

8-29 Conversations. Didier's grandmother does not always respond logically to his questions. For each statement that you hear, select **logique** if her response is logical, or **illogique** if it is illogical.

1. logique	illogique		4. logique	illogique
2. logique	illogique		5. logique	illogique
3. logique	illogique		6. logique	illogique

220 CHEZ NOUS STUDENT ACTIVITIES MANUAL

Nom : _____   **Date :** _____

8-30   Mais bien sûr ! Match each sentence fragment with the phrase that logically completes it.

_____ 1. Mon prof de français connaît...

_____ 2. On connaît...

_____ 3. J'ai connu...

_____ 4. Ce matin, elle a su...

_____ 5. Est-ce que vous savez...

_____ 6. Il sait...

_____ 7. Est-ce que tu connais...

a. où ils se sont rencontrés ?

b. que son mari a eu un accident.

c. bien Paris.

d. calmer les enfants. C'est un bon prof.

e. les voisins qui habitent en face de chez nous.

f. la fiancée de mon frère ?

g. Sabrina l'été dernier.

8-31   Curiosité. Claire wants to get better acquainted with her new friend Ozoua, who is from Togo. For each cue that you hear, complete the questions that Claire might ask Ozoua, using **connaître** or **savoir**.

MODÈLE   You hear: Paris

You write: Est-ce que *tu connais Paris* ?

1. Est-ce que tu _____ ?

2. Est-ce que tu _____ ?

3. Est-ce que tu _____ ?

4. Est-ce que tu _____ ?

5. Est-ce que tu _____ ?

6. Est-ce que tu _____ ?

Écoutons

8-32   Des vacances ratées : avant d'écouter. Think about your ideal vacation and make a list, in French, of five things that it would include.

_____

_____

8-33   Des vacances ratées : en écoutant. Now, listen to Patrick as he talks about his vacation in France on the Côte d'Azur and select the appropriate pieces of information that describe each day. Note that there is more than one correct answer choice for each day.

1. Jeudi :   _____ Il a fait un temps splendide.   _____ Il a fait froid.

              _____ On a fait des achats en ville.   _____ On a fait du cheval sur la plage.

2. Vendredi : _____ Il a fait un soleil éclatant.   _____ Il y a eu beaucoup de vent.

              _____ Il y a eu un orage.   _____ Nous sommes allés à la plage pour nager.

              _____ Nous avons fait du surf.   _____ Nous avons dû retourner à l'hôtel.

3. Samedi :   _____ Il a fait beau et chaud.   _____ Il a fait mauvais.

              _____ On a joué aux cartes à l'hôtel.   _____ On est allé à la piscine de l'hôtel.

4. Dimanche : _____ Le ciel était bleu et   _____ Le ciel était couvert.
le soleil brillait.

_____ Nous avons décidé de rester   _____ Nous sommes rentrés à Paris.
plus longtemps en vacances.

Écrivons

8-34 **L'agence de tourisme : avant d'écrire.** Imagine that you work at a travel agency and have been asked to create a tourist brochure.

First, choose a destination from the following list: **sur la Côte d'Azur**, **à la Martinique**, **dans les Alpes**, **à Bruxelles**.

Then, visit the **Chez nous** Companion Website to find information on these destinations.

Finally, provide the following information from your research in French:

la meilleure saison : _____

_____

le temps qu'il fait pendant cette saison : _____

_____

les activités possibles : _____

_____

les vêtements qu'il est nécessaire d'emporter (*bring*) : _____

_____

8-35 **L'agence de tourisme : en écrivant.** Now write the tourist brochure, using the information provided in **8-34**.

MODÈLE   *Sur la Côte d'Azur il fait très beau au printemps et en automne. Il ne pleut pas beaucoup et il fait...*
En été, il fait assez chaud.

     À la plage, on peut faire du ski nautique, de la planche à voile et... On peut aussi faire une promenade ou... Il y a aussi beaucoup d'endroits pour faire du tourisme.

     Le climat est très agréable, donc il est nécessaire d'emporter (to bring) des shorts, des sandales, et des robes d'été...

_____

_____

_____

_____

_____

_____

_____

_____

_____

Leçon ③ Je vous invite

POINTS DE DÉPART

8-36 Qu'est-ce qu'on peut faire ? Match each place with an activity that is logically done there.

_____ **1.** Au cinéma ?

_____ **2.** Au café ?

_____ **3.** Au théâtre ?

_____ **4.** Au musée ?

_____ **5.** Chez des amis ?

_____ **6.** Au stade ?

a. voir une exposition

b. jouer à un jeu de société

c. voir un film

d. boire un verre

e. assister à un concert de rock

f. voir une pièce

8-37 Comment inviter. You are in a café and overhear people suggesting various activities to their friends. Select the most appropriate reply to each invitation or suggestion that you hear.

1. a. Désolé, mais je dois travailler.

   b. Oui, mais je dois travailler.

   c. Si, mais mon mari ne peut pas.

2. a. Oui, on va au cinéma ?

   b. C'est très gentil à vous.

   c. Merci, mais j'ai trop faim.

3. a. Je regrette. J'ai un rendez-vous ce matin.

   b. D'accord. À quelle heure ?

   c. Non, je n'aime pas beaucoup les musées.

4. a. Si, mais je travaille jusqu'à 18 h 00.

   b. J'y suis déjà allé.

   c. Oui, je n'aime pas beaucoup le théâtre.

5. a. D'accord. Je ne suis pas libre.

   b. Bonne idée. Je passe chez toi à 19 h 30.

   c. Pourquoi pas au café à 19 heures ?

6. a. Non, je préfère aller danser.

   b. Chouette ! J'adore ça.

   c. D'accord. À ce soir.

8-38 Invitations. Jérôme is inviting his friends to do various things with him. Listen to each invitation, and then select the most likely reply, on the basis of the cue provided.

1. Rachel va au cinéma demain soir :

   a. Je suis désolée, je suis déjà prise.

   b. Oui, avec plaisir !

2. Corinne et Élise travaillent samedi soir :

   a. Quelle bonne idée, volontiers !

   b. C'est dommage, on travaille.

3. Mattéo aime les arts :

   a. Volontiers, j'adore Matisse.

   b. D'accord. Je suis ravi d'aller au cinéma avec toi.

4. Benjamin doit aller chez le dentiste après les cours :

   a. Je regrette, mais j'ai un rendez-vous.

   b. C'est gentil à toi, je suis libre après les cours.

5. M. et Mme Boilot sont très sociables :

   a. Bien sûr, avec plaisir.

   b. Vous êtes libres ?

6. Charlotte est sportive :

   a. D'accord ! On y va ensemble !

   b. C'est gentil à toi mais je ne suis pas libre.

8-39 Des invitations. Answer the following invitations according to your own tastes or availability.

MODÈLE   « Tu veux nous accompagner au théâtre voir une pièce de Beckett ? »

Non, je regrette, mais je n'aime pas beaucoup le théâtre de l'Absurde.

OU   *Oui, avec plaisir, j'adore Beckett.*

1. « Tu es libre samedi ? On va au ciné voir un film comique avec Chris Rock. »

_____

2. « On organise une fête vendredi soir. Tu es libre ? »

_____

3. « On sort ensemble ce week-end ? Je veux aller danser. »

_____

4. « Vous êtes libre jeudi à midi ? Le département organise une petite réception. »

_____

5. « Tu ne veux pas nous accompagner au musée voir l'exposition de sculpture ? »

_____

SONS ET LETTRES

Le *h* aspiré et le *h* muet

8-40 Aspiré ou pas ? Listen to the following phrases. Select the phrase with a dash in between words if you hear a liaison to the consonant pronounced before the word beginning with **h** (*un h muet*) and select the phrase with the **h** in bold if you do not hear any liaison (*un h aspiré*).

1. [un **h**armonica / un–harmonica]

2. [un **h**amburger / un–hamburger]

3. [un **h**omard / un–homard]

4. [des **h**uîtres / des–huîtres]

5. [des **h**aricots / des–haricots]

6. [des **h**abits / des–habits]

8-41 Phrases. Repeat the following sentences, paying careful attention to the aspirate and inaspirate **h**'s.

1. Les harengs sont moins bons que les huîtres.

2. Les Hollandais aiment les histoires drôles.

3. Les tomates à l'huile d'olive, c'est un bon hors d'œuvre.

4. Cet homme n'a pas l'habitude de manger des haricots.

5. En hiver, le temps est humide à Hambourg.

FORMES ET FONCTIONS

1. La modalité : devoir, pouvoir et vouloir

8-42 **On a gagné au Loto.** Your friends, Delphine et Rémi, won 100,000 euros in the French lottery. Using the verb **pouvoir** in the conditional, give them suggestions on how to put this money to good use.

MODÈLES   à Delphine : « _Tu pourrais_ acheter une nouvelle voiture. »

à Delphine et Rémi : « _Vous pourriez_ faire un voyage à Paris. »

1. à Delphine : « _____ aider ta petite sœur à payer ses frais de scolarité. »

2. à Rémi : « _____ acheter des perles pour ta femme. »

3. à Rémi : « _____ manger dans un bon restaurant tous les soirs. »

4. à Delphine et Rémi : « _____ acheter une nouvelle maison. »

5. à Delphine : « _____ acheter des nouvelles chaussures. »

6. à Delphine et Rémi : « _____ donner de l'argent aux pauvres. »

8-43 **Quels sont les projets ?** Mathilde and her parents are discussing what they should do tonight. Listen to their conversation and select **ordre** if the sentence you hear is a direct order, and **suggestion** if the sentence you hear is more of a suggestion or a piece of advice.

1. ordre   suggestion   4. ordre   suggestion

2. ordre   suggestion   5. ordre   suggestion

3. ordre   suggestion   6. ordre   suggestion

8-44 **Des suggestions.** Select the appropriate advice for the following situations. More than one answer will apply for each.

1. Céline voudrait mieux manger, mais elle n'a pas beaucoup de temps.

   a. Elle pourrait manger des fruits et des crudités.

   b. Elle voudrait s'inscrire dans un cours de cuisine.

   c. Elle devrait arrêter de manger du chocolat.

2. Thomas voudrait sortir avec ses amis mais il n'a pas beaucoup d'argent.

   a. Il devrait rester chez lui.

   b. Ils pourraient aller faire une promenade en ville.

   c. Ils devraient aller voir l'exposition gratuite à la bibliothèque municipale.

3. Stéphane voudrait inviter Aline à déjeuner.

   a. Il devrait l'inviter dans un bon restaurant.

   b. Ils ne devraient pas aller au McDo.

   c. Il pourrait demander à Aline de faire la cuisine.

4. Vos parents sont fatigués de leur journée au travail.

   a. Ils devraient passer une soirée tranquille à la maison.

   b. Ils pourraient regarder un film à la télé.

   c. Ils ne devraient pas rester à la maison.

5. Mélinda aime la danse classique.

   a. Elle devrait assister à un ballet.

   b. Elle ne devrait pas écouter de musique classique.

   c. Elle pourrait s'inscrire à des cours de danse.

6. Guillaume voudrait voir quelque chose d'artistique ce soir.

   a. Il devrait faire du jogging.

   b. Il pourrait voir une pièce au théâtre.

   c. Il devrait assister à l'exposition sur les peintres impressionnistes.

8-45 Le critique. Hervé is rather severe in his critique of the restaurant he went to with his friends. Reformulate his statements to soften his remarks.

MODÈLE   You hear: Le service doit être meilleur.

You write: Le service *devrait* être meilleur.

1. Le menu _____ être plus clair.

2. Les serveurs _____ être plus rapides.

3. Les desserts _____ être moins secs (*dry*).

4. Vous _____ dîner dans un autre restaurant.

5. Je ne _____ plus jamais manger ici.

6. Ce restaurant _____ fermer !

2. Les expressions indéfinies et négatives

8-46 Les sorties. You overhear bits of conversation while in line at the movie theater. Select **logique** if the second sentence is a logical response to the first, and **illogique** if it is illogical.

1. logique   illogique   4. logique   illogique

2. logique   illogique   5. logique   illogique

3. logique   illogique   6. logique   illogique

8-47 Un invité difficile. Marc has a very difficult guest who refuses everything. Complete his answers with one of the following negative expressions: **ne ... rien**, **ne ... personne** or **ne ... jamais**.

MODÈLES   —Tu veux boire un coca ?   —Non, je _ne_ bois _rien_.

—Tu veux jouer aux échecs ?   —Non, je _ne_ joue _jamais_ aux échecs.

1. —Tu veux manger une glace ?

—Non, je _____ mange _____ .

2. —Tu veux regarder la télé ?

—Non, je _____ regarde _____ la télé.

3. —Tu veux boire du thé ?

—Non, je _____ bois _____ de thé.

4. —Tu veux sortir avec mon frère et ses amis ?

—Non, je _____ sors avec _____ .

5. —Tu veux écouter la radio ?

—Non, je _____ écoute _____ la radio.

6. —Tu veux prendre l'apéritif avec nous ?

—Non, je _____ prends l'apéritif avec _____ .

8-48 D'accord. Once you decided to accept your guest's negative responses, he changed his mind. Use one of the following indefinite expressions: **quelque chose**, **quelqu'un** or **quelquefois** to complete his current answers.

MODÈLES   —D'accord, je ne te sers rien à boire.

—Mais si ! Sers-moi _quelque chose_ à boire !

—D'accord, on ne rend visite à personne.

—Mais si ! Rendons visite à _quelqu'un_.

1. —D'accord, je ne te sers rien à manger.

—Mais si ! Sers-moi _____ à manger !

2. —D'accord, on n'écoute rien à la radio.

—Mais si ! Écoutons _____ à la radio !

3. —D'accord, on ne sort avec personne.

—Mais si ! Sortons avec _____ !

4. —D'accord, on ne discute avec personne.

—Mais si ! Discutons avec _____ !

5. —D'accord, on ne prend l'apéritif avec personne.

—Mais si ! Prenons l'apéritif avec _____ !

6. —D'accord, on ne s'amuse jamais.

—Mais si ! Amusons-nous _____ !

8-49 Mauvaise langue. Jean-Luc always thinks the worst of his friends. Provide a more balanced view by correcting his negative statements.

MODÈLE   You hear: Il n'a rien mangé.

You write: Si, il a mangé *quelque chose* !

1. Si, il dîne avec nous _____ .

2. Si, il fait _____ le soir.

3. Si, il la partage _____ .

4. Si, il a invité _____ .

5. Si, _____ lui a téléphoné.

6. Si, il a acheté _____ pour nous.

Écoutons

8-50   Des projets pour ce soir : avant d'écouter. Your friend Denise has left several messages on your answering machine proposing possible activities for this evening. You listen to them when you get home. Remember, we often listen to messages more than once, even in our native language, particularly when trying to record precise information. What sorts of precise information might you expect Denise's messages to include? Answer in English.

_____

_____

8-51   Des projets pour ce soir : en écoutant. Now listen to Denise's messages and select the correct information for each category below.

1. **a.** Activité N° 1 :   _____ un match de volley en plein air   _____ un festival de cinéma en plein air

   _____ un concert en plein air   _____ du théâtre en plein air

   b. Heure :   _____ 10 h 00   _____ 14 h 00   _____ 22 h 00

   c. Coût :   _____ 6 euros   _____ 12 euros   _____ 16 euros

2. **a.** Activité N° 2 :   _____ un ballet de danse moderne   _____ un match de hockey

   _____ une pièce de théâtre   _____ une exposition de sculptures

   b. Heure :   _____ 20 h 30   _____ 21 h 30   _____ 22 h 30

   c. Coût :   _____ 15 euros   _____ 25 euros   _____ 35 euros

3. **a.** Activité N° 3 :   _____ assister à un concert de rock   _____ participer à un concours de poker

   _____ danser   _____ écouter un trio de jazz

   b. Heure :   _____ 19 h 00   _____ 20 h 00   _____ 21 h 00

   c. Coût :   _____ 5 euros   _____ 10 euros   _____ 15 euros

 Écrivons

8-52   Un week-end typique : avant d'écrire. You work for the admissions office of your university and have been asked to write a letter to prospective students. Describe a typical weekend on your campus by describing what you did last weekend. Follow the steps outlined below, in French.

1. Make a list of the activities you participated in last weekend.

(for example: *aller au ciné, discuter dans un petit café, manger du pop-corn*)

_____

_____

2. Make a list of places you went to.

(for example: *au ciné, au café, rester à la résidence universitaire*)

_____

_____

3. Describe the weather.

(for example: *il a plu*)

_____

_____

4. Provide some general advice for prospective students about the weather on your campus.

(for example: *Quand il fait beau, vous devriez aller à la piscine.*)

_____

_____

8-53   Un week-end typique : en écrivant. Write your letter using the information provided in **8-52**. Do not forget to include words such as **d'abord**, **ensuite**, **puis** and **après** to organize the activities you mention. Keep in mind that one of the goals of this letter is to encourage a prospective student to choose your university, so make sure your letter provides an interesting and enthusiastic description of your own activities and opportunities on campus.

MODÈLE   *Vous voulez étudier à l'Université de… ? C'est une bonne idée. Nous faisons beaucoup de choses le week-end. Par exemple, le week-end dernier a été très typique. Il a plu comme toujours au printemps. Je suis allée au ciné avec mes colocataires. On passe beaucoup de films sur le campus. Après, nous avons discuté dans un petit café. Ensuite, …*

   Il y a vraiment beaucoup d'activités pour les étudiants sur notre campus. Vous pourriez faire beaucoup de choses l'an prochain. Quand il fait beau, vous devriez aller à la piscine, elle est très grande…

Amicalement, Anne-Marie

_____

_____

_____

_____

_____

_____

_____

_____

_____

_____

Lisons

8-54   La pluie : avant de lire. This passage is from a collection of short stories about a mischievous little boy and his friends. A game similar to dodgeball, **la balle au chasseur**, figures prominently in this excerpt. Before you read the text, answer the following questions in English.

1. Describe the behavior of a typical little boy in school on a normal day.

_____

_____

2. How might that same little boy behave on a day when it is raining outside and the children can't go out for recess?

_____

_____

8-55 La pluie : en lisant. As you read, select the appropriate answer to the following questions about the passage.

1. What weather does Nicolas prefer? Why?
   a. He likes the rain because he stays home from school and plays with his electric train.
   b. He likes the rain because his dad stays home with him and they can play together.

2. What does Eudes suggest that they do?
   a. He suggests they play hide and seek.
   b. He suggests they play dodgeball.

3. How does Rufus react to Eudes' suggestion?
   a. He thinks Eudes has an excellent idea because they will not get bored.
   b. He thinks Eudes is crazy because they will get in trouble and will probably break a window.

4. What does Joachim suggest as a solution to the problem mentioned by Rufus?
   a. He suggests opening the windows.
   b. He suggests asking the teacher to go outside anyway.

5. What does Agnan do while the others play?
   a. He reviews his history lesson, reading aloud and covering his ears.
   b. He writes down all the names of the children playing while the teacher is absent.

6. What is the teacher's reaction to the boys?
   a. She yells at them and congratulates Agnan for his nice behavior.
   b. She yells at them and tells them to close the windows.

La pluie

Moi, j'aime bien la pluie quand elle est très, très forte, parce qu'alors je ne vais pas à l'école et je reste à la maison et je joue au train électrique. Mais aujourd'hui, il ne pleuvait pas assez et j'ai dû aller en classe…

Ce qui est embêtant, c'est que pour la récré on ne nous laisse pas descendre dans la cour pour qu'on ne se mouille (*get wet*) pas.… Et puis la cloche (*bell*) a sonné, et la maîtresse nous a dit : « Bon, c'est la récréation : vous pouvez parler entre vous, mais soyez sages. »
—Allez, a dit Eudes. On joue à la balle au chasseur ?
—T'es pas un peu fou ? a dit Rufus. Ça va faire des histoires avec la maîtresse, et puis c'est sûr, on va casser une vitre (*break a windowpane*) !
—Ben, a dit Joachim, on n'a qu'à ouvrir les fenêtres !
Ça, c'était une drôlement bonne idée, et nous sommes tous allés ouvrir les fenêtres, sauf (*except*) Agnan qui repassait sa leçon d'histoire en la lisant tout haut, les mains (*hands*) sur les oreilles (*ears*). Il est fou, Agnan ! Et puis, on a ouvert la fenêtre ;… on s'est amusés à recevoir l'eau sur la figure, et puis on a entendu un grand cri : c'était la maîtresse.…
—Mais vous êtes fous ! elle a crié, la maîtresse. Voulez-vous fermer ces fenêtres tout de suite !
—C'est à cause de la balle au chasseur, mademoiselle, a expliqué Joachim.

Source : Sempé / Goscinny, *Le petit Nicolas et les copains.* © Éditions Denoël, 1963.

8-56 La pluie : après avoir lu. Now that you've read the text, answer the following questions.

1. Did you find the text entertaining or humorous? Why? Do you think this incident is typically French, or is it universal? Provide examples to support your answer.

   _____

   _____

   _____

2. Imagine a day in your childhood when it rained or snowed. Write four sentences in French about what you did that day and how that day was special or different from days when it was nice outside.

   _____

   _____

   _____

   _____

   _____

   _____

Venez chez nous !

Vive les vacances !

8-57   C'est où ? Find the capital cities of the following Francophone islands. Visit the **Chez nous** Companion Website to find information on the following places.

_____ 1. La Guadeloupe

_____ 2. Les Seychelles

_____ 3. Haïti

_____ 4. L'île Maurice

_____ 5. La Polynésie française

_____ 6. La Martinique

_____ 7. La Réunion

a. Victoria

b. Saint-Denis

c. Basse-Terre

d. Port-au-Prince

e. Fort-de-France

f. Port Louis

g. Papeete

8-58   Les DOM. Visit the **Chez nous** Companion Website in order to discover the following information about **les départements d'outre-mer**, **Martinique** and **la Guyane française**.

1. La Martinique

Situation géographique : _____

Climat : _____

Chef-lieu : _____

Population : _____

Langues : _____

Économie : _____

2. La Guyane française

Situation géographique : _____

Climat : _____

Chef-lieu : _____

Population : _____

Langues : _____

Économie : _____

Video Manual

8-59   La Côte d'Azur, destination de rêve. In this clip, Fabienne explains why Nice and the Côte d'Azur are "dream destinations."

1. What do you already know about this region, which we call "the Riviera"?

_____

_____

2. Now listen to her description, and note three positive features that she mentions:

a. _____

b. _____

c. _____

3. Were any of these features surprising to you? Why, or why not? Are any unique to the Côte d'Azur?

_____

_____

8-60   Vive les vacances ! This video montage presents a wide variety of vacation activities in Francophone regions. Select all the activities that you see in the clip. If any of the expressions are unfamiliar, use familiar words you know or recognize, the context, and the process of elimination to make educated guesses about their meaning.

_____ danser

_____ faire du bateau

_____ faire du bronzage

_____ faire une course de chiens en traîneau

_____ faire de la luge

_____ faire de la natation

_____ faire de la pêche

_____ faire des promenades

_____ faire du shopping

_____ faire du ski

_____ faire une visite touristique

_____ goûter des spécialités régionales

_____ jouer aux boules

_____ faire du cheval

Observons

8-61   Des superbes vacances : avant de regarder. You may already have completed the **Observons** activity in the **Venez chez nous !** lesson of this chapter. If not, you will find it helpful to go back and complete that activity before moving on to the questions below. In this video clip, Marie-Julie describes her homeland, Québec.

1. List two facts that you already know about Québec.

_____

_____

2. What cities or other places in Québec have you visited or heard of?

_____

_____

8-62 Des superbes vacances : en regardant. Watch the video clip and answer the following questions.

1. Which of the following locations are mentioned by Marie-Julie?

_____ la Gaspésie   _____ le Rocher Percé

_____ l'île Bonaventure   _____ la région de Montréal

_____ le lac St-Jean   _____ la région de Québec

Find each of these places on a map of Québec.

2. Look at the photos of **le Rocher Percé** and **l'île Bonaventure**. Why might tourists be interested in visiting these places, in your opinion?

Le Rocher Percé en Gaspésie

L'île Bonaventure avec ses oiseaux

_____ C'est très beau.   _____ On peut aller danser dans les boîtes.

_____ On peut nager.   _____ On peut observer la nature.

_____ On peut aller à la pêche.   _____ On peut aller au cinéma.

_____ On peut faire du bateau.

3. Marie-Julie recommends la Gaspésie particularly for its . . .

_____ beauty   _____ cities   _____ sports activities

8-63 Des superbes vacances : après avoir regardé. Have you visited any of the places that Marie-Julie describes? If not, would you like to? Why or why not?

_____

_____

_____

_____

Voyageons !

Leçon Projets de voyage

POINTS DE DÉPART

9-1 Rev'Afrique. Complete the following travel descriptions with the appropriate means of transportation from the list below. Note that Paris is the place of departure, and pay attention to the country of destination indicated in each adventure.

à moto	à vélo	en car	en taxi	en voiture 4X4
à pied	en bateau	en minibus	en voiture	l'avion

MODÈLE   *La Réunion en liberté* : tour auto

On prend *l'avion* pour arriver à la Réunion et ensuite on voyage *en voiture*.

1. *Océan Indien :* cocktail d'îles tropicales

   On prend _____ pour arriver et après quand on se déplace d'une île à l'autre, on voyage _____ .

2. *Madagascar :* circuit en 4X4 ou minibus

   On prend _____ pour arriver à Madagascar et ensuite on voyage _____ et _____ .

3. *Le grand tour du Sénégal*

   On prend _____ pour arriver à Dakar et après on voyage _____ .

4. *Okavango safari*

   On prend _____ pour arriver et après on voyage _____ .

5. *Maroc :* les villes impériales

   On prend _____ pour arriver et après on voyage _____ .

6. *Zanzibar :* visite de l'île aux épices à vélo

   On prend _____ pour arriver à Zanzibar et ensuite on fait des promenades _____ et _____ .

🔊 **9-2 Comment y aller ?** Marianne works in a travel agency. Listen as she talks about her clients' travels, and write down the means of transportation she has arranged for each.

MODÈLE You hear: M. Drouet fait une randonnée à vélo dans l'Aveyron.

You write: M. Drouet fait une randonnée ___*à vélo*___ dans l'Aveyron.

1. Les Smith retournent en Angleterre _____ .

2. Pour aller à Versailles, prenez _____ .

3. Ils sont allés en Russie _____ .

4. Les Lefèvre font un circuit en Corse _____ .

5. Pour voyager dans Paris, je vous conseille de prendre _____ .

6. Pour partir en Belgique, vous pouvez louer _____ .

9-3 Moyens de transport habituels. Tell which means of transportation the following people usually use in these situations.

MODÈLE Une mère de famille / pour faire les courses

D'habitude, elle *prend la voiture* pour faire les courses.

1. Un jeune homme qui n'a pas de voiture / pour aller au travail

D'habitude, il _____ pour aller au travail.

2. Une famille / pour rendre visite à leurs grands-parents loin de chez eux

D'habitude, ils _____ pour rendre visite aux grands-parents.

3. Une femme d'affaires quand elle arrive à l'aéroport / pour aller à son hôtel

D'habitude, elle _____ .

4. Un prof qui adore faire de la moto / pour aller à la fac

Quand il fait beau, il _____ .

5. Un enfant qui habite près de l'école / pour aller à l'école

D'habitude, il va à l'école _____ .

9-4 Vous n'avez rien oublié ? Imagine that you are visiting Paris with a friend. You are about to leave the hotel to visit the city. Look at the list of things you have in your hotel room and select whether you will leave each object in your suitcase at the hotel or take them along in your backpack.

1. deux tee-shirts de Paris	dans la valise	dans le sac à dos
2. la clé de la chambre d'hôtel	dans la valise	dans le sac à dos
3. les clés de votre appartement aux États-Unis	dans la valise	dans le sac à dos
4. les souvenirs achetés hier	dans la valise	dans le sac à dos
5. un plan de Paris	dans la valise	dans le sac à dos
6. votre portefeuille	dans la valise	dans le sac à dos
7. une carte de crédit	dans la valise	dans le sac à dos
8. votre gros dictionnaire français-anglais	dans la valise	dans le sac à dos
9. votre appareil photo numérique	dans la valise	dans le sac à dos
10. des lunettes de soleil	dans la valise	dans le sac à dos

9-5 **Excursions.** M. and Mme Leclerc are thinking about what they need to take with them on a trip. Match each of M. Leclerc's statements that you hear with the item he is describing.

_____ **1.** un portefeuille   _____ **4.** un appareil numérique

_____ **2.** une carte bancaire   _____ **5.** un carnet d'adresses

_____ **3.** les passeports   _____ **6.** les clés

SONS ET LETTRES

La liaison obligatoire

9-6 **Discrimination.** Listen to the following phrases and select the letter of the phrase where you hear a **liaison**.

1. a   b   **4.** a   b

2. a   b   **5.** a   b

3. a   b   **6.** a   b

9-7 **Répétition.** Listen to the following sentences and repeat them orally, paying careful attention to the **liaisons**.

1. Nous avons attendu l'avion pendant trois heures.

2. Les hôtels sont souvent des grands immeubles.

3. Nous sommes allés au mauvais aéroport.

4. Nous avons admiré des beaux oiseaux aux Antilles.

5. Ils ont acheté des nouveaux appareils numériques.

FORMES ET FONCTIONS

1. Le futur

9-8 **Projets de vacances.** Antoine and Sabine are discussing their vacation plans. For each statement that you hear, select **c'est sûr** if the plan is definite and select **c'est moins sûr** if the plan is less definite.

1. c'est sûr   c'est moins sûr   **4.** c'est sûr   c'est moins sûr

2. c'est sûr   c'est moins sûr   **5.** c'est sûr   c'est moins sûr

3. c'est sûr   c'est moins sûr   **6.** c'est sûr   c'est moins sûr

9-9 Les prédictions. Make predictions for the year 2040 with the verbs from the list below. You may use the same verb twice if necessary.

avoir	faire	manger	~~travailler~~
être	habiter	savoir	voyager

MODÈLE   Mes parents ne *travailleront* plus.

1. Ils _____ partout dans le monde.

2. Mon ami/e et moi _____ mariés et nous _____ deux enfants.

3. Nous _____ à Paris.

4. Je _____ parler français parfaitement.

5. Notre fille _____ des études à la Sorbonne.

6. Notre fils _____ chef d'entreprise.

9-10 Optimisme. A group of friends is leaving to go away together in one week. Listen as they divide the tasks to be completed. Select the verb form that you hear for each statement.

1. téléphonerai   téléphonerez   4. feront   ferons

2. iront   irons   5. descendrons   descendront

3. chercherai   chercherez   6. appelleras   appellera

9-11 Après les études. What will your life be like in ten years? Write a short paragraph of four or five sentences to describe your future as you see it.

MODÈLE   *Dans dix ans, je serai prof de français dans un lycée. Je serai mariée et j'aurai deux ou peut-être trois enfants. J'habiterai en Floride. Avec ma famille, j'irai souvent à la plage et nous ferons du vélo . . .*

_____

_____

_____

_____

_____

_____

_____

2. Le pronom y

9-12 On y va. Write the name of a logical place in which each of the following activities can be done.

MODÈLE   Les étudiants y vont pour acheter leurs livres.   *à la librairie*

1. J'y vais pour nager. _____

2. Ils y sont allés pour voir la tour Eiffel. _____

3. Elle promet d'y aller demain matin pour déposer le chèque. _____

4. Ils voudraient y aller voir Mickey et Donald avec les enfants. _____

5. Mes amis y vont pour jouer au foot. _____

6. Nous y avons mangé hier soir. C'était très élégant. _____

7. C'est une ville cosmopolite canadienne. On y parle français et anglais. _____

8. Les profs y travaillent. _____

9-13 Devinettes. Based on the reasons people give, indicate where each person is probably going by matching the statement with the appropriate destination.

_____ 1. à l'aéroport   _____ 5. à la banque

_____ 2. en Allemagne   _____ 6. au bord de la mer

_____ 3. dans les Alpes   _____ 7. en Italie

_____ 4. en Angleterre   _____ 8. à Paris

9-14 La curiosité. A curious friend asks you some personal questions. Answer logically according to the context, using the pronoun **y**.

MODÈLE   Tu vas souvent à la campagne ?

               Non, *j'y vais* très peu.

1. Est-ce que tu allais régulièrement chez le dentiste quand tu étais enfant ?

   Oui, _____ deux fois par an.

2. Est-ce que ton prof de français est allé en Afrique ?

   Non, le prof _____ .

3. Quand est-ce que tu vas aller à la bibliothèque pour travailler ?

   _____ demain soir et après-demain.

4. Tes parents ont passé les vacances en Europe l'été dernier ?

   Oui, _____ des superbes vacances.

5. Quand est-ce que tu vas dîner chez tes parents cette semaine ?

   _____ mercredi soir et dimanche après-midi.

6. On a besoin de sel. Quand est-ce que tu vas au supermarché ?

   _____ demain matin. Est-ce qu'on a besoin d'autre chose ?

9-15 Itinéraires. You and a friend are planning a trip. Fill your friend in on the details by responding affirmatively to her questions using the pronoun **y**.

MODÈLE   You hear: On va d'abord à Paris ?
You write: Oui, _on y va_ d'abord.

1. Oui, _____ plusieurs jours.

2. Oui, _____ .

3. Oui, _____ déjà _____.

4. Oui, _____ .

5. Oui, _____ bientôt.

Écoutons

9-16 Prêt pour le départ ! avant d'écouter. Imagine that you are leaving for a trip abroad. Select all the items you would most likely put in your carry-on bag.

_____ un sac à dos   _____ un porte-monnaie   _____ une valise

_____ un passeport   _____ une carte de crédit

9-17 Prêt pour le départ ! en écoutant. Sylvie and Bertrand are going to Tunisia on their honeymoon. When they arrive at the airport, they realize that one of their bags is missing.

1. Listen once and select all the items from the list below that were in their lost bag.

_____ un appareil numérique   _____ des passeports   _____ un plan de la ville

_____ des clés de voiture   _____ une carte de crédit   _____ un permis de conduire

_____ des lunettes de soleil   _____ un portefeuille   _____ un porte-monnaie

2. Listen a second time and select all the appropriate information, according to what you hear.

a. Quand ils arriveront à l'hôtel, Bernard et Sylvie se reposeront.

b. Quand ils arriveront à l'hôtel, Bernard et Sylvie iront à la piscine pour se détendre.

c. Demain, ils téléphoneront à l'aéroport.

d. S'ils ne retrouvent pas leur sac, ils seront en colère.

e. S'ils ne retrouvent pas leur sac, ils iront faire des achats à Tunis.

Écrivons

9-18 **Un bon itinéraire : avant d'écrire.** You are preparing an itinerary for a Francophone friend who is going to spend a few weeks in your region this summer with her or his family. Write an e-mail to your friend to suggest some ideas. To begin, complete the following steps.

1. List two or three cities that your friends could visit.

   (for example: *Atlanta*, *Orlando*)

   _____

   _____

2. Describe two or three activities they can do in each city.

   (for example: *visiter la Tour CNN, visiter la maison de Coca-Cola*)

   _____

   _____

3. Indicate when and where you will meet them.

   (for example: *la semaine du 23 juillet à Orlando*)

   _____

   _____

4. Choose one or two activities that you will do together.

   (for example: *aller à Disney World*)

   _____

   _____

9-19 **Un bon itinéraire : en écrivant.** Now draft your e-mail. Remember to use words such as **d'abord**, **ensuite**, **puis**, and **enfin** to organize your ideas in your paragraphs.

MODÈLE *Chère Isa,*

J'attends avec impatience ta visite. Je serai si contente de te voir. J'ai envie de connaître tes parents et ta petite sœur, Anne.

J'ai quelques idées pour votre visite. Je sais que vous voulez visiter Atlanta. À Atlanta, vous pourrez voir la Tour CNN et la maison de Coca-Cola. Ensuite...

Enfin, je vous verrai la semaine du 23 juillet à Orlando. J'arriverai à l'aéroport le 23 à 10 h 25. Nous irons à Disney World ensemble et...

À très bientôt,

Mélanie

Re-read your e-mail and make sure you suggested some activities that this Francophone family will do on their own and others you will do together. Make sure the verbs you use to mention the things you will do are conjugated in the appropriate form of the **futur**.

_____

_____

_____

_____

_____

_____

_____

_____

Leçon ② Destinations

POINTS DE DÉPART

9-20 Dans quel pays ? Choose a travel possibility from the list below for each of the following persons according to their descriptions.

l'Allemagne	l'Argentine	la Belgique	le Cameroun
la Chine	la Colombie	~~l'Espagne~~	la France
le Japon	~~le Portugal~~	le Sénégal	la Suisse

MODÈLE   Pablo parle espagnol et portugais : il adore l'Europe.

Il pourrait visiter _l'Espagne_ ou _le Portugal_.

1. M. Marchand adore l'Afrique et il parle français.

   Il pourrait visiter _____ ou _____ .

2. Rachid aime bien les cultures de l'Asie de l'Est.

   Il pourrait visiter _____ ou _____ .

3. Mme Charles s'intéresse à l'Amérique latine.

   Elle pourrait visiter _____ ou _____ .

4. Iman apprend l'allemand.

   Elle pourrait visiter _____ ou _____ .

5. J'apprends le français.

   Je pourrais visiter _____ ou _____ .

 9-21 Les passeports. Karim works for a cruise line and must inquire about passengers' nationalities before they disembark. For each statement that you hear, write down the person's country of origin.

MODÈLE   You hear: Je suis algérienne.

   You write: l'_Algérie_

1. le _____   4. le _____

2. le _____   5. l' _____

3. l' _____   6. la _____

9-22 **Qui vit dans ce pays ?** Find the answers to the following clues in the following grid. Be aware that the words could be backward, forward, up, or down.

1. Choi vit au Vietnam, il est…

2. Rachid vient du Maroc, il est…

3. Martens parle flamand et français, il est…

4. Hou-Chi vit en Chine, il est…

5. Zachary vit au Cameroun, il est…

6. Adler vient du Brésil, il est…

7. Calisto vit au Portugal, il est…

8. Jan vient des Pays-Bas, il est…

O	N	E	I	M	A	N	T	E	I	V	T
E	A	X	H	F	C	V	A	R	D	H	S
L	C	A	M	E	R	O	U	N	A	I	S
E	P	E	Z	I	P	T	T	Z	V	C	P
N	H	I	K	E	G	L	E	B	A	G	C
I	B	Y	U	C	G	D	L	G	H	B	H
A	B	P	O	R	T	U	G	A	I	S	I
C	S	I	A	D	N	A	L	R	E	É	N
O	K	E	O	W	J	P	K	N	T	J	O
R	A	K	K	P	S	S	A	P	R	B	I
A	U	H	Q	P	H	H	W	S	W	U	S
M	S	N	E	I	L	I	S	É	R	B	U

9-23 **En croisière.** On a cruise ship, Hélène meets people from all over the world. For each of her questions, select the most logical response.

1. a. —Oui, je suis italienne.

   b. —Oui, je suis anglaise.

2. a. —Oui, nous sommes français.

   b. —Oui, nous sommes canadiens.

3. a. —Oui, je suis japonaise.

   b. —Oui, je suis chinoise.

4. a. —Oui, on est brésilien.

   b. —Oui, on est camerounais.

5. a. —Oui, je suis sénégalaise.

   b. —Oui, je suis australienne.

6. a. —Oui, je suis colombien.

   b. —Oui, je suis marocain.

SONS ET LETTRES

La liaison avec t, n *et* r

🔊 **9-24   Liaison ?** Listen carefully to the following groups of words, and select the words that contain a liaison consonant.

1. le dernier avion

2. un grand hôtel

3. huit étudiants

4. mes vieux amis

5. un gros homme

6. les autres étés

7. un petit ordinateur

8. mon oncle

9. un avocat

10. le prochain arrêt

🔊 **9-25   Phrases.** Repeat each of the following sentences orally after the speaker, in the pause provided.

1. Voici Massimo, il est italien. C'est un bon ami à nous.

2. Je suis heureuse de faire votre connaissance. Très heureuse.

3. Vous êtes déjà allé en Italie ?

4. Non, mais nous y allons cet été.

5. Nous partons le vingt-et-un juillet.

FORMES ET FONCTIONS

1. Les prépositions avec des noms de lieux

9-26   Jeopardy. Imagine that you are playing French Jeopardy, and the category is **Les pays et les continents.** Based on the answers given, complete each question.

MODÈLE   le Canada : Quel est le plus grand pays qui se trouve *en Amérique du Nord* ?

1. la Chine : Quel est le plus grand pays qui se trouve _____ ?

2. le Mexique : Quel pays hispanophone se trouve _____ ?

3. la Belgique : Dans quel pays _____ est-ce qu'on parle flamand et français ?

4. l'Argentine : De quel pays _____ provient le tango ?

5. la Côte-d'Ivoire : Dans quel pays _____ se trouve la ville d'Abidjan ?

9-27   J'aime la géographie. Zéphyr is sharing his knowledge of geography. Complete all of his statements with the appropriate preposition.

MODÈLE   Il y a des Africains francophones *au* Cameroun, *en* Côte-d'Ivoire, *au* Maroc et *au* Sénégal.

1. On parle espagnol _____ Espagne, _____ Colombie, _____ Argentine, _____ Mexique et aussi _____ États-Unis.

2. On parle français et arabe _____ Maroc et _____ Tunisie.

3. Il y a des économies très fortes _____ Canada, _____ Japon, _____ Chine et _____ États-Unis.

4. On parle portugais _____ Portugal et _____ Brésil, mais c'est aussi une langue officielle _____ Mozambique et _____ Angola.

9-28   Les escales. Patrick is a pilot who has been all over the world. Listen to each of his statements and indicate the location of his layovers by selecting the appropriate answer.

1. a. Il est allé en Italie.

   b. Il est allé en Belgique.

2. a. Il est allé aux États-Unis.

   b. Il est allé en Suisse.

3. a. Il est allé au Portugal.

   b. Il est allé au Mexique.

4. a. Il est allé au Sénégal.

   b. Il est allé au Japon.

5. a. Il est allé en Allemagne.

   b. Il est allé en Espagne.

6. a. Il est allé en Colombie.

   b. Il est allé en Algérie.

9-29   Moi aussi ! Leïla wants to travel the world; whenever one of her friends mentions a place, she indicates that she would like to go there. Listen to her friends' statements and complete her responses. Be careful with the use of prepositions.

MODÈLE   You hear: Mon professeur est du Sénégal.

   You write: Je voudrais aller *au Sénégal*.

1. Je voudrais aller _____ .

2. Je voudrais aller _____ .

3. Je voudrais aller _____ .

4. Je voudrais aller _____ .

5. Je voudrais aller _____ .

6. Je voudrais aller _____ .

2. Le verbe venir

9-30   Combien ? While waiting for your plane, you overhear a woman talking about her children and grandchildren. For each statement that you hear, select **1** if the subject of the sentence is one person and **1+** if it is more than one person.

1. 1   1+

2. 1   1+

3. 1   1+

4. 1   1+

5. 1   1+

6. 1   1+

7. 1   1+

8. 1   1+

9-31   Déductions. Indicate where the following people are coming from according to the cues.

MODÈLE   Sophie a visité Buckingham Palace. Elle *revient d'Angleterre*.

1. Thibaut et Claire ont visité Cannes et Paris.

   Ils _____ .

2. Coralie a rendu visite à son cousin allemand à Berlin.

   Elle _____ .

3. Nous avons visité Dakar et l'île de Gorée.

   Nous _____ .

4. Ma mère et ma sœur ont visité Pékin.

   Elles _____ .

5. J'ai fait un stage à Québec.

   Je _____ .

9-32   Le Commissaire Maigret. Imagine that you are Maigret, the famous detective. Explain what your suspects have just done according to the following information.

MODÈLE   Karine porte un maillot de bain. Elle *vient de nager* à la piscine.

1. Benoît a sa guitare.

   Il _____ de la musique avec des amis.

2. M. et Mme Moreau sont bien habillés.

   Ils _____ dans un bon restaurant.

3. Les Girardet ont une nouvelle voiture.

   Ils _____ une nouvelle voiture.

4. Laurent et Élodie sortent du McDo.

   Ils _____ des hamburgers et des frites.

5. Olivier a l'air fatigué.

   Il _____ du sport.

9-33   Programme. Marcel and Jacqueline are about to take a vacation in Asia. Listen as they review their travel plans, and complete each of their statements by writing down the subject and verb form that you hear.

MODÈLE   You hear: Je viens de téléphoner à l'agence.

                You write: *Je viens* de téléphoner à l'agence.

1. L'agent de voyages est absent. _____ bientôt.
2. _____ de plus en plus impatient.
3. _____ nous chercher à 8 h 00.
4. _____ ce soir pour prendre le chat.
5. _____ juste de finir les bagages.
6. _____ dans deux semaines.

Écoutons

9-34   Les voyages organisés : avant d'écouter. Imagine that you could make a trip around the world. Make a list, in French, of the countries you would most like to visit.

_____

_____

9-35   Les voyages organisés : en écoutant.

1. Estelle Picard and Christophe Fouquier are attending an information session on organized trips presented by the travel company **Voyage ensemble**. The first time you listen, select the destinations offered by the travel agent.

_____ la Tunisie   _____ l'Espagne   _____ l'Argentine   _____ l'Italie

_____ l'Australie   _____ l'Angleterre   _____ le Mexique   _____ la Martinique

2. The second time you listen, identify the destinations Estelle and Christophe have chosen.

a. Christophe : _____ l'Argentine _____ la Chine _____ la Tunisie

b. Estelle : _____ l'Australie _____ l'Italie _____ la Tunisie

3. The third time you listen, tell why each person chose his or her destination. There may be more than one answer.

a. Christophe : _____ Il aime les pays exotiques.

_____ Il veut des vacances tranquilles.

_____ Il veut sortir de sa routine.

_____ Il veut amener du travail du bureau.

b. Estelle : _____ Elle veut se détendre.

_____ Elle adore les randonnées.

_____ Elle adore les musées et l'histoire.

_____ Elle aime ce pays parce qu'il est romantique.

Écrivons

9-36 Le tour du monde : avant d'écrire. Imagine that you traveled around the world in 80 days like Philéas Fogg and Passepartout, the main characters of *Le tour du monde en quatre-vingts jours* by Jules Verne. After reading an excerpt of this novel in activity **9-25** in your textbook, you are about to talk to a group of high school students about your experience. Begin by completing the following steps.

1. Make a list of countries and cities you visited.

(for example: *France : Paris, Lyon ; Japon : Tokyo ; Sénégal : Dakar, St-Louis*)

_____

_____

2. Make a list of the languages that you have heard or that you have spoken.

(for example: *le français, le japonais, le wolof*)

_____

_____

3. Choose two or three places you would like to describe. For each place, write two or three adjectives.

(for example: *la ville de Paris : belle, agréable, animée*)

_____

_____

4. Write one or two sentences to tell which place you preferred and why.

(for example: *J'ai préféré la ville de Paris parce que c'est une ville très belle et...*)

_____

_____

9-37   Le tour du monde : en écrivant. Now write your speech about your travel experiences. Be sure to include all the elements you provided in **9-36** and check to see that you used the appropriate preposition for each country you mentioned. Have you used the **passé composé** for punctual events and **imparfait** for habitual actions and descriptions?

MODÈLE   *Pendant mon superbe voyage, j'ai visité la France, le Japon et le Sénégal.*

En France, je suis allé à Paris et à Lyon. J'ai préféré Paris parce que... J'ai vu des choses intéressantes comme... Je pouvais aussi parler un peu français. Les gens m'ont compris !

J'ai aussi visité le Japon. Les habitants de Tokyo parlaient japonais. À Tokyo, j'ai mangé beaucoup de poisson.

À mon avis, Paris c'est la meilleure ville du monde parce que...

_____

_____

_____

_____

_____

_____

_____

_____

_____

_____

Leçon 3 Faisons du tourisme !

POINTS DE DÉPART

9-38 Des bonnes vacances. Working at a travel agency, you have to propose lodgings to your customers. Match the lodging that corresponds to each of the following descriptions.

_____ 1. La famille Smith adore la nature et les activités en plein air. Ils n'ont pas beaucoup d'argent.

_____ 2. Les Durand veulent faire du vélo en Bourgogne et avoir un bon contact avec les gens de la région.

_____ 3. Les Dumont vont voyager en Égypte avec leurs trois enfants adolescents. Ils préfèrent rester en ville.

_____ 4. Jeunes mariés, Rémi et Sophie ont économisé beaucoup d'argent pour leur voyage à Paris.

_____ 5. Trois amis veulent voyager en Europe cet été et rencontrer d'autres étudiants pendant leur voyage.

a. un gîte rural

b. un hôtel de luxe

c. une auberge de jeunesse

d. un camping

e. un hôtel

9-39 Un peu d'histoire. Théo, a history student, is looking for an interesting weekend destination. Listen to his friend' suggestions and match the number of each description with the corresponding site.

1. _____   2. _____   3. _____

4. _____   5. _____   6. _____

9-40   À Abidjan. Look at the map below and complete the directions you need to take to go to each of the following places. Use a word from the list below. Remember that expressions such as **au coin de**, **en face de**, and **jusqu'à** change forms according to the word following them; for instance, it is **au coin de la rue** but **au coin du boulevard**.

continuer	à droite	au coin de
prendre	à gauche	en face de
tourner	la droite	jusqu'à
	la gauche	tout droit

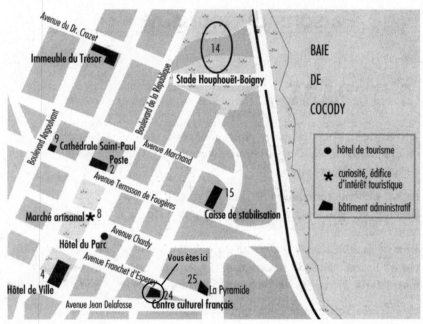

MODÈLE   à l'Hôtel de Ville : Vous _prenez_ l'avenue Franchet d'Esperey _jusqu'au_ boulevard de la République ;
tournez _à gauche_ ; l'Hôtel de Ville est sur _la droite_.

1. à La Pyramide : Vous tournez _____ dans l'avenue Franchet d'Esperey ; la Pyramide est
   sur _____ .

2. au Marché artisanal : Vous _____ l'avenue Franchet d'Esperey _____
   boulevard de la République ; _____ à droite ; le Marché artisanal est _____
   boulevard de la République et de l'avenue Chardy.

3. au Stade Houphouët-Boigny : Vous _____ l'avenue Franchet d'Esperey _____
   boulevard de la République ; tournez _____ ; _____ tout droit jusqu'à
   l'avenue du Dr. Crozet ; le stade est sur _____ .

4. à la Cathédrale Saint-Paul : Vous _____ l'avenue Franchet d'Esperey _____
   boulevard de la République ; _____ à droite ; continuez _____ jusqu'à
   l'avenue Terrasson de Fougères ; tournez _____ ; la cathédrale est _____
   l'avenue Terrasson de Fougères et du boulevard Angoulvant.

5. à l'Hôtel du Parc: Vous _____ l'avenue Franchet d'Esperey _____ boulevard de la République ; _____ à droite ; l'Hôtel du Parc est _____ boulevard de la République et de l'avenue Chardy _____ Marché artisanal.

9-41　**Renseignons-nous.** Roger is a receptionist at the Office of Tourism in Cahors. Listen to his conversations with French tourists. For each statement that you hear, select the most logical response.

1. a. —Prenez à droite au Boulevard Gambetta, et tournez à gauche dans la rue du Président Wilson, vous le verrez au bout de la rue.

　 b. —Il faut leur téléphoner.

2. a. —Il y a l'hôtel Valentré, c'est un hôtel deux étoiles.

　 b. —Le moins cher, c'est de rester à l'auberge de jeunesse.

3. a. —Non, mais vous pouvez utiliser cet ordinateur pour aller sur Internet.

　 b. —C'est cela, le camping se trouve près de la rivière.

4. a. —Alors, il faut visiter la Tour des Pendus, c'est un site touristique.

　 b. —Alors, il faut aller dans un gîte rural.

5. a. —Le lac de Catus est à trente minutes d'ici.

　 b. —Ce n'est pas très loin. Voici une carte de la région pour vous aider.

6. a. —Bonne idée. Avec votre tente, vous pouvez vous arrêter dans des campings.

　 b. —Il vaut mieux rester dans votre caravane le soir.

FORMES ET FONCTIONS

1. *Les pronoms relatifs* où *et* qui

9-42　**Le tourisme.** Complete the following definitions with the appropriate relative pronoun, **où** or **qui**.

MODÈLE　　un Centre de congrès : C'est un bâtiment *où* il y a des grands congrès (*conventions*).

1. un hôtel : C'est un logement _____ peut coûter assez cher.

2. l'office du tourisme : C'est un endroit _____ on peut trouver des renseignements.

3. un gîte rural : C'est un logement _____ est pratique pour avoir un contact avec les gens.

4. un château : C'est un bâtiment _____ est intéressant à visiter.

5. une auberge de jeunesse : C'est un logement _____ les jeunes peuvent se retrouver.

6. un camping : C'est un endroit _____ est pratique pour les voyageurs qui aiment la nature.

9-43　**Désaccords.** Jacques and Aline want to travel abroad. Complete each statement that you hear by matching it with a logical phrase from the list below.

_____ 1. où il y a trop de touristes.

_____ 2. où il fait toujours chaud.

_____ 3. qui n'ont pas tout le confort d'un hôtel.

_____ 4. qui est connue pour ses monuments comme la Fontaine de Trévi.

_____ 5. où il y a une piscine.

_____ 6. qui sont sauvages et loin de tout.

9-44   Le logement idéal. Indicate what kind of lodgings the following people prefer, according to their description.

MODÈLE   Une petite fille de 9 ans aime les hôtels *où il y a une piscine et des jeux vidéo. Elle aime les hôtels qui sont près d'un parc.*

1. Un homme riche aime les hôtels _____

_____

2. Un couple sociable qui aime la campagne préfère un gîte rural _____

_____

3. J'aime _____

_____

9-45   Rappels. Rephrase Cécile's statements about what she has learned during a guided tour of Toulouse. Use the relative pronoun (**qui** or **où**) and incorporate the information you hear on the recording with the cues below.

MODÈLE   You hear: Toulouse est une ville très intéressante.

You write: Toulouse, c'est une ville *qui est très intéressante*.

1. Toulouse est l'endroit _____ .

2. Toulouse est une ville _____ .

3. Il y a beaucoup de maisons _____ .

4. Toulouse est une ville _____ .

5. Le Capitole est un bâtiment _____ .

6. Toulouse est une ville _____ .

2. Le pronom relatif que

9-46   Un voyage entre amis. Four friends are planning a trip for the Fall Break and are sharing their plans with you. Complete the following sentences, paying particular attention to the agreement of the past participle with the preceding direct object.

MODÈLE   Sophie et Jordan ont choisi les meilleures destinations.

Voici les destinations que Sophie et Jordan *ont choisies*.

1. Salima a préparé un bon itinéraire.

Voici l'itinéraire que Salima _____ .

2. Fabien a réservé des billets de train pas chers.

Voici les billets de train que Fabien _____ .

3. Salima a trouvé une auberge de jeunesse.

Voici l'auberge de jeunesse que Salima _____ .

4. Sophie a fait des bonnes réservations.

Voici les réservations que Sophie _____ .

5. Fabien a trouvé un plan de la ville sur Internet.

Voici le plan que Fabien _____ .

6. Jordan et Salima ont acheté des nouvelles valises.

Voici les valises que Jordan et Salima _____ .

9-47 Les préférences. Complete each of the following sentences by selecting the appropriate relative pronoun, **qui** or **que**.

MODÈLE   Mon père adore les trains [qui / que] sont très rapides, comme le TGV.

1. Les artistes préfèrent les villes [qui / que] ont beaucoup de musées d'art.

2. Les étudiants n'aiment pas toujours les livres [qui / que] les professeurs leur suggèrent.

3. Les grands-parents aiment les cartes postales [qui / que] leurs petits-enfants leur écrivent.

4. Les enfants aiment bien les musées [qui / que] ont des activités interactives.

5. Ma mère aime la cuisine [qui / que] mon père prépare.

9-48 En bref. Jean-Michel is trying to take notes from his tour guide while visiting les Eyzies-de-Tayac, a region famous for its prehistoric sites. Select the sentence that best summarizes the information he hears.

1. a. Il y a des histoires du passé que peu de gens connnaissent.

   b. Il y a beaucoup d'historiens que le guide connaît.

2. a. C'est une grotte que le guide Michelin a classée trois étoiles.

   b. C'est une grotte que le guide Michelin a classée deux étoiles.

3. a. C'est à la Grotte de Font-de-Gaume que nous pouvons voir plus de deux cents peintures.

   b. C'est la Grotte de Font-de-Gaume que nous ne pouvons plus visiter.

4. a. Les ruines que nous voyons font partie du château de Commarque.

   b. L'église que nous voyons est en ruine.

5. a. Le musée national de la préhistoire est le musée que le guide préfère.

   b. Le musée que nous allons visiter est près de l'ancien château des Eyzies.

6. a. C'est l'office du Tourisme des Eyzies que le guide recommande de visiter.

   b. C'est le restaurant des Eyzies que le guide n'aime pas.

9-49   Questions. You are entering a contest to win an all-expenses-paid vacation to your favorite travel destination. Respond to each of the questions that you hear orally, using complete sentences and the relative pronoun **que**.

MODÈLE   You hear: Quel est le pays que vous préférez ?

You say: *Le pays que je préfère est le Canada.*

1. ...   4. ...

2. ...   5. ...

3. ...

Écoutons

9-50   Une publicité : avant d'écouter. Imagine that you are going to France. What kind of vacation would you like to take? Where would you stay: at a campground or in a hotel? What kind of activities would you plan? Would you like to visit historical sites or would you rather relax and sunbathe?

_____

_____

_____

9-51   Une publicité : en écoutant. You are gathering information about possible trips to France. Listen to a radio advertisement encouraging people to visit the Dordogne region in southwest France, and select the correct response(s) to the information mentioned in the ad.

1. Quels sont les sites à visiter en Dordogne ?

   a. la maison du peintre Gauguin

   b. des grottes ornées de peintures préhistoriques

   c. des églises gothiques

2. Qu'est-ce qu'on peut faire en Dordogne ?

   a. se détendre à bord d'un bateau sur la Dordogne

   b. goûter la bonne cuisine de la région

   c. faire de l'alpinisme

3. Où peut-on loger en Dordogne ?

   a. dans des châteaux

   b. dans des gîtes ruraux

   c. dans des hôtels de luxe

4. Comment peut-on recevoir plus d'informations ?

   a. en téléphonant à une agence de voyage

   b. en allant à l'office du tourisme

   c. en consultant Internet

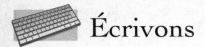 Écrivons

9-52 Des vacances en Touraine : avant d'écrire. You are going to spend two weeks in Touraine this summer. You will write an e-mail to the Hotel **Le Beau Site** near Tours to find out more about lodging possibilities. First, complete the following steps.

1. Note the date of your arrival and your departure.

   (for example: *le 3 juin, le 17 juin*)

   _____

   _____

2. Indicate the type of room you would like to have.

   (for example: *une chambre pour deux personnes, avec douche*)

   _____

   _____

3. Indicate the kind of services you would like to have access to.

   (for example: *une piscine, un terrain de sport*)

   _____

   _____

9-53 Des vacances en Touraine : en écrivant. Now write your e-mail using the appropriate beginning and ending statements as shown in the example. Be sure to make all the necessary agreements and verify your spelling.

MODÈLE   *Monsieur, Madame,*

Je vous écris pour vous demander des renseignements sur votre hôtel. Je serai à Tours du 3 juin au 17 juin et j'aurai besoin d'une chambre pour deux personnes avec une belle vue et une douche. Est-ce que vous avez des chambres disponibles pendant cette période ? Quel est le prix des chambres ? Est-ce que le petit-déjeuner est compris ?

Votre hôtel a-t-il une piscine ou y a-t-il une piscine et un court de tennis tout près ?

En vous remerciant par avance de votre réponse, je vous adresse mes salutations distinguées.

Monsieur Johnson

_____

_____

_____

_____

_____

_____

_____

_____

Lisons

9-54   Cinq semaines en ballon : avant de lire.   Your textbook features an excerpt from *Le tour du monde en quatre-vingt jours*, written by Jules Verne. In the nineteenth century, Verne penned a series of sixty-two novels entitled *Voyages extraordinaires*. *Le tour du monde en quatre-vingts jours* is part of that series, as is this excerpt from *Cinq semaines en ballon*, the first volume in the series. In this passage, a newspaper article from *The Daily Telegraph* announces an Englishman's plans to travel over Africa in a hot-air balloon.

There are many cognates in this passage. Scan the first sentence and identify all the words that are similar to their English counterparts.

L'Afrique va livrer enfin le secret de ses vastes solitudes ; un Œdipe moderne nous donnera le mot de cette énigme que les savants de soixante siècles n'ont pu déchiffrer.

9-55   Cinq semaines en ballon : en lisant.   As you read, look for and select all appropriate answers for each question.

1. What is the "enigma" mentioned in the first paragraph?

   a. the African continent and its unknown territories

   b. the finding of a hidden treasure

   c. the discovery of the source of the Nile river

   d. the techniques of piloting a hot-air balloon

2. Who discovered the Great Lakes?

   a. Œdipe

   b. Captains Burton and Speke

   c. Denham and Clapperton

   d. Doctor Barth

3. What is the point of intersection of the many explorers cited in the second paragraph?

   a. the Zambezi basin

   b. the center of Africa

   c. a region still unexplored

   d. Sudan

4. Who will attempt the trip announced in this article?

   a. Doctor Samuel Fergusson

   b. Doctor Barth

   c. Doctor Livingstone

   d. Denham and Clapperton

5. What is the direction of the planned itinerary?

   a. from north to south

   b. from south to north

   c. from west to east

   d. from east to west

6. Where will the journey begin?

   a. on the island of Zanzibar

   b. on the Cape of Good Hope

   c. in the center of Africa

   d. on the eastern shore

7. Where is the expedition expected to end?

   a. in the region of Providence

   b. at the source of the Nile

   c. it is unknown

   d. in Sudan

8. How much money will the *Société Royale de Géographie* contribute to the expedition?

   a. 2,250 British pounds

   b. 2,500 British pounds

   c. 1,500 British pounds

   d. 12,500 British pounds

CINQ SEMAINES EN BALLON

Un article du « Daily Telegraph »

« L'Afrique va livrer enfin le secret de ses vastes solitudes ; un Œdipe moderne nous donnera le mot de cette énigme que les savants de soixante siècles n'ont pu déchiffrer (*decipher*). Autrefois, rechercher les sources du Nil, *fontes Nili quærere*, était regardé comme une tentative insensée (*insane*), une irréalisable chimère. »

« Le docteur Barth, en suivant jusqu'au Soudan la route tracée par Denham et Clapperton ; le docteur Livingstone, en multipliant ses intrépides investigations depuis le cap de Bonne-Espérance jusqu'au bassin du Zambezi ; les capitaines Burton et Speke, par la découverte des Grands Lacs intérieurs, ont ouvert trois chemins à la civilisation moderne ; leur point d'intersection, où nul voyageur n'a encore pu parvenir (*to reach*), est le cœur (*center*) même de l'Afrique. C'est là que doivent tendre tous les efforts. »

« Or (*and yet*), les travaux de ces hardis pionniers de la science vont être renoués (*resumed*) par l'audacieuse tentative du docteur Samuel Fergusson, dont (*of whom*) nos lecteurs ont souvent apprécié les belles explorations. »

« Cet intrépide découvreur (*discoverer*) se propose de traverser en ballon toute l'Afrique de l'est à l'ouest. Si nous sommes bien informés, le point de départ de ce surprenant voyage serait l'île de Zanzibar sur la côte orientale. Quant au point d'arrivée, à la Providence seule il est réservé de le connaître. »

« La proposition de cette exploration scientifique a été faite hier officiellement à la Société Royale de Géographie ; une somme de deux mille cinq cents livres (*British pounds*), est votée pour subvenir aux frais (*expenses*) de l'entreprise. »

Source : Jules Verne, Cinq semaines en ballon

9-56 Cinq semaines en ballon : après avoir lu. Now that you've read the passage, answer the following questions in English.

1. What particular problems might a balloonist encounter on a trip such as the one described in the text?

_____

_____

2. Knowing that the story is set in 1862, what other means of transportation might the expedition use to cross the African continent? What dangers and obstacles might they be likely to encounter?

_____

_____

_____

_____

Venez chez nous !

Paris, ville lumière

9-57   Les monuments. Visit the **Chez nous** Companion Website and read about Parisian monuments. Then match each of the following monuments of Paris with its description.

_____ **1.** St-Germain-des-Prés

_____ **2.** l'Arc de Triomphe

_____ **3.** l'Opéra Garnier

_____ **4.** la tour Eiffel

_____ **5.** la Conciergerie

_____ **6.** l'Obélisque

_____ **7.** le Pont-Neuf

_____ **8.** la Sainte-Chapelle

_____ **9.** les Invalides

_____ **10.** le Panthéon

_____ **11.** l'Arc du Carrousel

a. le plus vieux pont de Paris

b. le site du tombeau de Napoléon

c. l'une des plus vieilles églises de Paris

d. une ancienne prison où Marie-Antoinette et Louis XVI étaient emprisonnés pendant la Révolution

e. a un superbe plafond (*ceiling*) peint par Marc Chagall

f. un arc de triomphe qui se trouve près du Louvre

g. construite pour l'Exposition Universelle en 1889

h. le site des tombeaux des écrivains Victor Hugo, Jean-Jacques Rousseau et Émile Zola

i. cadeau de l'Égypte qui se trouve sur la Place de la Concorde

j. abrite (*houses*) le tombeau du Soldat inconnu

k. une petite chapelle à côté de la Conciergerie avec des vitraux (*stained-glass windows*) magnifiques

9-58   La Bibliothèque nationale François Mitterrand. Have you heard of the **Bibliothèque nationale François Mitterrand** in Paris? Visit the **Chez nous** Companion Website and then answer the following questions in French.

1. Où se trouve la Bibliothèque nationale François Mitterrand ?

_____

2. Comment est-ce que vous pouvez y aller si vous êtes à Paris ?

_____

3. Cette bibliothèque a deux parties : la Bibliothèque d'étude et la Bibliothèque de recherche. Qui peut avoir accès à chaque bibliothèque ? Est-ce que l'accès est gratuit (*free*) ?

_____

_____

4. Comment est-ce que vous pouvez visiter la Bibliothèque François Mitterrand en touriste ?

_____

_____

5. Regardez quelques images de l'architecture de ce monument et écrivez deux ou trois phrases pour le décrire.

_____

_____

_____

6. Est-ce que vous aimez le style de cette bibliothèque ? Pourquoi ?

_____

_____

_____

9-59 **Le Château de Versailles.** This large **château** is not far from Paris and a lot of tourists go for a day trip. Visit the **Chez nous** Companion Website for this chapter for information on the **Château de Versailles**. Then give the following information, which is useful for tourists.

Le Château de Versailles : guide de visite

1. Comment y aller de Paris : _____

_____

_____

2. Heures d'ouverture : _____

_____

3. Tarifs pour le circuit Château : _____

_____

4. Lieux à visiter : _____

_____

_____

5. Possibilités pour manger : _____

_____

_____

Video Manual

9-60 On prend le train. In this video clip, you observe a train trip from beginning to end. Number the activities listed below in the order you see them in the clip.

_____ On prend un casse-croûte.

_____ On prend le métro pour aller à la gare.

_____ On descend du train.

_____ On attend l'arrivée du train.

_____ On achète un billet.

_____ Le contrôleur vérifie les billets.

_____ On fait ses devoirs.

_____ On sort de la gare.

_____ Le train entre en gare.

_____ On regarde les beaux paysages.

9-61 Paris, ville lumière. This montage features many of the well-known sights of Paris such as **la place de la Concorde**, **la tour Eiffel** and **l'Arc de triomphe**. It also includes less famous sights of Paris, which are nevertheless part of the everyday landscape. View the clip to see whether you can spot the following, and match each term with an English explanation.

_____ 1. une colonne Morris

_____ 2. des toits mansardés

_____ 3. un marché en plein air

_____ 4. un kiosque à journaux

a. open-air market

b. newsstand

c. green-topped column for posting ads for events

d. Mansard roofs

Observons

9-62 Mes impressions de Paris : avant de regarder. You may already have completed the **Observons** activity in the **Venez chez nous !** lesson of this chapter. If not, you will find it helpful to go back and complete that activity before moving on to the questions below. In these clips, a Haitian and a French Canadian describe their visits to Paris. How might their impressions differ from those of a person born in France?

_____

_____

_____

9-63 Mes impressions de Paris : en regardant. Listen and then select the answers to the following questions. There may be more than one correct answer.

1. Marie a visité Paris en compagnie...

   a. d'un guide.　　　　　　　**b.** de ses amies haïtiennes.　　　　**c.** d'un ami français.

2. Elle a trouvé que la tour Eiffel était ... qu'elle l'avait imaginée.

   a. aussi jolie　　　　　　　**b.** moins jolie　　　　　　　**c.** plus jolie

3. Marie-Julie trouve que les Français conduisent...

   a. très prudemment (*carefully*).　　**b.** comme des fous.　　　**c.** trop vite.

4. Marie-Julie aime le quartier des bouquinistes parce que c'est...

   a. très animé.　　　　　　　**b.** très calme.　　　　　　**c.** très beau.

5. Elle aime aussi...

   a. les magasins.　　　　　　**b.** les gens.　　　　　　　**c.** les films.

9-64 Mes impressions de Paris : après avoir regardé. Marie and Marie-Julie saw some of the same sights in Paris, but their reactions were very different. Explain how each reacted to their visits to the **Arc de Triomphe** and the **tour Eiffel**. With whose point of view can you identify most readily? Why?

1. L'Arc de Triomphe _____

   _____

2. La tour Eiffel _____

   _____

La santé et le bien-être

Leçon 1 La santé

POINTS DE DÉPART

10-1 Diagnostic. For each person below, write the body part that hurts or aches, according to the cue.

MODÈLE Myriam a fait trop de bricolage ce week-end. Elle a mal _au dos._

1. Céline n'a pas mis ses lunettes. Elle a mal _____.

2. Jonathan a mangé trop de chocolat. Il a mal _____.

3. Amélie a trop marché. Elle a mal _____.

4. Benoît a joué au basket. Il a mal _____.

5. Didier revient d'un concert de hard-rock. Il a mal _____.

10-2 Le corps humain. You are waiting in the doctor's office and overhear some people's comments and concerns. Match each statement that you hear with the body part mentioned.

10-3 En forme ou non ? You are conducting a survey of people's health habits. For each statement that you hear, select **en forme** to indicate that the person has good health habits, or **pas en forme** if the person does not.

1. en forme   pas en forme   4. en forme   pas en forme

2. en forme   pas en forme   5. en forme   pas en forme

3. en forme   pas en forme   6. en forme   pas en forme

10-4 Restons en forme ! How do the following people stay in shape? For each description you read below, associate an appropriate way for them to remain healthy.

_____ 1. J'ai un style de vie strict. Je fais très attention à ce que je mange.

_____ 2. Je n'ai jamais d'insomnies parce que...

_____ 3. Je suis très fatigué en ce moment et j'ai mal à la gorge.

_____ 4. Je suis dans un fauteuil roulant mais je reste en forme parce que...

_____ 5. Je ne suis jamais stressé.

_____ 6. Je veux perdre du poids, alors...

a. je joue au basket-fauteuil et je fais de la musculation.

b. je suis un régime et je fais de l'exercice.

c. Je dors bien la nuit, je fais des siestes la journée mais je fais aussi de l'exercice pour réduire le stress.

d. Je ne bois pas d'alcool, je ne fume pas, je mange des repas équilibrés et je ne grignote pas entre les repas.

e. Je vais consulter un médecin et me reposer.

f. je ne suis pas stressée, je ne fume pas, j'évite la caféine avant de me coucher et je fais régulièrement de l'exercice.

SONS ET LETTRES

Les consonnes s et z

10-5 Lequel ? Listen carefully as one of each of the paired words or phrases listed below is pronounced. Select the word or phrase that you hear.

1. le cousin   le coussin   5. ils sont   ils ont

2. un désert   un dessert   6. décider   des idées

3. la case   la casse   7. la base   la basse

4. des poissons   des poisons   8. nous avons   nous savons

10-6   Phrases. Repeat the following sentences during the pauses, paying careful attention to the /s/ and /z/ sounds.

1. Si Suzanne a mal à l'estomac, c'est parce qu'elle prend trop de boissons gazeuses.

2. Il est en mauvaise santé ; il a besoin de consulter son médecin.

3. Pour réduire le stress, il est nécessaire de faire de l'exercice.

4. C'est une crise : Alphonse s'est blessé (*hurt himself*) au visage !

FORMES ET FONCTIONS

1. Le subjonctif des verbes réguliers avec les expressions de nécessité

10-7   Des opinions de toutes sortes. Listen to each of Madame Saitout's opinions about what other people in her building should do. Select **essentiel** to indicate that a suggestion is urgent and necessary, or **recommandé** to indicate that a suggestion is simply a good idea.

1. essentiel   recommandé   4. essentiel   recommandé

2. essentiel   recommandé   5. essentiel   recommandé

3. essentiel   recommandé   6. essentiel   recommandé

10-8   Pour être en bonne santé. Complete the following pieces of advice using the subjunctive.

MODÈLE   Je mange souvent des bonbons et je grignote entre les repas.

    Il vaut mieux *que je mange* trois repas équilibrés.

  OU Il vaut mieux *que tu manges* trois repas équilibrés.

1. Daniel dort seulement quatre heures par nuit quand il a un examen à passer.

    Il vaut mieux _____ sept ou huit heures par nuit.

2. Vous travaillez 60 heures par semaine.

    Il est urgent _____ moins !

3. Théo et Mathis adorent les desserts et refusent de manger des légumes.

    Il est important _____ moins de desserts et plus de fruits et de légumes.

4. Ma petite sœur ne finit jamais ses repas puis elle veut grignoter entre les repas.

    Il est nécessaire _____ ses repas, c'est mieux comme cela !

5. Nous choisissons toujours les hamburgers et les frites à la cafétéria.

    Il vaudrait mieux _____ autre chose, prenez des crudités quelquefois.

10-9   À l'infirmerie. While waiting at the school infirmary, you overhear other students' conversations. For each statement that you hear, select the most logical response.

1. **a.** Il faut que vous consultiez votre dentiste.

    b. Il est important que vous travailliez plus sérieusement.

2. a. Il faut que vous maigrissiez.

   b. Il est nécessaire que vous portiez vos lunettes.

3. a. Il faut que vous téléphoniez à vos amis.

   b. Il ne faut pas que vous vous couchiez si tard.

4. a. Il est nécessaire que vous changiez votre régime alimentaire.

   b. Il est important que vous attendiez la fin des cours pour sortir.

5. a. Il est utile que vous commenciez à faire de l'exercice régulièrement.

   b. Il ne faut pas que vous mangiez moins de bonbons.

6. a. Il est nécessaire que vous fumiez moins de cigarettes.

   b. Il faut que vous vous couchiez plus tôt.

10-10 Des conseils. Your friends ask you what to do in the following situations. Choose a verb from the list below and complete the sentences with the correct form.

appeler	finir	~~parler~~	préparer	rendre	sortir

MODÈLE   Mon frère et moi, nous nous disputons et nous ne nous parlons plus.

   Alors, il faut *que tu parles* plus souvent avec ton frère.

1. J'ai un examen demain, mais je veux aller au match de basket.

   Il vaut mieux _____ l'examen.

2. C'est l'anniversaire de ma mère et j'ai oublié de lui téléphoner.

   Il est urgent _____ pour lui souhaiter un « bon anniversaire » !

3. Ma cousine a un nouvel appartement pas loin d'ici.

   Il est important _____ bientôt visite à ta cousine.

4. Je n'ai pas envie de terminer mon essai pour le cours de littérature. Je veux sortir !

   Il est nécessaire _____ ton essai avant de sortir.

5. Une bonne amie s'est séparée de son copain.

   Il est nécessaire _____ avec elle au cinéma ou au restaurant ce soir.

2. Le subjonctif des verbes irréguliers

10-11 Lequel ? You overhear parts of various conversations on the bus. For each statement, select the correct form of the verb that you hear.

1. sois	soient		**4.** sachent	sache
2. fasses	fasse		**5.** soyons	soyez
3. puisses	puissent		**6.** pleut	pleuve

10-12   Attention ! A group of reporters from Cameroun visits your campus and stays in your dorm. Explain the rules they should follow by completing the following statements with the correct form of a verb from the list below.

| avoir | faire | ~~fermer~~ | pouvoir | être | respecter | savoir |

MODÈLE   fermer la porte à clé :   Il faut *que vous fermiez* la porte à clé.

1. Il faut _____ les autres résidents.

2. Il est important _____ à l'heure pour manger.

3. Il ne faut pas _____ de la fête après minuit.

4. Il ne faut pas _____ de l'alcool dans les chambres.

5. Il est nécessaire _____ le nom de vos responsables (*resident assistants*).

6. Il vaut mieux _____ vous rappeler son numéro de téléphone en cas d'urgence.

10-13   Un match de base-ball. You will attend a baseball game with this group of reporters. Explain to them what they need to know to enjoy the game. Choose a verb or an expression from the list below and complete the sentences with the correct form.

avoir	faire attention	ne pas pleuvoir
être à l'heure	faire la hola (*the wave*)	pouvoir
être debout	~~manger~~	savoir

MODÈLE   Il ne faut pas que vous *mangiez* avant de partir ; on prendra un hot-dog à la mi-temps.

1. Il faut que le groupe _____ pour le départ du bus.

2. Il vaut mieux qu'il _____ pendant le match. On n'a pas assez de parapluies pour tout le monde.

3. Il est important que vous _____ de l'argent pour acheter des souvenirs.

4. Il faut que les journalistes _____ bien écrire le nom des joueurs.

5. Il est important que le photographe _____ prendre des photos du match.

6. Il est nécessaire que vous _____ pour l'hymne national américain.

7. Il vaut mieux que vous _____ pendant le match pour ne pas rater l'action.

8. Il est important que nous _____ avec les autres spectateurs. C'est très amusant.

10-14   La rentrée. Your mother is giving you some advice for the new semester. Listen to her advice and write it down for your friends, rephrasing according to the cues.

MODÈLE   You hear: Il faut être en forme.

You write: Il faut que tu *sois en forme*.

1. Il faut que ta sœur _____ .

2. Il faut que nous _____ .

3. Il faut que tu _____ .

4. Il faut que tu _____ .

5. Il est nécessaire que nous _____ .

6. Il faut que vous _____ .

 Écoutons

10-15   Les mauvaises habitudes : avant d'écouter. How physically fit are you? Would you say that you are in good shape? Make a list, in French, of 3–4 things you regularly do in order to stay fit.

_____

_____

10-16   Les mauvaises habitudes : en écoutant. Olivier, a graduate student in health studies, is giving advice to his friends regarding their lifestyles. Read the questions below before listening to their conversation. Then select the correct answers to the following questions. More than one answer may be correct in each case; you may wish to listen to the conversation several times before you answer.

1. Qu'est-ce que fait Latifa depuis trois mois pour maigrir ?

   a. Elle fait un régime.

   b. Elle fait de l'exercice et du jogging.

   c. Elle ne fume plus.

2. Qu'est-ce que lui conseille Olivier ?

   a. Il faut qu'elle arrête de grignoter entre les repas.

   b. Il faut qu'elle fasse plus de sport.

   c. Il faut qu'elle mange des repas équilibrés.

3. D'après Olivier, quelles sont les mauvaises habitudes de Christine ?

   a. Elle mange trop.

   b. Elle fume trop.

   c. Elle boit trop d'alcool.

4. Pourquoi est-ce qu'il faut que Christine change ses habitudes ?

   a. Pour avoir de meilleures notes en classe.

   b. Pour ne pas être fatiguée.

   c. Pour maigrir.

Écrivons

10-17 Réflexions personnelles : avant d'écrire. A health professor asks you to reflect on your personal habits: those that help you stay healthy and those that are not so healthy. She also asks you to think about any changes that you would like to make this semester to be in better health. To begin, complete the following activities.

1. Make a list, in French, of three or four healthy habits.

   (for example: *faire de l'exercice, ne pas boire d'alcool...*)

   _____

   _____

2. Make a list, in French, of three or four habits that are not so good, either for your physical or mental health.

   (for example: *boire trop de caféine...*)

   _____

   _____

3. Suggest two or three changes that you could make to improve your health and well-being.

   (for example: *nager régulièrement, se coucher plus tôt...*)

   _____

   _____

10-18 Réflexions personnelles : en écrivant. Now, write a reflective essay describing your habits, both healthy and not so healthy. If you use expressions of will and necessity, make sure that the verbs in the subordinate clause are in the subjunctive.

MODÈLE *Je pense que je suis en bonne forme. Je fais de l'exercice assez régulièrement. Je fais du jogging trois ou quatre fois par semaine et je... Je dors sept ou huit heures par nuit et je me repose quand je suis stressé. Je ne bois pas d'alcool et...*

Quelquefois quand j'ai beaucoup de travail et que je suis assez stressé, j'ai tendance à boire beaucoup de caféine. Et je...

Il faut que je boive moins de caféine. Je vais essayer de prendre plus de thé et moins de café parce que le thé a beaucoup moins de caféine que le café. Il est aussi important que je...

_____

_____

_____

_____

_____

_____

_____

Leçon ② Sauvons la planète

POINTS DE DÉPART

🔊 **10-19 Bon ou mauvais pour l'environnement ?** Listen to a round-table discussion on ecology. Select **bon** if the speaker is describing something good for the environment and **mauvais** if he or she is describing something harmful to the environment.

1. bon   mauvais
2. bon   mauvais
3. bon   mauvais

4. bon   mauvais
5. bon   mauvais
6. bon   mauvais

10-20 C'est un problème ? Select the sentence that describes why the following people should not be doing what they do.

_____ 1. Alexandre et Sabrina se promènent dans la forêt en voiture.

_____ 2. Damien utilise des produits non biodégradables.

_____ 3. Sarah ne coupe pas l'eau du robinet quand elle se brosse les dents.

_____ 4. Les Paulans mettent leurs journaux dans la poubelle.

_____ 5. Amina laisse les lumières allumées.

_____ 6. Laure prend sa voiture tous les jours pour aller à la fac.

a. Elle gaspille une ressource naturelle.

b. Elle produit du dioxyde de carbone et pollue l'atmosphère.

c. Il pollue la terre, les fleuves et les rivières.

d. Elle gaspille l'électricité.

e. Ils polluent la forêt avec les gaz d'échappement.

f. Ils ne recyclent pas et contribuent ainsi à la déforestation.

10-21 50 façons de protéger la Terre ! In the United States, the children's book entitled *50 Ways to Save the Earth* explains what can be done to conserve natural resources. Look at the list below and select **protéger la Terre** if the action is one that protects the Earth, or **détruire la planète** if it is destructive to the Earth.

1. utiliser du papier recyclé	protéger la Terre	détruire la planète
2. protéger les ours blancs	protéger la Terre	détruire la planète
3. ne pas éteindre la télé ou la radio quand on sort	protéger la Terre	détruire la planète
4. utiliser les transports en commun ou faire du covoiturage	protéger la Terre	détruire la planète
5. faire des courses avec un panier au lieu d'un sac en plastique	protéger la Terre	détruire la planète
6. gaspiller les ressources naturelles	protéger la Terre	détruire la planète
7. jeter les journaux dans la poubelle	protéger la Terre	détruire la planète
8. faire des éco-gestes régulièrement	protéger la Terre	détruire la planète
9. utiliser des énergies renouvelables	protéger la Terre	détruire la planète
10. augmenter sa consommation d'énergie	protéger la Terre	détruire la planète

10-22   Vers une vie plus agréable. Nicolas is conducting a survey. Listen as his fellow students describe their wasteful habits and match each bad habit with the most appropriate suggestion from the list below.

_____ 1. Vous devriez prendre une douche, et pas trop chaude.

_____ 2. Vous devriez ouvrir les fenêtres.

_____ 3. Vous devriez recycler le papier et le plastique.

_____ 4. Vous devriez l'amener au centre de recyclage.

_____ 5. Vous ne devriez pas polluer l'air qu'on respire.

_____ 6. Vous devriez faire du covoiturage ou y aller en vélo quand il fait beau.

SONS ET LETTRES

La consonne gn

10-23   La consonne finale. Select the consonant you hear at the end of each group of words.

1. n	g	gn		5. n	g	gn
2. n	g	gn		6. n	g	gn
3. n	g	gn		7. n	g	gn
4. n	g	gn		8. n	g	gn

10-24   Phrases. Repeat the following sentences during the pauses, imitating carefully the pronunciation of the consonant sound gn.

1. Il y a des montagnes magnifiques en Espagne.

2. Je vais cueillir (*collect*) des champignons à la campagne.

3. Agnès va m'accompagner en Bourgogne.

4. Je vais me renseigner sur le camping en Allemagne.

FORMES ET FONCTIONS

1. Le subjonctif avec les expressions de volonté

10-25   L'association. Paul volunteers for an environmental association. Listen to the following statements from their last meeting and select **obligation** if the statement expresses an obligation or a necessity, or **volonté** if it expresses a wish or a desire.

1. obligation	volonté		4. obligation	volonté
2. obligation	volonté		5. obligation	volonté
3. obligation	volonté		6. obligation	volonté

10-26 Un monde meilleur. Select the appropriate verb form to complete each of the following statements from a group of concerned citizens.

1. Nous souhaitons que nos enfants [peuvent / pourront / puissent] profiter de la nature.

2. Nous voulons que tout le monde [est / soit / soient] conscient des problèmes de l'environnement.

3. Nous désirons que les habitants de notre ville [fassent / feront / font] attention au taux (*level*) de pollution.

4. Nous voulons que les villes [ont / auront / aient] plus de moyens pour protéger l'environnement.

5. Dans notre bâtiment, nous exigeons que chaque locataire [fait / fera / fasse] du recyclage.

6. Je désire que mes enfants [choisissent / choisiront / choisissaient] de mieux respecter l'environnement que notre génération l'a fait.

10-27 Que faire ? You surveyed your neighborhood about the noise and air pollution in your area. Complete your neighbors' responses with the correct form of an appropriate verb or expression from the list below.

arrêter de fumer	écouter	faire du bruit	~~fermer les fenêtres~~
brûler	faire attention	faire du covoiturage	

MODÈLE   Notre voisin veut que nous *fermions les fenêtres* quand nous écoutons de la musique.

1. Mon père ne veut pas que je _____ avec le moteur de ma moto quand je pars à la fac.

2. Mes voisins exigent que je ne _____ pas mes déchets dans le jardin. C'est vrai que c'est interdit de faire cela ?

3. Mon colocataire désire que j' _____. Elle n'aime pas l'odeur du tabac.

4. Mes parents veulent que je _____ à ma consommation d'énergie.

5. Mon frère ne veut pas que nous _____ de la musique trop fort.

6. Mon ami est écologiste ; il exige que ses voisins _____ pour aller au travail !

10-28 Consignes. Twelve-year-old Henri is going to stay home alone for the first time. Before leaving, his mother clearly states her expectations. For each statement that you hear, complete her sentences by writing in the verb forms.

MODÈLE   You hear: Je préfère que tu ne regardes pas trop la télé.

You write: Je *préfère* que tu ne *regardes* pas trop la télé.

1. Je _____ que tu _____ sage (*well-behaved*).

2. Je _____ que tu _____ tes devoirs.

3. Je ne _____ pas que tu _____ faim.

4. J' _____ que tu _____ à neuf heures.

5. Je _____ que tu ne _____ pas au téléphone.

6. Je _____ que tu _____ à la maison.

2. D'autres verbes irréguliers au subjonctif

🔊 **10-29   Entendu dans le bus.** You overhear parts of various conversations on the bus. For each statement, select the correct form of the verb that you hear.

1. buvez   buviez

2. aille   aie

3. appelons   appelions

4. doives   dovient

5. essayons   essayions

6. prennent   prennes

10-30   La fête. You are organizing a party with a few friends to celebrate the end of the semester. Tell your friends what to do, given the assigned tasks stated below.

appeler les copains : Dominique et Lucas	faire un gâteau au chocolat : Lucas
aller au supermarché : Alain	être à l'heure : Béa
acheter du vin et de la bière : Dominique	nettoyer l'appartement : nous tous

MODÈLE   à Alain et Béa : Il faut *que vous alliez au supermarché*.

1. à Dominique et Lucas : Il faut _____ .

2. à Dominique : Il faut _____ .

3. à Lucas : Il faut _____ .

4. à Béa : Il faut _____ .

5. à nous tous : Il faut _____ .

10-31   Sur le campus. The director of student life on your campus is thinking about what to do to improve the quality of student life on campus. Select the appropriate verb form to complete each of his statements.

1. Il est nécessaire que les étudiants _____ changer leurs habitudes dès demain.

   veulent   veuillent   voudront

2. Nous voulons que tout le monde _____ conscience des problèmes de logement des étudiants.

   prend   prenne   prennent

3. J'exige que les étudiants ne _____ pas d'alcool après les rencontres sportives sur le campus.

   boive   boit   boivent

4. Nous désirons que plus d'étudiants internationaux _____ visiter notre campus le semestre prochain.

   viendront   viennent   vient

5. Il est urgent que le président de l'université _____ visiter ce bâtiment ce soir.

ait   ira   aille

6. Avant de donner des conseils aux autres, il est essentiel que je _____ mon bureau !

vais nettoyer   nettoie   nettoyais

10-32   La radio. Listen as a radio talk show host discusses environmental issues. Rephrase each statement that you hear according to the cue, using the subjunctive form of the verb.

MODÈLE   You hear: Le gouvernement doit vouloir préserver les ressources naturelles.

You write: Il faut que le gouvernement *veuille* préserver les ressources naturelles.

1. Il est nécessaire que les gens _____ le bus ou le métro pour aller travailler.

2. Il est utile que la population _____ aux manifestations.

3. Il faut que vous _____ au centre de recyclage.

4. Il est urgent que les citoyens _____ plus responsables.

5. Je souhaite que le Président _____ améliorer la situation.

6. Il faut que vous _____ les rivières.

Écoutons

10-33   Médiation : avant d'écouter. Are you aware of any rules or ordinances governing noise in your city or residence hall? What are the restrictions, if any? Do you think such rules are a good idea? Why or why not? Write a few sentences in English summarizing your answers to these questions.

_____

_____

_____

_____

10-34 **Médiation : en écoutant.** A group of neighbors is meeting with a mediator to try to come to an agreement on the issue of noise in their building. As you listen, select the possible endings to the following sentences. More than one answer may apply.

1. M. Levallois ne veut pas de bruit dans l'immeuble après 9 h 00 du soir parce que…

   a. sa femme et lui ont un bébé.

   b. sa femme et lui ne peuvent pas dormir.

   c. il est difficile pour eux de se lever le matin.

   d. sa femme et lui doivent se lever tôt pour aller au travail.

2. Mlle Tréguier n'est pas d'accord parce que…

   a. elle ne comprend pas pourquoi les Levallois disent qu'elle est l'unique source de pollution sonore.

   b. elle pense qu'elle a le droit d'écouter de la musique quand elle le veut.

   c. elle fait partie d'un groupe et a besoin de répéter avec ses musiciens.

   d. elle n'écoute que de la musique classique et les Levallois aiment la musique classique aussi.

3. Le médiateur propose comme solution que…

   a. Mlle Tréguier n'écoute plus de musique.

   b. Mlle Tréguier n'écoute plus de musique après 22 h 00 du dimanche au jeudi.

   c. Mlle Tréguier n'écoute plus de musique après 22 h 00 du vendredi au samedi.

   d. Mlle Tréguier puisse écouter de la musique jusqu'à minuit le vendredi et le samedi.

 # Écrivons

10-35 **La semaine de l'environnement : avant d'écrire.** Your campus has instituted a "green week" to raise awareness of environmental issues. To participate in the campus effort, your French professor asks you to create three posters on the issues existing on your campus and to propose solutions. To begin, complete the following steps.

1. Make a list of three serious environmental problems on your campus.

   (for example: *manque* (lack) *de recyclage, trop de voitures, …*)

   _____

   _____

2. For each issue, think of and list two or three solutions.

   (for example: *recycler les journaux et les bouteilles de coca, ne pas prendre trop souvent la voiture, ne pas jeter les déchets par terre…*)

   _____

   _____

3. Prepare a slogan or a title you could use for your poster.

_____

_____

10-36 **Protégez le campus : en écrivant.** Now write the information for your poster and make sure to include realistic solutions relevant to your campus issues. If you use expressions of necessity or of desire, be sure that the verbs in the subordinate clause are in the subjunctive.

MODÈLE   *ATTENTION ! C'EST À VOUS DE PROTÉGER LE CAMPUS !*

Sur notre beau campus, nous avons des problèmes comme le manque de recyclage et…

Il faut que vous recycliez plus ! …

Il faut que tout le monde prenne le bus ou le vélo au lieu de la voiture ! …

Les jeunes doivent protéger le campus et la ville ! …

_____

_____

_____

_____

_____

_____

_____

Leçon **3** Le bien commun : la politique et le civisme

POINTS DE DÉPART

10-37 La bonne oreille. Thomas is preparing a presentation for his political science class. Listen to his statements and select the vocabulary word or expression you hear in each.

1. un bénévole	un bulletin de vote	un bureau de vote
2. une banque alimentaire	une association humanitaire	une liste électorale
3. s'engager	protester	se mobiliser
4. une estimation	une manifestation	une réduction
5. le bénévolat	un mandat	un bénévole
6. douter	estimer	être désolé

10-38 Civisme et politique. Look at the clues provided to complete the following crossword puzzle.

Horizontalement

4. Les étudiants le font au début du semestre pour les cours, les citoyens le font pour pouvoir voter. (S'...)

5. Cette personne travaille ou donne son temps sans demander de salaire en retour.

6. C'est une personne qui se présente aux élections pour devenir président ou maire, par exemple.

7. Il est de cinq ans pour le président de la République française mais de quatre ans pour le président des États-Unis.

Verticalement

1. Synonyme de choisir.

2. C'est une réunion de personnes dans la rue pour protester.

3. Quand des personnes refusent de travailler, il sont en...

10-39 Associations d'idées. Match each of the following persons or objects with the most logical place or action.

_____ 1. un candidat aux élections présidentielles

_____ 2. un bulletin de vote

_____ 3. un bénévole

_____ 4. des fruits, des légumes, des boissons

_____ 5. un citoyen responsable

_____ 6. une réduction de salaire et de droits sociaux

a. une association humanitaire

b. se mobiliser contre

c. s'inscrire sur la liste électorale

d. le gouvernement

e. un bureau de vote

f. une banque alimentaire

10-40 Entretien. A political figure is being interviewed about her ideas for the country. Select **logique** if the exchange that you hear is logical and **illogique** if it is not.

1. logique	illogique	4. logique	illogique
2. logique	illogique	5. logique	illogique
3. logique	illogique	6. logique	illogique

FORMES ET FONCTIONS

1. Le subjonctif avec les expressions d'émotion

10-41 Opinions diverses. Lucas and his friends are reacting to facts about social issues. Select the type of emotion each person expresses: happiness, surprise, regret, or disappointment.

1. bonheur	surprise	regret	déception
2. bonheur	surprise	regret	déception
3. bonheur	surprise	regret	déception
4. bonheur	surprise	regret	déception
5. bonheur	surprise	regret	déception
6. bonheur	surprise	regret	déception

10-42   Les raisons plausibles. For each expressed emotion, give a possible reason from the list below. Be sure to use the correct form of the verb.

arriver	ne pas avoir
être en retard	ne pas pouvoir
~~être malade~~	ne pas venir
habiter	

MODÈLE   Je suis triste que mon petit frère *soit malade*.

1. Elle est déçue que nous _____ à son mariage.

2. Nous sommes contents que vous _____ à l'aéroport demain.

3. Je regrette que nous _____ dîner ensemble.

4. Elle a peur que son mari _____ pour la réunion.

5. Ils sont étonnés que vous _____ toujours dans la même maison.

6. Il est dommage qu'on _____ de place pour tout le monde.

10-43   Moi aussi ! Christophe's friend, Marise, always repeats what others say. Complete her responses.

MODÈLE   Je suis content. Il va faire beau demain.

Moi aussi, je suis contente *qu' il fasse beau demain*.

1. Je suis déçue. On ne peut pas aller au match de basket ce soir.

Moi aussi, je suis déçue _____ aller au match de basket ce soir.

2. Je suis inquiet. Nous avons un examen de psychologie très important la semaine prochaine.

Moi aussi, je suis inquiète _____ un gros examen de psychologie la semaine prochaine.

3. Martine est surprise. Sa colocataire est malade.

Moi aussi, je suis surprise _____ malade.

4. Je suis enchanté. Ma chanteuse préférée vient à Paris pour un concert cet été.

Moi aussi, je suis enchantée _____ à Paris cet été.

5. Je suis étonnée. Le recyclage coûte assez cher à la ville.

Moi aussi, je suis étonnée _____ cher à la ville.

6. Je suis désolée. Nous avons des rivières très polluées dans notre région.

Moi aussi, je suis désolée _____ des rivières très polluées dans notre région.

🔊 **10-44 Pensées personnelles.** Listen to Bastien's thoughts, and reformulate his statements by matching each of his feelings with the appropriate reason.

_____ 1. Je suis triste que...   a. mon frère puisse partir à l'étranger cet été.

_____ 2. Je suis ravi que...   b. les ours blancs soient en voie de disparition.

_____ 3. Je suis en colère que...   c. mes voisins laissent toujours les lumières allumées chez eux.

_____ 4. J'ai peur que...   d. mes collègues ne respectent pas l'environnement.

_____ 5. Je suis déçu que...   e. les jeunes ne veuillent pas faire de bénévolat.

_____ 6. C'est dommage que ...   f. le gouvernement ne réfléchisse pas assez aux problèmes de pollution.

2. Le subjonctif avec les expressions de doute

🔊 **10-45 Certitude ou pas ?** Listen to the following statements from a television program and select **certitude** if the speaker is expressing an opinion with certainty, or **doute** if the speaker expresses doubt.

1. certitude   doute   4. certitude   doute

2. certitude   doute   5. certitude   doute

3. certitude   doute   6. certitude   doute

10-46 Le nouvel an. Camille and Nadège are discussing lifestyle changes they would like to make for the New Year. Choose the appropriate verb form to complete each of the following sentences.

1. Ma mère pense que nous [devons / devions] faire plus d'exercices.

2. Je ne crois pas que nous [avons besoin de / ayons besoin de] faire régime.

3. J'estime que tu [peux / puisses] perdre du poids si tu arrêtes simplement de grignoter entre les repas.

4. Je ne suis pas sûre que tu [es / sois] très réaliste à ce sujet.

5. Pourquoi est-ce que tu dis ça ? Tu ne penses pas que je [peux / puisse] perdre du poids sans régime ?

6. Eh bien... Disons que je doute que nous [réussissons / réussissions] à changer nos habitudes.

10-47   Dans cinquante ans. A class of high school seniors has come up with a list of possible changes in our society fifty years from now. Complete their hypotheses with a verb from the list below, using the subjunctive.

aller	avoir	devenir	être	faire	pouvoir	~~vouloir~~

MODÈLE   On n'est pas sûrs que la population mondiale *veuillent* changer ses habitudes.

1. Il est peu probable que les hommes _____ plus d'efforts pour protéger l'environnement.

2. Il n'est pas évident qu'il y _____ toujours assez d'eau potable pour tout le monde.

3. On n'est pas sûrs que les étudiants _____ au lycée en voiture ou en bus à cause du prix de l'essence (*gas*).

4. Il n'est pas évident que le réchauffement climatique _____ être contrôlé.

5. Il est peu probable que la population mondiale _____ plus sérieuse avec le recyclage.

6. On n'est pas sûrs que les générations futures _____ plus responsables que notre génération.

◀))10-48   Qu'est-ce qui se passe ? Listen to the following statements and select the most logical response.

1. **a.** Il est évident qu'elle est toujours au travail.

   b. Je ne suis pas sûre qu'elle ait une voiture.

2. **a.** Je ne crois pas qu'il puisse y aller.

   b. Il est vrai que ce chanteur est excellent.

3. **a.** Je doute qu'il ne soit pas à l'heure pour son premier cours.

   b. Je crois qu'il est malade.

4. **a.** Il est vrai que c'est un film intéressant.

   b. Je doute qu'il vienne avec nous. Il veut toujours avoir des bonnes notes.

5. **a.** Il n'est pas évident qu'elle puisse arrêter si vite.

   b. Je pense que non.

6. **a.** Il est vrai que tu as souvent raison.

   b. Je ne doute pas qu'elle puisse le faire.

Écoutons

10-49   Les élections municipales : avant d'écouter. Look at the title of this activity and select the terms that you would expect to hear in a conversation on this topic.

_____ un candidat   _____ une empreinte écologique   _____ une inondation   _____ une liste électorale

_____ un mandat   _____ se mobiliser   _____ un moteur   _____ voter

🔊 **10-50 Les élections municipales : en écoutant.** Marie and Karim discuss the new candidates at their town elections. As you listen, select the possible endings to the following sentences. There may be more than one correct answer.

1. Marie ne veut pas aller voter parce que…

   a. elle va au gymnase.

   b. la politique ne l'intéresse pas.

   c. elle n'a pas l'âge pour voter.

   d. elle estime que les candidats font beaucoup de promesses mais ne changent rien.

2. Karim pense que…

   a. Marie ne comprend rien à la politique.

   b. Marie est trop indépendante.

   c. Marie est pessimiste.

   d. Marie n'écoute pas ce qu'il dit.

3. Karim aime le candidat du parti écologique parce que…

   a. il est sympathique et pas arrogant.

   b. il se mobilise vraiment.

   c. il veut améliorer la qualité de vie dans leur ville.

   d. il le connaît bien.

4. Marie pense que…

   a. le candidat va gagner un bon salaire s'il est élu.

   b. le candidat ne va pas travailler s'il est élu.

   c. Karim va pleurer si le candidat ne va pas gagner.

   d. Karim va travailler pour le candidat s'il est élu.

5. Karim découvre que…

   a. Marie est trop jeune pour voter.

   b. Marie est la fille du candidat écologique.

   c. Marie n'est pas inscrite sur la liste électorale.

   d. Marie a peur d'aller à la mairie.

Écrivons

10-51   Lettre d'un citoyen concerné : avant d'écrire. It is time for the election of the new city council members in your hometown. You want to write a letter to your local representatives, sharing your concerns and hopes for improving the quality of life for your fellow citizens.

1. Make a list in French of two or three programs you like in your hometown and that you want the city to maintain.

   (for example: *la bibliothèque municipale est ouverte tous les jours, …*)

   _____

   _____

2. Make a list of three or four things you would like to see changed in your hometown.

   (for example: *la piscine ouverte* (outdoor pool) *ferme le 25 août, pas de terrain pour faire du skate-board, …*)

   _____

   _____

   _____

3. Provide two explanations, in French, for each of the changes you suggest.

   (for example: *il fait beau jusqu'en septembre, les étudiants veulent continuer de travailler le week-end pour payer leurs livres à l'université…*)

   _____

   _____

   _____

10-52   Lettre d'un citoyen concerné : en écrivant. Now write your letter, paying attention to the use of the subjunctive in the subordinate clause when you express a doubt or the indicative when you express a certainty of opinion.

MODÈLE   *M. le représentant au conseil municipal,*

J'aime beaucoup les programmes que la ville de Georgetown offre aux jeunes. Par exemple, la bibliothèque municipale est ouverte tous les jours et je suis certaine que les jeunes aiment venir là faire leurs devoirs…

Par contre, c'est étonnant que la piscine ouverte ferme le 25 août ! J'estime que c'est trop tôt car il fait toujours beau jusqu'à la mi-septembre. Je doute que les habitants de Georgetown ne veuillent plus aller à la piscine le week-end s'il fait beau…

Respectueusement,

Rachel

_____

_____

_____

_____

_____

_____

_____

 # Lisons

10-53 Un conte fantastique : avant de lire. This passage is adapted from a fantasy story, *Wood'stown*, by the nineteenth-century French author Alphonse Daudet. In this short story from 1873, there is no human protagonist. The story describes the construction of a town in the midst of nature. Before you read the text, answer the following questions in English.

1. Think about what happens in your city when a new housing development or new shopping complex is built. List some of the consequences the new construction has on the environment.

_____

_____

2. A fantasy generally contains strange events that are not easily accepted by the hero of the story nor the reader. What type of strange events would you expect to read about in a story about the construction of a new town?

_____

_____

_____

> L'emplacement était superbe pour bâtir une ville. Il n'y avait qu'à déblayer (*to clean up*) les bords du fleuve, en abattant (*by felling*) une partie de la forêt, de l'immense forêt vierge enracinée (*rooted*) là depuis la naissance du monde. […] Dès que le gouvernement de Washington eut accordé la concession, charpentiers et bûcherons (*lumberjacks*) se mirent à l'œuvre (*started working*) ; […]
>
> Bientôt une ville immense, toute en bois comme Chicago, s'étendit (*spread*) aux bords de la Rivière-Rouge, avec ses larges rues alignées, numérotées, rayonnant (*radiating*) autour des places, sa Bourse (*stock market*), ses halles (*marketplaces*), ses églises, ses écoles, et tout un attirail (*paraphernalia*) maritime de hangars, de douanes (*customs houses*), de docks, d'entrepôts (*warehouses*), de chantiers de construction (*construction sites*) pour les navires (*ships*). La ville de bois, Wood'stown—comme on l'appela,—fut vite peuplée par les essuyeurs de plâtres (*eager beavers*) des villes neuves. Une activité fiévreuse circula dans tous ses quartiers ; mais sur les collines environnantes, dominant les rues pleines de foule (*crowd*) et le port encombré de vaisseaux (*congested with ships*), une masse sombre et menaçante (*threatening*) s'étalait (*spread*) en demi-cercle. C'était la forêt qui regardait.
>
> […] Le jour suivant, tous les appartements avaient l'air de serres (*greenhouses*). Des lianes (*vines*) suivaient les rampes d'escalier. Dans les rues étroites, des branches se joignaient d'un toit à l'autre, mettant au-dessus de la ville bruyante l'ombre des avenues forestières. Cela devenait inquiétant. Pendant que les savants réunis délibéraient sur ce cas de végétation extraordinaire, la foule se pressait dehors pour voir les différents aspects du miracle. Les cris de surprise, la rumeur étonnée de tout ce peuple inactif donnaient de la solennité à cet étrange évènement. Soudain quelqu'un cria : « Regardez donc la forêt ! » et l'on s'aperçut avec terreur que depuis deux jours le demi-cercle verdoyant s'était beaucoup rapproché. La forêt avait l'air de descendre vers la ville. Toute une avant-garde (*vanguard*) de ronces (*thorns*), de lianes s'allongeait jusqu'aux premières maisons des faubourgs (*suburbs*).
>
> Alors Wood'stown commença à comprendre et à avoir peur. […]
>
> Adapté de *Wood'stown* d'Alphonse Daudet.

10-54   Un conte fantastique : en lisant. As you read, note that you will see several verbs in the literary past tense such as **eut, se mirent, s'étendit, fut, circula, s'aperçut,** and **commença,** which are past-tense forms of the verbs **avoir, se mettre, s'étendre, être, circuler, s'apercevoir,** and **commencer.** Look for and select all appropriate answers to each question.

1. According to the first paragraph, where is the new town located?

   a. near a river

   b. in the United States

   c. next to Chicago

   d. where woods used to stand

2. What buildings appear in this new town?

   a. schools

   b. a train station

   c. churches

   d. a stock market

   e. buildings related to naval industries

   f. a music hall

3. At the end of the second paragraph, who or what is surrounding and watching the new town?

   a. native tribes

   b. crowds of newcomers

   c. animals

   d. woods

4. In the third paragraph, what happens to the town?

   a. vines are climbing banisters

   b. flowers are growing everywhere

   c. roofs are overhung with branches

   d. surrounding woods appear closer to the new town

   e. giant roots are coming out

5. What is the reaction to the people of the town about these events?

   a. surprise

   b. happiness

   c. fear

   d. indifference

10-55 Un conte fantastique : après avoir lu. Now that you've read the passage, answer the following questions in English.

1. What meanings can you infer from the title of this short story, "Wood'stown"?

_____

_____

_____

2. How do you think the story ends? What happens to the new town?

_____

_____

_____

Venez chez nous !

L'écologie

10-56   Les Verts. Do you know about the ecological party **les Verts**? Visit the **Chez nous** Companion Website to learn about this party and answer the following questions about **les Verts** in French.

Les Verts : présentation

1. Quel est leur symbole ? _____

2. Comment adhérer aux Verts ? _____

Les trois phases des Verts : un peu d'histoire

3. Première phase :

   a. dates : _____

   b. description : _____

4. Deuxième phase :

   a. dates : _____

   b. description : _____

5. Troisième phase :

   a. dates : _____

   b. description : _____

10-57   Les Verts régionaux. You have learned about the main French ecological party, but many regional branches also exist. Visit the **Chez nous** Companion Website to find links to the regional **Verts**. It is also possible to find links to regional branches from the main Website of the political party. Choose two cities or regions and consult their Websites. For each town or region, write down the address, the phone number, the e-mail address, and the name of one representative as well as his or her title in the local branch (for example: **secrétaire général, porte-parole, candidat/e**…). Several Websites mention a specific environmental issue concerning their region. Write a short paragraph about the problems mentioned in the Websites you selected.

Ville / Région 1 :

1. Qui contacter et comment ? _____

_____

_____

2. Problème(s) écologique(s) spécifique(s) ? _____

_____

_____

_____

_____

Ville / Région 2 :

3. Qui contacter et comment ? _____

_____

_____

4. Problème(s) écologique(s) spécifique(s) ? _____

_____

_____

_____

_____

10-58   Madagascar.   Your textbook and the video for this chapter refer to ecological issues found in Madagascar. To learn more about this island, research the following information by visiting the **Chez nous** Companion Website to find useful links on Madagascar.

1. Situation géographique : _____

2. Géographie de l'île : _____

3. Capitale : _____

4. Population : _____

5. Langues : _____

6. Flore et faune : _____

7. Activités possibles : _____

_____

Video Manual

10-59 **On se stresse et on se détend.** In this segment you will see and hear, from a French perspective, about sources of stress and ways to combat them. Select all appropriate answers to the following questions.

1. Which of the following factors, according to the narrator, contribute to the quality of life in France today?

   a. making time to relax

   b. taking pleasure in eating well

   c. spending time with friends

   d. using a day off for leisure

2. According to the narrator, what features of modern life produce stress for the French?

   a. being in a hurry

   b. pollution

   c. eating quickly and poorly

   d. abusing alcohol and tobacco

3. Throughout the clip, what do you see people doing to reduce the effects of stress in their lives?

   a. swimming

   b. stretching

   c. doing tai-chi

   d. rollerblading

10-60 **L'écologie.** This montage illustrates various sources of pollution—and solutions for these problems—that are found in the Francophone world.

1. View the video a first time and select all the elements from the list that you see in the video.

   _____ la déforestation   _____ les motos

   _____ les déchets domestiques   _____ les pigeons

   _____ les déchets industriels   _____ les produits chimiques

   _____ les graffitis   _____ le recyclage

2. Now view the video again and indicate whether each element mentioned in the video is a problem (P) or a solution (S).

   a. les déchets industriels   P   S   **e.** le recyclage   P   S

   b. les graffitis   P   S   **f.** les vélos   P   S

   c. les motos   P   S   **g.** les voitures hybrides P   S

   d. les pigeons   P   S

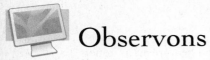

Observons

10-61 L'environnement et nous : avant de regarder. You may already have completed the **Observons** activity in the **Venez chez nous !** lesson of this chapter. If not, you will find it helpful to go back and complete that activity before moving on to the questions below.

In this clip, you will hear two people speak about the environment.

1. Marie-Julie will speak about environmental concerns in Canada. Based on your knowledge of Canada, what might some of these concerns be? List three possibilities, in French.

   _____ _____ _____

2. Pauline will show you how she recycles from her home. List in French three things she might recycle.

   _____ _____ _____

10-62 L'environnement et nous : en regardant. Now complete the following sentences below as you watch the segment. Select all correct responses for each; for some sentences, there may be more than one answer.

1. Pour Marie-Julie, il est important de protéger...

   a. les animaux. **b.** la forêt. **c.** les ressources naturelles.

2. Un synonyme pour le recyclage, c'est...

   a. la protection. **b.** la récupération. **c.** la terre.

3. Chez Pauline, il y a ... types de poubelles.

   a. deux **b.** trois **c.** quatre

4. Les poubelles à couvercle jaune, c'est pour...

   a. le plastique. **b.** le carton. **c.** le papier.

5. Les poubelles à couvercle blanc, c'est pour...

   a. le verre. **b.** les magazines. **c.** l'huile.

6. Aujourd'hui, Pauline recycle ses...

   a. devoirs. **b.** verres en plastique. **c.** journaux.

10-63 L'environnement et nous : après avoir regardé. Now think about and answer the following questions in English.

1. Did you correctly anticipate the environmental concerns Marie-Julie discussed? Was her perspective fairly typical for someone living in North America?

   _____

   _____

2. Are your opportunities for recycling similar to those discussed by Pauline? If not, how do they differ—and why? Would you be willing to sort out garbage to the extent that she does?

   _____

   _____

Quoi de neuf ? cinéma et médias

Leçon 1 Le grand et le petit écran

POINTS DE DÉPART

11-1 La télé et les goûts. Match each type of movie or TV show with the person who is most likely to watch it.

_____ 1. des enfants

_____ 2. un prof de sciences

_____ 3. une jeune fille qui va se marier

_____ 4. un étudiant d'histoire

_____ 5. un homme d'affaires

_____ 6. une femme sportive

a. une émission de téléachat

b. le journal télévisé

c. un dessin animé

d. une émission sportive

e. un documentaire sur les océans

f. un film historique

11-2 Qu'est-ce qu'on regarde ce soir ? Listen as the Lambert family talks about their favorite TV programs. For each statement that you hear, select the type of program they are talking about.

1. a. un dessin animé   b. un film   c. une émission de téléachat

2. a. un film   b. un reportage   c. un jeu télévisé

3. a. une série   b. le journal télévisé   c. une émission de musique

4. a. le JT   b. un magazine   c. une émission sportive

5. a. une série   b. un documentaire   c. une émission de téléachat

6. a. une émission de téléréalité   b. les informations   c. une émission sportive

11-3 Si on regardait un film ? Thomas cannot decide which movie to watch on cable TV tonight. Listen as his friend Stéphanie describes some of the choices she would make, and select the genre of the movie she is talking about.

1. un film d'espionnage   un film d'horreur   un documentaire

2. un film de science-fiction   un documentaire   un dessin animé

3. un drame psychologique   un film historique   un film d'aventures

4. un film d'horreur   un drame psychologique   un film historique

5. une comédie   un film d'espionnage   une comédie musicale

6. un western   une comédie   un film d'espionnage

11-4   Choix de vidéos. Imagine that you work in a video store. Give your advice on the movies the following customers could rent.

MODÈLE   J'aime beaucoup l'histoire, surtout l'histoire européenne.

Alors, louez *Marie Antoinette,* c'est <u>*un film historique*</u>.

1. J'adore le suspense et les histoires d'espions.

Alors, louez *Quantum of Solace* avec James Bond, c'est _____ .

2. J'aime les films amusants.

Je vous conseille ce film, *Taxi,* c'est _____ .

3. Mes petits cousins sont chez moi et je dois trouver un film pour enfants.

Et bien, louez *Ratatouille,* c'est _____ .

4. Je suis fanatique de musique.

Qu'est-ce que vous pensez de *Hairspray* ? C'est _____ .

5. Mes amis et moi aimons beaucoup la science-fiction.

Alors, louez *The Matrix,* c'est _____ .

6. Mon frère aime surtout les films violents avec beaucoup d'action.

Je vous propose *A Nightmare on Elm Street,* c'est _____ .

SONS ET LETTRES

Le e instable et les groupes de consonnes

11-5   Attention aux *e* instables ! In the following sentences, select the words in which the unstable **e** is pronounced.

1. Il te dit de les faire venir.

2. Je ne connais pas l'ami de Madeleine.

3. Ils ne vous demandent pas de le faire.

4. Ce que vous dites ne l'intéresse pas.

5. Je te promets de ne pas le faire.

11-6   Contrastes. Repeat the following groups of sentences, paying careful attention to the treatment of the unstable **e**.

1. Je lave la voiture. / Je me lave. / Je ne me lave pas.

2. C'est une petite fille. / C'est la petite fille de Cécile.

3. —C'est ton neveu ?

—C'est le neveu de ma belle-sœur.

4. —Philippe va venir ?

—Il espère venir après le cours.

—Le cours de physiologie ?

—Oui, c'est ça.

FORMES ET FONCTIONS

1. L'emploi des temps avec certaines conjonctions

11-7 La journée d'Abdel. Match the appropriate clauses to find out about Abdel's thoughts throughout the day. Be sure to pay attention to the verb forms in order to match the clauses correctly.

_____ 1. Je vais à la piscine

_____ 2. J'ai pris mon parapluie

_____ 3. J'appellerai mes parents

_____ 4. Mes amis m'ont dit bonjour

_____ 5. Je regarde la télé

_____ 6. J'irai me coucher

a. quand j'ai vu qu'il pleuvait.

b. quand je serai fatigué.

c. quand je suis arrivé à la fac.

d. quand je prends mon petit-déjeuner.

e. quand j'ai besoin de me détendre.

f. quand je rentrerai ce soir.

11-8 Les goûts de Céline. Find out about Céline's life as a young actress by completing each of the following sentences with the correct form of the subject pronoun and the verbs below.

adorer	devenir	~~rêver~~	trouver
décider	participer	travailler	

MODÈLE   Quand je regarde un film, _je rêve_ d'être le personnage principal.

1. Lorsque j'avais dix ans, _____ déjà aller au cinéma.

2. Aussitôt que j'ai eu le bac, _____ de faire des études d'art dramatique.

3. Quand j'avais dix-neuf ans, _____ à une émission de téléréalité.

4. _____ comme serveuse dans un restaurant pendant que j'étudie aux cours Simon.

5. Quand je finirai mes études, _____ certainement un petit rôle dans un feuilleton.

6. Dès que je suis sur scène, _____ une autre personne !

11-9 Sondage pour les parents. Listen to the first part of these parents' responses to a survey about TV programs. Then select all the possible answers that would complete each response. More than one answer will apply for each.

1. **a.** ils ne jouent plus avec leurs amis.

   b. ils ont grossi.

   c. ils lisent moins de livres.

   d. ils jouaient aux jeux vidéo.

2. a. nous irons nous coucher.

    b. nous serons fatigués.

    c. nous l'avons adorée.

    d. nous avons éteint la télé.

3. a. je lis.

    b. je sors avec mes amies.

    c. j'irai regarder la télé avec lui.

    d. je jouerai aux jeux de société avec mes enfants.

4. a. nous n'avons pas de télécommande.

    b. on ne regardait pas autant la télévision.

    c. il y avait moins de chaînes.

    d. les émissions de téléachat n'existaient pas.

5. a. il est sorti pour aller au cinéma.

    b. il a regardé un documentaire.

    c. il veut regarder des émissions de musique.

    d. il met la télé.

6. a. j'irai moins au cinéma.

    b. nous regardons souvent les films.

    c. je pourrai regarder mes émissions préférées.

    d. je suis contente.

🔊 **11-10 Les soirées télé.** Several friends are discussing their experiences with television. Complete each phrase you hear by writing its letter next to the appropriate conclusion. Pay careful attention to the verb tenses.

_____ **1.** j'ai regardé la télé tous les soirs.

_____ **2.** je regardais les dessins animés à la télé.

_____ **3.** éteins la télé, s'il te plaît.

_____ **4.** je fais mes devoirs.

_____ **5.** tu pourras recevoir beaucoup de chaînes étrangères.

_____ **6.** ses parents n'avaient pas de télé.

2. Quelques prépositions avec les expressions de temps

11-11   La tournée. Select the appropriate preposition for each of the following sentences to learn more about Marc's routine as an actor.

1. Il a regardé la télévision [pendant / pour] plusieurs heures hier soir.

2. Demain, il va jouer sur scène [pendant / pour] trois heures.

3. Ensuite, il va partir [pendant / pour] une autre ville.

4. Il dort souvent [pendant / pour] qu'il voyage en bus.

5. Tous les mois, il rentre chez lui [pendant / pour] une petite semaine.

6. Quelquefois, ses amis viennent le voir [pendant / pour] les entractes *(intermissions)*.

11-12   Petites conversations. Listen to the following statements and select **durée prévue** when you hear about a period of time to come in the future and **durée définie** when you hear about a specific time duration in the past.

1. durée prévue   durée définie

2. durée prévue   durée définie

3. durée prévue   durée définie

4. durée prévue   durée définie

5. durée prévue   durée définie

6. durée prévue   durée définie

11-13   L'émission sportive. Sébastien is reading the sports section in the newspaper. Complete the following sentences with the appropriate preposition, **en** or **dans**.

1. Tennis : le suisse Roger Federer a remporté *(won)* la finale _____ moins d'une heure.

2. Le Tour de France commence _____ un mois.

3. Rugby : la rencontre Brive-Toulouse prévue _____ deux semaines s'annonce décisive.

4. Ryder Cup : première victoire de l'équipe américaine _____ neuf ans.

5. Le pilote espagnol a effectué le meilleur temps du Grand Prix de Singapour _____ 1:57:16.304.

6. Préparation de la cérémonie de clôture des Jeux Olympiques _____ quelques heures.

11-14   Au cinéma. Listen to the following bits of conversation overhead while people are standing in line to buy movie tickets. Select **durée de réalisation** if people are talking about the amount of time needed to accomplish an action and **point dans l'avenir** if they are taking about when an action will take place at some time in the future.

1. durée de réalisation   point dans l'avenir   4. durée de réalisation   point dans l'avenir

2. durée de réalisation   point dans l'avenir   5. durée de réalisation   point dans l'avenir

3. durée de réalisation   point dans l'avenir   6. durée de réalisation   point dans l'avenir

 **Écoutons**

11-15   C'est nul la télé : avant d'écouter. Do you watch TV? If so, how often? What kinds of programs do you like to watch? Make a list, in French, of two or three types of programs that you prefer, and another list of the types of programs you never watch.

_____

_____

_____

11-16   C'est nul la télé : en écoutant. Two friends, Frédéric and Anne, are sharing their thoughts about television. Read the questions below before listening to their conversation. Then answer the questions by selecting the correct answers. More than one answer may be correct in each case. You may wish to listen to the conversation several times before you answer.

1. Qui regarde beaucoup la télévision ?

   a. Anne

   b. Frédéric

   c. Anne et Frédéric

   d. ni Anne, ni Frédéric

   e. la mère d'Anne

2. Quels sont les programmes de la liste ci-dessous mentionnés dans la conversation ?

   a. une émission de téléréalité

   b. le journal télévisé

   c. un reportage sur la violence à l'école

   d. une série américaine

   e. un jeu télévisé

3. D'après Frédéric, quel genre d'émission est intéressant ?

   a. un documentaire comme la découverte d'une momie

   b. un jeu télévisé comme *Jeopardy*

   c. un débat comme le débat des présidentielles américaines

   d. un documentaire sur la vie de Picasso

   e. une émission sportive

4. Quelles sont les raisons mentionnées pour ne pas avoir de télévision ?

   a. Pas besoin de télévision : il est possible de s'informer en lisant le journal.

   b. Les jeux télévisés encouragent le matérialisme.

   c. Les émissions de téléréalité montrent un manque de respect pour la société.

   d. On trouve toutes sortes de films au cinéma à Paris.

   e. Les séries sont toutes identiques.

Écrivons

11-17   Le magazine télé : avant d'écrire. You have French-speaking guests at your home and they like to watch American TV shows, even if they do not fully understand English. Prepare a short version of a TV guide in French for the coming week. To begin, complete the following activities.

1. Make a list, in French, of three types of programs that your guests could watch.

   (for example: *une série, …*)

   _____

   _____

   _____

2. For each of the types of programs you listed, write the title of a specific show.

   (for example: *Grey's Anatomy, …*)

   _____

   _____

   _____

3. Provide details for each show you selected by specifying the time and the channel on which it is broadcast.

   (for example: *jeudi soir à 21 h 00 sur ABC*)

   _____

   _____

   _____

4. Finally, think about the key words needed to describe each of the TV programs you selected.

   (for example: *drame, hôpital, médecins, infirmières, etc.*)

   _____

   _____

   _____

   _____

   _____

   _____

11-18   Le magazine télé : en écrivant. Now, write an informative essay describing the selection of TV programs you prepared for your guests. Start with a general introduction about American TV programs, and be sure to include all elements mentioned in the previous activity. Remember to check your spelling and be careful with agreement of adjectives and verbs.

MODÈLE   *Il y a un grand choix de programmes à la télé chez nous. Par exemple, il y a des séries, des dessins animés, des magazines, des... Cette semaine, il y a quelques bonnes émissions. Voici mes suggestions.*

Si vous aimez les séries, je suggère Grey's Anatomy. *C'est un drame médical qui a lieu dans un hôpital à Seattle. C'est une bonne série qui est assez intéressante et très réaliste. J'aime beaucoup cette série parce qu'il y a aussi des histoires d'amour entre médecins et infirmières. Les acteurs sont... Vous pouvez la voir jeudi soir à 21 h 00 sur ABC.*

Si vous préférez les...

_____

_____

_____

_____

_____

_____

_____

_____

_____

Leçon **2** Êtes-vous branché ?

POINTS DE DÉPART

11-19   Les technophiles. You work in a computer store, and help customers with their technological needs. Match each situation to the technology required.

_____ 1. Pour travailler à l'extérieur de la maison ou du bureau,

_____ 2. Pour avoir accès à Internet presque partout,

_____ 3. Pour sauvegarder un fichier,

_____ 4. Pour garder les adresses, les numéros de téléphone, et son agenda,

_____ 5. Pour télécharger de la musique et l'écouter partout,

_____ 6. Pour organiser ses informations financières,

a. il faut une clé USB.

b. il faut un baladeur MP3.

c. il faut un ordinateur portable.

d. il faut un logiciel.

e. il faut une connexion sans fil.

f. il faut un PDA.

11-20   Jeu virtuel. Read the following clues to complete this crossword puzzle based on the theme of actions or objects related to the computer world.

Horizontalement

2. Cette machine permet d'imprimer des photos ou du texte.

7. On peut écrire sur l'ordinateur grâce à (*thanks to*) un...

8. Internet permet à tout le monde d'expérimenter ou d'... beaucoup de nouvelles choses.

Verticalement

1. C'est l'action de transférer des images ou de la musique d'Internet sur son ordinateur.

3. On le regarde quand on surfe sur Internet, par exemple.

4. C'est l'action de modifier une photo sur ordinateur.

5. Internet permet de communiquer et d'... des données d'une personne à une autre très rapidement.

6. Quand on utilise une messagerie instantanée, notre correspondant peut nous voir en vidéo si on en a une.

🔊 **11-21   Test de connaissances.** You are applying for a computer job in Canada and need to take a test. For each statement that you hear, select the appropriate term.

1. a. C'est une messagerie instantanée.

   b. C'est un baladeur MP3.

2. a. On a une souris sans fil.

   b. On est en ligne.

3. a. C'est un clavier.

   b. C'est un moniteur à écran plat.

4. a. C'est un PDA.

   b. C'est un graveur.

5. a. C'est une pièce jointe.

   b. C'est un réseau.

6. a. C'est un scanner.

   b. C'est un ordinateur portable.

🔊 **11-22   Tu mélanges tout !** Adeline's grandfather is proud to show off his knowledge about the newest technology, but is often mistaken. Correct each of his statements about computers by writing a logical response.

1. Mais non, pour faire ça, tu utilises _____

2. Mais non, pour faire ça, tu utilises _____

3. Mais non, pour faire ça, tu regardes _____

4. Mais non, pour faire ça, tu utilises _____

5. Mais non, pour faire ça, tu envoies _____

6. Mais non, pour faire ça, tu utilises _____

SONS ET LETTRES

Le e *instable et les groupes consonne + / j/*

🔊 **11-23   Lequel ?** Listen to each group of words and select the letter corresponding to the word in which the unstable **e** is pronounced.

1. a   b   4. a   b
2. a   b   5. a   b
3. a   b   6. a   b

🔊 **11-24   Répétez.** Repeat the following sentences, paying attention to the unstable **e**.

1. Nous casserons la télécommande si tu ne nous laisses pas regarder la télé !

2. Vous casseriez la télécommande ? Je ne vous crois pas.

3. Vous me donnerez les jetons pour jouer aux jeux vidéo ?

4. Nous te les donnerions si nous les avions !

5. Lise aimait étudier. Nous l'appelions la parfaite étudiante.

FORMES ET FONCTIONS

1. Le conditionnel

🔊 **11-25   Rêve ou réalité ?** David wants to become an actor and is discussing his career choice with his friends. For each statement that you hear, select **rêve** (*dream*) if the speaker is talking about what he would do if he could, and select **réalité** if the speaker is talking about something he is actually doing.

1. rêve   réalité   4. rêve   réalité
2. rêve   réalité   5. rêve   réalité
3. rêve   réalité   6. rêve   réalité

11-26   À votre place. You work for a women's magazine in Québec where you respond to readers' comments in your editorial. For each problem described by your readers, propose a suggestion starting with **à votre place**... using one of the verbs from the list.

MODÈLE   Mon copain étudie dans une autre ville et je me sens très seule le week-end.

À votre place, *je sortirais plus avec des copines* pour me distraire.

ne pas aller avec lui	lui parler	lui prêter
manger comme vos parents	passer du temps	sortir avec des amis
~~sortir avec des copines~~		

1. Mes parents viennent me rendre visite ce week-end, mais je n'ai pas envie de les voir. Je veux sortir avec mes amis.

   À votre place, _____ avec mes parents. Vous pouvez sortir avec vos amis tous les weeks-ends, mais vous ne voyez pas toujours vos parents.

2. Après un examen, je ne veux rien faire mais mes amis veulent sortir pour faire la fête.

   À votre place, _____ une autre fois. Après l'examen, vous devez rester chez vous avec un bon livre ou peut-être un DVD.

3. Je me suis disputée avec ma meilleure copine et je n'ai pas envie de lui parler. Elle continue à me téléphoner.

   À votre place, _____. C'est bien d'avoir des amis.

4. Ma petite sœur veut toujours emprunter mon baladeur MP3. Elle m'énerve.

   À votre place, _____ mon baladeur MP3 quand je passe du temps avec elle.

5. Le copain de ma colocataire vient de m'inviter à aller au cinéma sans elle. Je ne sais pas quoi faire.

   À votre place, _____ au cinéma. Vous allez avoir des problèmes !

6. Je vais rentrer chez mes parents ce week-end. Ils sont végétariens mais j'adore manger de la viande rouge !

   À votre place, _____ pour le week-end seulement. Après, vous pouvez manger un gros hamburger si vous voulez.

11-27   Qui veut gagner des millions ? Imagine that you are participating in the TV show *Qui veut gagner des millions,* a very popular show in France. What would your friends, family members, or you do if you earned or won a million euros? Choose a verb from the list below.

acheter	faire	~~ne plus aller~~	visiter
donner	manger	partir	

MODÈLE   vous :   *Je n'irais plus* travailler.

1. vous : _____ un voyage autour du monde.

2. votre meilleur/e ami/e : _____ Paris, Rome et Athènes.

3. vos parents : _____ une nouvelle maison avec une superbe cuisine.

4. vos grands-parents : _____ de l'argent à des associations humanitaires.

5. votre ami/e et vous : _____ un super repas dans un bon restaurant.

6. votre petit/e ami/e : _____ en croisière avec moi !

11-28 Rendez-vous manqué. Line and Renaud were supposed to meet their friends at the movie theater, but do not see them. Complete each of their statements with the correct form of the subject and verb that you hear.

MODÈLE   You hear: Sophie a dit qu'elle serait là avant nous.

You write: Sophie a dit qu' _elle serait_ là avant nous.

1. Je savais qu'_____ à l'heure.

2. Christophe et Sylvie m'ont dit qu'_____ avec Sophie.

3. Karine m'a appelé pour dire qu'_____ en retard.

4. Patrick a bien dit qu'_____ devant le cinéma, non ?

5. Renaud, tu as dit que _____ de pop-corn cette fois !

6. C'est vrai, et j'ai aussi pensé que _____ voir le début du film !

2. L'ordre des évènements

11-29 Méli-mélo. Listen as Valérie reminds her husband about the day's activities, and select the statement that most logically completes each of her sentences.

1. **a.** signer le contrat.

   b. avoir signé le contrat.

2. **a.** aller chercher Bastien à l'école.

   b. être allé chercher Bastien à l'école.

3. **a.** voir le dentiste.

   b. avoir vu le dentiste.

4. **a.** rentrer.

   b. être rentré.

5. **a.** rendre visite à ta tante.

   b. avoir rendu visite à ta tante.

6. **a.** aller au cinéma.

   b. être allé au cinéma.

11-30 Les habitudes. Match the appropriate ending to each of the following sentences to find out about Abdel's habits.

_____ 1. Après avoir réussi un examen,   **a.** je prends une douche et le petit-déjeuner.

_____ 2. Avant de me coucher,   **b.** je les relis plusieurs fois.

_____ 3. Avant de rendre des devoirs,   **c.** je vais voir un film avec mes amis pour me détendre.

_____ 4. Après m'être levé,   **d.** je l'écoute sur mon baladeur MP3.

_____ 5. Avant de quitter le bureau,   **e.** je me brosse les dents.

_____ 6. Après avoir téléchargé de la musique,   **f.** je vérifie toujours mes e-mails une dernière fois.

11-31 La journée d'Alexandre. Have you read the children's story *Alexander and the Terrible, Horrible, No Good, Very Bad Day*? In the story, a young boy is having a very bad day. Complete each of the following sentences to find out what happened to the main character. Use the following expressions: **avant de, après avoir, après être, après s'être.**

MODÈLE   *Après s'être réveillé*, Alexandre a découvert du chewing-gum dans ses cheveux.

1. _____ pris le petit déjeuner, il n'a rien trouvé dans sa boîte de céréales.

2. _____ mangé son sandwich à l'école, il a découvert qu'il n'avait pas de dessert.

3. _____ allé chez le dentiste, il a découvert qu'il avait une carie (*cavity*).

4. _____ sorti du bâtiment, il est tombé dans la boue (*mud*).

5. Il a pleuré _____ se lever.

6. _____ prendre son bain, il a vu des gens qui s'embrassaient à la télévision. Alexandre déteste ça.

7. _____ pris son bain, il a dû mettre un pyjama avec des trains qu'il n'aime pas du tout.

8. _____ se coucher, il s'est disputé avec ses frères.

Alexander and the Terrible, Horrible, No Good, Very Bad Day. Judith Viorst, Simon & Schuster, 1987.

11-32 Quelle journée ! Listen as a teenager tells his mother about his day, and complete his sentences with the words you hear.

MODÈLE   You hear: Je me suis dépêché après m'être réveillé en retard.

You write: Je me suis dépêché *après m'être réveillé* en retard.

1. J'ai eu un examen de maths _____ un quiz d'espagnol.

2. J'ai mangé à la cafétéria _____ à la bibliothèque.

3. J'ai discuté avec des amis _____ .

4. Je suis rentré à la maison _____ mon ami Karim.

5. Nous avons regardé la télé ensemble _____ à l'ordinateur.

6. J'ai fait mes devoirs _____ mes e-mails.

 # Écoutons

11-33 La fête de l'Internet : avant d'écouter. Dayo, a student from Burkina Faso, will talk about the Internet from a Francophone perspective, and more precisely about the **Festival de l'Internet francophone.**

The slogan for this year's festival is **Partageons notre différence**; select the statement that best illustrates the meaning of this motto.

a. Les gens des pays francophones peuvent se connaître et communiquer plus facilement grâce à Internet.

b. Le Québec coopère avec le Canada pour la création de sites Internet bilingues.

c. Tous les peuples francophones ont des chances similaires face aux nouvelles technologies.

🔊 **11-34   La fête de l'Internet : en écoutant.** Listen as Dayo describes the initiatives taken by many Francophone countries to promote the use of the Internet.

1. The first time you listen, select the countries involved in the event **La fête de l'Internet**, according to Dayo.

   _____ Algérie   _____ Canada   _____ Maroc

   _____ Burkina Faso   _____ France   _____ République démocratique du Congo

   _____ Cameroun   _____ Mali   _____ Sénégal

2. The second time you listen, select the activities organized by the different countries.

   _____ des chat rooms   _____ des jeux

   _____ des démonstrations dans les écoles   _____ des créations de logiciels

   _____ des installations de cybercafés   _____ des téléconférences

   _____ des formations   _____ des ventes de multimédia

Écrivons

11-35   La technologie et vous : avant d'écrire. On the first day of a computer science class, you are asked to think about the role that technology plays in your life. To begin, complete the following.

1. Brainstorm and list all the words and expressions that come to your mind as you think about the word **technologie**.

   _____

   _____

   _____

2. From this list, identify two or three important themes that you wish to discuss. Think about the order in which you would like to discuss each theme.

   _____

   _____

   _____

3. Now, prepare a good introduction statement for an essay on this topic.

   _____

   _____

   _____

11-36 **La technologie et vous : en écrivant.** Write your essay on the role of technology in your life, being sure to use the information you gathered in **11-35**. As you develop your ideas, think about providing personal examples to make your essay more interesting, and pay attention to the transitions between your sentences using words like **donc**, **puis**, and **cependant** (*however*).

MODÈLE   *La technologie est très importante pour moi. Je ne crois pas qu'on puisse vivre au vingt-et-unième siècle sans un ordinateur portable, une connexion sans fil ou un baladeur MP3...*

Pour moi personnellement, la technologie m'aide à avoir des meilleures relations avec mes grands-parents. Ils ont un nouvel ordinateur et ils m'envoient des e-mails toutes les semaines. Je peux leur parler de ma vie à la fac. Quelquefois, je leur envoie des photos que j'ai prises avec mon appareil numérique...

_____

_____

_____

_____

_____

_____

_____

_____

Leçon ③ On s'informe

POINTS DE DÉPART

11-37 La lecture. Associate each group of titles with the appropriate type of reading material.

_____ 1. *USA Today, The Wall Street Journal*

_____ 2. *Time, Newsweek, L'Express*

_____ 3. *Garfield, Peanuts, Astérix et Obélix*

_____ 4. un dictionnaire, un atlas

_____ 5. un livre de cuisine, un livre d'art

_____ 6. *War and Peace, L'étranger, L'enfant noir*

a. des bandes dessinées

b. des livres de loisirs

c. des romans

d. des journaux nationaux

e. des ouvrages de référence

f. des magazines d'informations

🔊 **11-38 Au tabac.** You are doing a marketing survey at a newsstand. Listen to the customers' requests, and select the title of the magazine each one is likely to purchase.

1. *Gazoline*   *Santé Magazine*

2. *Fleurs, plantes et jardins*   *Espace*

3. *Jeune et jolie*   *Le Chien magazine*

4. *Auto passion*   *Absolu Féminin*

5. *L'Express*   *Les cahiers du cinéma*

6. *L'Équipe*   *Elle*

11-39 Les cadeaux. You work at a bookstore where people are asking you for advice on Christmas gifts. Suggest an appropriate book for each of the following people according to their likes and dislikes.

1. Mon frère est intellectuel et très intelligent. Il fait des études en sciences de l'environnement.

 —Je vous propose [un livre sur le recyclage en Europe / une bande dessinée].

2. Ma mère adore regarder les émissions de cuisine à la télé et nous préparer des bons petits plats.

 —J'ai ce qu'il vous faut : [un ouvrage de référence sur la santé / le dernier livre de Martha Stewart].

3. Ma petite sœur ne sait pas encore lire… je ne sais pas quoi prendre.

 —Qu'est-ce que vous pensez d'[un livre d'images / un dictionnaire] ?

4. Ma meilleure amie fait collection de magazines de mode.

 —Offrez-lui [un abonnement à un mensuel féminin / la biographie d'un homme politique].

5. Ma colocataire aime les histoires d'amour et les intrigues politiques du passé.

 —Achetez-lui [un quotidien / un roman historique].

6. Mon fils va bientôt entrer à l'université. Il veut se spécialiser en italien.

 —Je vous suggère [un dictionnaire / un recueil (*collection*) de poésie].

🔊 **11-40   À la bibliothèque.** You are working at the library information desk. As several people express their needs, suggest the appropriate books, following the model.

MODÈLE   You hear: Je cherche un synonyme du mot « content ».

You write: *Les dictionnaires* de synonymes sont là-bas.

1. _____ sont au premier étage.

2. _____ sont près de l'entrée.

3. _____ sont au cinquième étage.

4. _____ sont au rez-de-chaussée.

5. _____ sont au deuxième étage.

6. _____ sont au quatrième étage.

7. _____ sont au sous-sol.

FORMES ET FONCTIONS

1. Les phrases avec si...

11-41   Un rapport. Your friend Chantal is preparing a research paper about technology in France and is worrying about it. Reassure her by completing each of these sentences with one of the verbs from the list.

allumer	chercher	s'installer	prendre
~~attendre~~	demander	pouvoir	utiliser

MODÈLE   Et si la bibliothèque n'est pas encore ouverte ?

—Si la bibliothèque est fermée, *tu attendras* quelques minutes qu'elle ouvre.

1. Et si les magazines que je veux ne sont pas là ?

   —Si les magazines que tu veux ne sont pas là, _____ d'autres magazines.

2. Et si je ne trouve pas les livres que je cherche ?

   —Si tu ne trouves pas les livres que tu cherches, _____ demander de l'aide.

3. Et si j'ai soif pendant que je suis à la bibliothèque ?

   —Si tu as soif pendant que tu es à la bibliothèque, _____ un coca au café.

4. Et si j'ai besoin d'un renseignement ?

   Si tu as besoin d'un renseignement, _____ aux personnes qui travaillent à la bibliothèque.

5. Et si je veux utiliser ma connexion sans fil à la bibliothèque ?

   Si tu veux utiliser ton ordinateur avec Wi-Fi à la bibliothèque, _____ l'ordinateur et _____ ton mot de passe universitaire.

11-42 Des hypothèses. Indicate what the following people would do in each of the given situations, using a verb from the word bank. Each verb can only be used once.

aller	acheter	donner	faire	~~rentrer~~	visiter

MODÈLE   Si j'étais malade, *je rentrerais* chez moi.

1. Si Marie gagnait à la loterie, _____ une nouvelle maison pour ses parents et un appartement pour elle à Londres.

2. Si mon frère avait une nouvelle voiture, _____ en Californie en voiture avec des amis.

3. Si mes parents partaient en vacances en Europe, _____ Paris, Londres, Rome, Nice et Barcelone.

4. Si j'étais prof de français, _____ ne _____ pas de devoirs et pas d'examens !

5. Si ma petite sœur était présidente, _____ plus pour aider les gens qui sont pauvres et qui sont malades.

11-43 Si j'avais... Camille and Bastien are discussing a computer purchase. Complete each of their statements with the correct subject and verb form that you hear.

MODÈLE   You hear: Je viendrai avec toi au magasin si j'ai le temps.

You write: *Je viendrai* avec toi au magasin si j'ai le temps.

1. Si nous avions plus de temps, _____ comparer les prix des ordinateurs.

2. Si nous avions plus d'argent, _____ l'ordinateur, le scanner et l'imprimante le même jour.

3. _____ de l'argent à tes parents si tu les vois demain !

4. Si j'en parle à mes parents, _____ pourquoi nous avons besoin d'un nouvel ordinateur.

5. Si tu leur parlais calmement, _____ peut-être à les convaincre.

6. Peut-être. Si seulement nous avions plus d'argent, _____ plus de choix...

11-44 Les recherches. Students are discussing their work habits at the university library. Complete each phrase you hear by matching it with the appropriate conclusion. Pay careful attention to the verb tenses.

_____ 1. tu viendrais travailler avec nous sans chercher d'excuses.

_____ 2. on peut travailler ensemble sur notre exposé.

_____ 3. tu peux consulter les journaux dans la salle de lecture.

_____ 4. on peut aller au café après !

_____ 5. on pourrait aller travailler au café au lieu d'aller à la bibliothèque.

_____ 6. on se retrouve devant la bibli vers 18 h 00...

2. *Les expressions* depuis *et* il y a ... que

11-45   Depuis quand ? You are interviewing one of your professors for a freshman seminar course. For each question that you have prepared, indicate the expected response.

1. Vous travaillez à l'université depuis quand ? [depuis 2005 / depuis 4 ans]

2. Vous habitez cette ville depuis combien de temps ? [depuis 1998 / depuis 12 ans]

3. Vous êtes professeur depuis combien de temps ? [depuis 1994 / depuis 15 ans]

4. Depuis quand est-ce que vous êtes marié ? [depuis 1989 / depuis 20 ans]

5. Votre fille habite la résidence depuis quand ? [depuis le mois d'août / il y a 2 mois]

6. Il y a combien de temps que votre fils a commencé à jouer au basket ? [il y 5 ans / depuis 5 ans]

11-46   Le curieux. Karine's new friend is very curious. As you listen, select the most logical answer to each of his questions.

1. **a.** Il y a trois jours.

   b. Depuis le début du semestre.

2. **a.** Il y a six mois.

   b. Depuis 2008.

3. **a.** Il y a trois ans.

   b. Depuis trois ans.

4. **a.** Depuis seulement vingt minutes.

   b. Depuis le mois de mars.

5. **a.** Il y a trois mois.

   b. Depuis le 15 mai 2008.

11-47   On va tout savoir. The university newspaper wants to write an article about you; answer the following questions.

MODÈLE   Depuis quand est-ce que vous êtes étudiant/e ?

Je suis étudiant depuis 2008.

1. Depuis quand est-ce que vous êtes à la fac ?

   _____

2. Depuis combien de temps est-ce que vous habitez dans la région ?

   _____

3. Depuis combien de temps est-ce que vous connaissez votre colocataire ?

   _____

4. Il y a combien de temps que vous travaillez à la librairie du campus ?

   _____

5. Depuis combien de temps est-ce que vous étudiez le français ?

   _____

🔊 **11-48   L'entretien d'embauche.** Cédric is interviewing for a job in a computer lab on campus. For each of his answers, select **logique** if it is logical and **illogique** if it is illogical.

1. logique   illogique   4. logique   illogique

2. logique   illogique   5. logique   illogique

3. logique   illogique   6. logique   illogique

Écoutons

11-49   Les livres disparaissent : avant d'écouter. Do you read a lot? Make a list, in French, of what you read and how often, using adverbs such as **souvent**, **beaucoup**, **tous les jours**, **rarement**.

_____

_____

_____

🔊 **11-50   Les livres disparaissent : en écoutant.** The association **Lire avant tout** is worried that books will become obsolete due to the Internet. Listen as one of their representatives, Alain, questions three people about their reading habits for a study.

1. The first time you listen, indicate what each of the speaker reads.

   a. La première dame

   _____ des magazines féminins   _____ des quotidiens

   _____ des livres de cuisine   _____ des romans sentimentaux

   b. Le monsieur

   _____ une biographie   _____ le programme télé

   _____ un quotidien sportif   _____ un livre sur la pêche

   c. La deuxième dame

   _____ un quotidien régional   _____ un magazine

   _____ des livres d'art   _____ le journal *Le Figaro*

2. The second time you listen, indicate the reasons each person gives for reading.

   a. La première dame

   _____ elle veut s'informer des problèmes de société

   _____ elle est romantique

   _____ elle adore cuisiner

b. Le monsieur

_____ il veut tout savoir sur les personnalités

_____ il est fan de sport

_____ il est fou de pêche

c. La deuxième dame

_____ elle est curieuse

_____ elle veut tout savoir sur les vedettes de cinéma

_____ elle est artiste

Écrivons

11-51   La critique : avant d'écrire. Give your opinion on a book you recently read. To begin, complete the following activities.

1. Write the title of the book and its writer.

(for example: Madame Bovary, *Gustave Flaubert*)

_____

_____

2. Specify what type of book it is.

(for example: *un roman*)

_____

3. Make a list of the main characters.

(for example: *Emma Bovary, Charles Bovary, Rodolphe...*)

_____

_____

4. Make a list of the main events to sum up the plot in one or two paragraphs.

(for example: *Emma se marie. Elle n'est pas contente. Elle prend un amant* [lover]. *Elle n'est pas contente. Elle prend un autre amant... Elle n'est toujours pas contente...*)

_____

_____

_____

_____

5. Make a list of adjectives that describe the book.

(for example: *intéressant, pas très réaliste...*)

_____

_____

11-52   La critique : en écrivant. Write your critique, and conclude it by giving your opinion of the book using the adjectives you mentioned in **11-51**. Pay attention to the agreement of adjectives and the use of verb tenses.

MODÈLE   *Je viens de lire un roman qui s'appelle* Madame Bovary. *C'est un roman du dix-neuvième siècle écrit par Gustave Flaubert. C'est l'histoire d'une femme, Emma Bovary, qui se marie avec un médecin de campagne. Son mari est un homme simple et elle veut avoir une vie plus romantique. Elle n'est pas satisfaite de sa vie, alors elle a deux liaisons amoureuses avec d'autres hommes. Mais ces liaisons finissent mal et Emma se suicide.*

J'ai bien aimé ce roman. C'était très intéressant, mais je ne l'ai pas trouvé très réaliste. Je ne comprends pas pourquoi Emma Bovary ne pouvait pas être contente d'une vie simple avec un mari qui l'aimait beaucoup.

_____
_____
_____
_____
_____
_____
_____
_____

Lisons

11-53   Wikipédia : avant de lire. When you need to look up a word, what types of references do you mostly rely on? Would you rather use an encyclopedia such as the *Encyclopædia Britannica*, look up the word on the Internet, or go to Wikipedia to find out the information you want to learn? Answer in English, and explain your choice.

_____
_____
_____

11-54   Wikipédia : en lisant. Read the following text discussing the use of Wikipedia and select the appropriate response to each of the following questions.

1. En quelle année a commencé l'encyclopédie collaborative et gratuite en ligne ?

   a. en 2001

   b. en 2005

   c. en 2008

Wikipédia : panique dans les bibliothèques

L'histoire de Wikipédia, l'encyclopédie en ligne à laquelle tout le monde peut contribuer et accéder gratuitement, a commencé sur Internet le 15 janvier 2001. Il est très facile de collaborer à la rédaction ou la révision d'un article, ce qui explique sans doute son incroyable succès. Un boulanger passionné de vélo a seulement besoin de s'inscrire s'il veut écrire un article sur la fabrication des éclairs au chocolat ou sur le dernier vainqueur du Tour de France. En mai 2008, on a recensé plus de 400.000 internautes qui ont contribué à Wikipédia uniquement en France.

Nombreux sont les critiques de Wikipédia. Peut-on vraiment croire les informations écrites anonymement sur ce site Web ? D'après une étude menée en 2005 par le magazine scientifique *Nature*, on ne doit plus douter de la fiabilité des articles de Wikipédia. Après avoir comparé des articles parus dans Wikipédia et dans l'*Encyclopædia Britannica*, l'étude a montré que les deux encyclopédies contenaient plus de cent erreurs, l'*Encyclopædia* en comptait seulement une quarantaine de moins que Wikipédia. Alors, vaut-il toujours la peine (*is it worth*) d'investir dans une longue série d'encyclopédies pour sa bibliothèque personnelle quand les informations sont disponibles gratuitement en un seul clic ?

Le succès de Wikipédia a influencé les éditeurs d'encyclopédies traditionnelles à repenser leurs tactiques. *Larousse*, par exemple, tente d'attirer les internautes en proposant une nouvelle encyclopédie en ligne qui offre la possibilité de consulter des articles de son encyclopédie ainsi que des articles collaboratifs rédigés par les internautes visibles sur une même page.

2. Qu'est-ce qui est nécessaire pour collaborer à un article sur Wikipédia ?

   a. il faut donner de l'argent

   b. il faut être spécialiste de son sujet

   c. il faut s'inscrire

3. Que représentent les 400.000 internautes mentionnés dans le texte ?

   a. le nombre de personnes en France qui ont visité Wikipédia en 2008

   b. le nombre de personnes dans le monde qui ont collaboré à Wikipédia depuis 2001

   c. le nombre de personnes en France qui ont écrit ou corrigé un article sur Wikipédia

4. Quelle peut être la conclusion sur l'étude publiée par le magazine *Nature* ?

   a. seules les encyclopédies traditionnelles comme l'*Encyclopædia Britannica* sont fiables (*reliable*)

   b. le nombre d'erreurs trouvées dans les deux types d'encyclopédie est assez similaire

   c. contrairement à Wikipédia, l'*Encyclopædia Britannica* contient beaucoup d'erreurs

5. Quelle tactique emploient les éditeurs d'encyclopédies traditionnelles pour faire face à la compétition de Wikipédia ?

   a. ils veulent collaborer avec Wikipédia

   b. ils présentent une nouvelle encyclopédie en ligne qui inclut des pages collaboratives

   c. aucune, Wikipédia n'est pas une compétition selon eux

11-55 Wikipédia : après avoir lu. Can you think of another title to use for this article? Write two alternative titles in French that would better sum up the message of the article.

_____

_____

_____

Nom : _____   Date : _____

Venez chez nous !

Le cinéma

11-56   Le FESPACO. Your textbook mentions this important African film festival that takes place every two years in Burkina Faso. Visit the **Chez nous** Companion Website to find information on FESPACO and answer the following questions in French.

1. Nommez trois catégories de film en compétition au FESPACO : _____
_____

2. Donnez le nom de cinq pays qui vont participer à la compétition lors de la dernière édition du FESPACO :
_____
_____

3. Comment s'appelle le trophée attribué au gagnant du festival : _____
_____

4. Donnez une brevè description de ce trophée : _____
_____

5. Quel prix accompagne le trophée ? _____
_____

11-57   Le Burkina Faso. What do you know about Burkina Faso, where FESPACO takes place? Visit the **Chez nous** Companion Website to find out more about this country, and provide the following information in French.

Le Burkina Faso

1. Situation géographique : _____

2. Climat : _____

3. Capitale : _____

4. Gouvernement : _____

5. Population : _____

6. Langue officielle : _____

7. Langues nationales : _____

8. Monnaie : _____

Video Manual

11-58   Je lis la presse. In this video clip, Pauline shows and describes the newspapers and magazines that she generally reads.

As you listen, select the periodicals that she describes in each category: **un quotidien**, **un hebdomadaire**, or **un mensuel**. Then answer the last question.

1. un quotidien

_____ le Figaro   _____ Libération   _____ l'Officiel des spectacles

_____ Géo   _____ Le Monde   _____ Pariscope

_____ Le Journal du Dimanche   _____ le Nouvel Observateur   _____ Le Point

2. un hebdomadaire

_____ le Figaro   _____ Libération   _____ l'Officiel des spectacles

_____ Géo   _____ Le Monde   _____ Pariscope

_____ Le Journal du Dimanche   _____ le Nouvel Observateur   _____ Le Point

3. un mensuel

_____ le Figaro   _____ Libération   _____ l'Officiel des spectacles

_____ Géo   _____ Le Monde   _____ Pariscope

_____ Le Journal du Dimanche   _____ le Nouvel Observateur   _____ Le Point

4. To which periodical does she subscribe?

_____ le Figaro   _____ Libération   _____ l'Officiel des spectacles

_____ Géo   _____ Le Monde   _____ Pariscope

_____ Le Journal du Dimanche   _____ le Nouvel Observateur   _____ Le Point

11-59   Le cinéma. In this montage you will see a variety of images from **le Festival International du Film** in Cannes.

1. What do you know about this important event in the world of cinema? Find out more information by completing the following sentences.

1. _____ Le festival a lieu   a. une palme d'or.

2. _____ Le festival a été fondé   b. en mai, tous les ans.

3. _____ Le gagnant du meilleur film reçoit   c. est Cannes, située sur la Côte d'Azur.

4. _____ La ville qui accueille le festival   d. en 1946 par Jean Zay.

2. Watch the video clip; then indicate in what order you see each of the following.

1. _____ la cérémonie d'ouverture   a. 1ère étape

2. _____ l'arrivée des vedettes au palais du Festival   b. 2e étape

3. _____ les applaudissements   c. 3e étape

4. _____ la remise d'une Palme   d. 4e étape

Observons

11-60   Réflexions sur le cinéma : avant de regarder. You may already have completed the **Observons** activity in the **Venez chez nous !** lesson of this chapter. If not, you will find it helpful to go back and complete that activity before moving on to the questions below. In this clip, you will hear two people talk about their film preferences. Before viewing, answer these questions in English.

1. What do you look for in a good film? You will hear Christian tell what he most appreciates in a film.

   _____

2. Are you very familiar with cinema from Quebec? Marie-Julie will describe some of her favorite films.

   _____

11-61   Réflexions sur le cinéma : en regardant. As you listen, select all the answers that correctly complete each sentence.

1. Christian aime les films...

   a. avec des effets spéciaux.   **c.** avec le bon dialogue.   **e.** avec des acteurs connus.

   b. avec un bon scénario.   **d.** avec un titre intéressant.

2. Il aime le cinéma ... traditionnel.

   a. français   **c.** japonais   **e.** américain

   b. canadien   **d.** espagnol

3. Marie-Julie dit qu'elle aime le cinéma québécois parce qu'elle...

   a. veut être actrice.   **c.** est un peu partisane.   **e.** est mariée à un cinéaste québécois.

   b. aime les films en français.   **d.** est fanatique du cinéma.

4. Parmi les films qu'elle décrit, il y a...

   a. *Jésus de Montréal.*   **c.** *Nuit de Noces.*   **e.** *Les Invasions barbares.*

   b. *Cruising Bar.*   **d.** *Louis 19.*

5. Marie-Julie aime particulièrement...

   a. les documentaires.   **c.** les films sérieux.   **e.** les films historiques.

   b. les films d'espionnage.   **d.** les comédies.

11-62   Réflexions sur le cinéma : après avoir regardé. Whose tastes do you most identify with, and why? Answer in English.

   _____

   _____

Les beaux-arts

Leçon Fêtons la musique !

POINTS DE DÉPART

12-1 La Fête de la Musique. Listen as Thibault and his friends are discussing their plans for the **Fête de la Musique**. Write down the instrument each person will play next to the appropriate name.

MODÈLE   You hear: Moi, je vais jouer du violon.

   You write: *le violon*

1. Marc   _____

2. Patricia   _____

3. Estelle   _____

4. Karim   _____

5. Ahmed   _____

6. Hugues   _____

12-2 La musique. Select all the words associated with each of the following types of music. More than one answer will apply.

1. la musique classique

   a. une batterie   **b.** un piano   **c.** une guitare basse   **d.** un violon

2. le blues

   a. une flûte traversière   **b.** un saxophone   **c.** une guitare basse   **d.** un chanteur

3. la country

   a. une clarinette   **b.** une batterie   **c.** un violoncelle   **d.** une guitare

4. le rock

   a. une guitare électrique   **b.** un violon   **c.** une batterie   **d.** un clavier

5. le jazz

   a. une flûte traversière   **b.** une batterie   **c.** un saxophone   **d.** un piano

12-3 C'est quel groupe ? Listen as the mayor lists the local events for this year's **Fête de la Musique**. Select the answer that corresponds to each description that you hear.

1. a. C'est un chœur.

   b. C'est un groupe rock.

2. a. C'est un orchestre.

   b. C'est un trio.

3. a. C'est un groupe de rap.

   b. C'est un opéra.

4. a. Ils jouent de la musique classique.

   b. C'est un groupe de rock.

5. a. C'est un trio.

   b. C'est un chœur.

6. a. C'est une représentation.

   b. Ils font de la musique traditionnelle.

12-4 Culture musicale. Use the clues provided to complete the following crossword puzzle about the world of music.

Horizontalement

2. Forme d'art lyrique ; *Carmen* en est un exemple.

4. C'est un groupe de musiciens qui exécutent ensemble un morceau de musique.

5. Elle peut être basse ou électrique.

7. Dans cet opéra de Mozart, cette … est enchantée.

8. La forme de cet instrument est similaire à celle du violon.

Verticalement

1. Désigne un groupe de trois artistes.

3. C'est un spectacle joué sur scène.

6. C'est l'ensemble des touches d'un instrument de musique mais cela sert aussi à taper un texte à l'ordinateur.

FORMES ET FONCTIONS

Vue d'ensemble : les verbes suivis de l'infinitif

12-5   Un pique-nique raté. Select the appropriate preposition, **à** or **de**, to complete the following story about an unsuccessful picnic.

D'abord, mon meilleur ami a décidé (1) [à / de] ne pas venir. Ensuite, ma colocataire a invité ses petits neveux (2) [à / de] venir avec nous. Ce sont des monstres ! Édouard a oublié (3) [à / d'] apporter les boissons. Les guêpes (*wasps*) n'arrêtaient pas (4) [à / de] nous gêner. Mes copines ont refusé (5) [à / de] faire une promenade après avoir mangé. Ensuite, il a commencé (6) [à / de] pleuvoir un peu. En plus, les gens à côté de nous ne voulaient pas éteindre leur radio. Ils continuaient (7) [à / de] écouter de la musique très fort. Finalement, j'ai rêvé (8) [à / de] pouvoir faire un bon pique-nique toute seule sans complications !

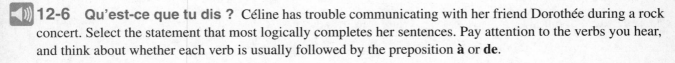**12-6   Qu'est-ce que tu dis ?** Céline has trouble communicating with her friend Dorothée during a rock concert. Select the statement that most logically completes her sentences. Pay attention to the verbs you hear, and think about whether each verb is usually followed by the preposition **à** or **de**.

1. **a.** d'envoyer les invitations

   b. à envoyer les invitations

2. **a.** de faire les courses

   b. à faire les courses

3. **a.** de jouer avec son groupe

   b. à jouer avec son groupe

4. **a.** de mettre de l'ambiance

   b. à mettre de l'ambiance

5. **a.** de chanter

   b. à chanter

6. **a.** de cette fête depuis si longtemps

   b. à cette fête depuis si longtemps

12-7 C'est la fin du semestre. It is the end of the semester, and Vanessa is thinking about what she did this semester and what she would like to do next semester. Complete the following sentences, paying attention to the appropriate use of the preposition **à** or **de**. Remember that some verbs, like **espérer** in the example, do not require a preposition. If no preposition is required, put an X in the space.

MODÈLES   Ce semestre, j'ai appris ___*à*___ mieux parler français.

Le semestre prochain, j'espère ___*X*___ avoir des meilleures notes.

1. Ce semestre, j'ai accepté _____ aider ma colocataire à faire ses devoirs de philosophie.

2. Ce semestre, j'ai fini _____ prendre des cours de maths !

3. Ce semestre, j'ai appris _____ faire de la cuisine chinoise avec ma nouvelle colocataire.

4. Ce semestre, j'ai dû _____ me lever très tôt pour aller à mon labo de chimie.

5. Ce semestre j'ai beaucoup aimé _____ assister au concert organisé par MTV sur le campus.

6. Ce semestre, j'ai réussi _____ faire tous mes devoirs.

7. Le semestre prochain, j'ai décidé _____ travailler plus.

8. Le semestre prochain, je vais essayer _____ me coucher de bonne heure pendant la semaine.

9. Le semestre prochain, j'espère _____ trouver un copain.

10. Le semestre prochain, je veux _____ sortir plus avec mes amis le week-end.

11. Le semestre prochain, je pourrai _____ suivre un cours d'histoire de niveau avancé.

12. Le semestre prochain, je vais continuer _____ parler français avec le prof.

12-8 Le professeur de musique. A band teacher is telling a colleague about his new students. Rephrase each of his statements, according to the cues. Make sure to use the appropriate infinitive construction with each verb.

MODÈLE   You hear: Sébastien adore jouer de la clarinette.

You see: espérer

You write: Sébastien *espère jouer* de la clarinette.

1. refuser : Il _____ le piano.

2. préférer : Aline _____ du violoncelle.

3. arrêter : Elle _____ des cours de chant.

4. continuer : Sylvie _____ des cours de piano.

5. essayer : Elle _____ un groupe avec ses amis.

6. commencer : Kévin _____ le saxophone.

Écoutons

12-9 Les Victoires de la Musique : avant d'écouter. Have you ever watched a music awards program? From the list of awards shows below, select all of the ones that are dedicated to music only.

_____ MTV Awards   _____ Emmy Awards   _____ AMA

_____ CMA   _____ Grammy Awards   _____ BET Awards

12-10   Les Victoires de la Musique : en écoutant. Sandrine and Christelle are discussing the results of the **Victoires de la Musique**, a televised awards ceremony for musical artists.

1. The first time you listen, select the instruments that each group plays.

   a. Mickey 3D

   _____ un accordéon   _____ une guitare basse   _____ un saxophone

   _____ une batterie   _____ une guitare électrique _____ une trompette

   _____ un clavier   _____ un harmonica   _____ un violon

   b. Calogéro

   _____ une batterie   _____ une guitare   _____ une trompette

   _____ une clarinette   _____ un piano   _____ un violon

   _____ une flûte traversière _____ un saxophone   _____ un violoncelle

2. The second time you listen, select the type of music each group plays.

   a. Mickey 3D

   _____ jazz   _____ musique traditionnelle   _____ pop rock

   b. Calogéro

   _____ musique classique   _____ pop française   _____ rap

3. Listen again, and select the most appropriate ending(s) to the following statements. More than one answer may apply.

   a. Sandrine dit que les musiciens de Mickey 3D ont réussi…

   _____ à faire danser le public.

   _____ à utiliser un instrument traditionnel dans un style de musique pop rock.

   _____ à gagner plusieurs Victoires cette année.

   b. Christelle a oublié…

   _____ de mettre un DVD dans le graveur pour enregistrer l'émission.

   _____ de téléphoner à ses amis après la soirée.

   _____ de prêter le CD de Calogéro à Sandrine.

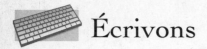 # Écrivons

12-11 Un concert : avant d'écrire. Describe a memorable concert that you attended. If you never went to a concert, write about a concert you would like to go to. To begin, answer the following questions in French, for which examples are provided.

MODÈLE

1. Qui ?	*Elton John et Billy Joel*	_____
2. Quoi ?	*Un concert*	_____
3. Quand ?	*le 19 mai 2009*	_____
4. Où ?	*à Indianapolis*	_____
5. Avec qui ?	*avec mon copain*	_____
6. Pourquoi ?	*Il adore Elton John.*	_____
7. D'autres détails ?	*Ils ont chanté* Blue Eyes.	_____
8. Impressions :	*C'était super bien.*	_____

12-12 Un concert : en écrivant. Now, write a paragraph describing your concert experience, including the information you provided in **12-11**. Be sure to use the expression **jouer de...** when mentioning musical instruments.

MODÈLE   *Mon copain a toujours adoré la musique d'Elton John. Au mois de mai 2009, Elton John a donné un concert à Indianapolis avec Billy Joel. J'ai acheté des billets pour faire une surprise à mon copain.*

Nous y sommes allés et c'était super. Elton John était habillé en noir et portait une veste très colorée. Billy Joel portait une veste noire et ses lunettes de soleil. Ils ont chanté et joué du piano pendant une heure et demie. J'étais très contente quand ils ont joué ma chanson préférée, Blue Eyes. *Ils ont aussi...*

Nous avons adoré ce concert. C'est un très bon souvenir.

_____

_____

_____

_____

_____

_____

_____

_____

Leçon 2 L'art et ses formes d'expression

POINTS DE DÉPART

12-13   Les artistes. Associate each of the following artists with the most appropriate description.

_____ 1. un sculpteur

_____ 2. une dessinatrice

_____ 3. un photographe

_____ 4. un peintre abstrait

_____ 5. un peintre réaliste

_____ 6. un peintre impressionniste

a. Cet artiste prend des photographies.

b. Il peint des tableaux dans le style impressioniste.

c. Cet artiste peint des tableaux abstraits.

d. Elle fait des dessins.

e. Il fait des sculptures.

f. Ce peintre fait des tableaux très réalistes.

12-14   Critiques d'art. Follow along as a group of tourists visits an art museum in Paris and discusses the works they see. Select **couleur** if the color of the painting is being described, or **style** if the style is being described.

1. couleur   style

2. couleur   style

3. couleur   style

4. couleur   style

5. couleur   style

6. couleur   style

12-15   Questions pour le guide. One of the tourists is asking her guide for more information. Select the answer that corresponds to each of the descriptions that you hear.

1. **a.** des paysages

   b. des titres

2. **a.** un portrait

   b. une nature morte

3. **a.** une sculpture

   b. un pastel

4. **a.** un paysage

   b. un portrait

5. **a.** un tableau abstrait

   b. un tableau réaliste

6. **a.** un dessinateur

   b. un sculpteur

12-16   Chassez l'intrus. Select the word that does not belong in each group.

1. **a.** un dessin

   b. une tapisserie

   c. un pastel

   d. un dessinateur

2. **a.** un photographe

   b. un portrait

   c. une sculpture

   d. une photographie

3. a. sombre

   b. cubiste

   c. primitif

   d. abstrait

4. a. un tableau

   b. peindre

   c. un peintre

   d. une photo

5. a. un paysage

   b. un portrait

   c. une nature morte

   d. une composition

6. a. la composition

   b. le maître

   c. les couleurs

   d. le style

FORMES ET FONCTIONS

Vue d'ensemble : l'emploi des temps verbaux

12-17   C'est quel temps ? Thibault is attending the opening of an art exhibition. Listen to the following statements he overhears, and select the appropriate tense to which each statement relates.

1. présent   passé   futur

2. présent   passé   futur

3. présent   passé   futur

4. présent   passé   futur

5. présent   passé   futur

6. présent   passé   futur

12-18   Autrement dit. Imagine that you work for an art magazine in Paris and you are asked to edit articles. For each sentence, select the two verb forms that could be correct.

1. En 1891, Paul Gauguin … la France pour s'installer peindre à Tahiti.

   _____ quitte   _____ a quitté   _____ quittera

2. Le mois prochain, … une exposition des photographies de Robert Doisneau au Musée de la Photographie.

   _____ il y a   _____ il y a eu   _____ il y a aura

3. Le 1ᵉʳ décembre 1986, le Président de la République, François Mitterrand, … le musée d'Orsay dans l'ancienne gare d'Orsay.

   _____ inaugure   _____ a inauguré   _____ inaugurera

4. On … bientôt le centenaire de la mort de Henri Rousseau, peintre primitif.

   _____ fête   _____ a fêté   _____ fêtera

5. En 1890, Vincent van Gogh … à Auvers-sur-Oise à l'âge de 37 ans.

   _____ meurt   _____ est mort   _____ mourra

6. Entre 1884 et 1886, Georges Seurat … *Un dimanche après-midi à l'Île de la Grande Jatte*, dans le style du pointillisme.

   _____ peint   _____ a peint   _____ peignera

🔊 **12-19   Le cours de dessin.** People in an art class are discussing their experiences. Listen to each of the following statements and select **action** if the statement describes a completed event or **background information** if the statement provides only background information.

1. action   background information   4. action   background information

2. action   background information   5. action   background information

3. action   background information   6. action   background information

12-20   La vie d'un artiste. Henri, a rising artist, tells an art magazine about his calling for art. Complete the following text, by conjugating the verb in parentheses in either the **imparfait** or the **passé composé** according to the context. The first sentence has been completed for you as an example.

Quand j'étais petit, j'*adorais* (adorer) aller aux musées avec mon grand-père paternel. Il (1) _____ (être) peintre amateur et (2) _____ (faire) des copies des grands peintres. Nous (3) _____ (trouver) que les peintures impressionnistes (4) _____ (être) les plus belles. À l'âge de dix ans, mon père m' (5) _____ (inscrire) dans un cours de dessin. À l'âge de 18 ans, je/j' (6) _____ (partir) à Paris pour faire les Beaux-Arts. Ma mère n' (7) _____ (être) pas contente parce qu'elle (8) _____ (préférer) que je fasse des études de médecine, comme elle. Après le succès de ma première exposition, elle (9) _____ (accepter) mon métier.

🎧 **Écoutons**

12-21   Le guide du musée : avant d'écouter. What do you know about French art? Make a list of the French painters you know. For each artist, identify the style with which he or she is most often associated.

_____
_____
_____

🔊 **12-22   Le guide du musée : en écoutant.** Marie is listening to the museum guide talk about French painters.

1. The first time you listen, write a description of each painting below.

   a. *La Grenouillère* de Renoir : _____
   _____

   b. *L'Angélus* de Millet : _____
   _____

   c. *Femme à sa toilette* de Lhote : _____
   _____

2. The second time you listen, write down the artistic movement each painter belongs to.

   a. Renoir : _____
   b. Millet : _____
   c. Lhote : _____

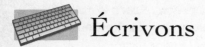 Écrivons

12-23 **Un mouvement artistique : avant d'écrire.** You will prepare a report on an artistic movement of your choice. You may choose from the following list: **le cubisme**, **le fauvisme**, **l'impressionnisme**, **le néo-classicisme**, **le pointillisme**, **le réalisme**, **le romantisme**, **le surréalisme**, **le symbolisme**. To begin, answer the following questions in French after doing a bit of research on the movement you have chosen.

1. What movement did you choose?

   (for example: *le romantisme*)

   _____

2. Provide the approximate dates or the period of this movement.

   (for example: *au XIXe siècle*)

   _____

3. Was it only a cultural movement, or was it a literary movement as well?

   (for example: *C'était aussi un mouvement littéraire. Il y avait également des auteurs romantiques comme Victor Hugo, François-René de Chateaubriand et Alphonse de Lamartine.*)

   _____

   _____

4. Propose a definition of this movement.

   (for example: *C'était une réaction contre le réalisme et le classicisme. Dans le romantisme, l'imagination, le rêve et la nature deviennent très importants.*)

   _____

   _____

   _____

5. List a few Francophone artists who belong to this movement.

   (for example: *Eugène Delacroix, Théodore Géricault*)

   _____

   _____

6. List a few pieces of art representative of this movement.

   (for example: *Le Radeau de la Méduse* [Géricault], *La Liberté guidant le peuple* [Delacroix])

   _____

   _____

7. What is your personal reaction to this movement?

   (for example: *J'aime beaucoup les tableaux du style romantique. Ils sont grandioses et on peut y voir beaucoup d'émotion.*)

   _____

   _____

12-24 Un mouvement artistique : en écrivant. Now write your report, including the information you provided in **12-23**. In the first paragraph, give a general introduction on the artistic movement you chose. In the second paragraph, give details on artists. In the third paragraph, describe one or two representative art works. Finally, in the last paragraph, share your personal reaction.

MODÈLE *Le romantisme est un mouvement artistique et littéraire du dix-neuvième siècle. C'était une réaction contre le réalisme et le classicisme. Dans le romantisme, l'imagination, le rêve et la nature deviennent très importants.*

Théodore Géricault et Eugène Delacroix sont deux artistes français romantiques. C'étaient des peintres. Ils ont fait des tableaux sur des sujets historiques, mais leurs représentations n'étaient pas complètement réalistes.

En 1819, Géricault expose Le Radeau de la Méduse. *En 1831, Delacroix expose son tableau,* La Liberté guidant le peuple. *Ces deux tableaux très connus se trouvent au Louvre. Ils sont très impressionnants.*

J'aime beaucoup les tableaux du style romantique. Ils sont grandioses et on peut y voir beaucoup d'émotion. J'espère un jour aller au Louvre pour pouvoir voir ces tableaux.

_____

_____

_____

_____

_____

_____

_____

_____

_____

_____

Leçon ③ Allons voir un spectacle !

POINTS DE DÉPART

12-25 **Projets pour le week-end.** Look in your local newspaper or on the Internet to find the cultural activities that are taking place this weekend in your town or on your campus. Suggest an activity for each category.

MODÈLE la danse   *Sur le campus, on peut voir* Doug Varone & Dancers. *Le spectacle s'appelle* Deconstructing English. *C'est samedi à 20 h 30. C'est seulement cinq dollars pour les étudiants.*

1. la danse _____

_____

2. le théâtre _____

_____

3. l'opéra _____

_____

4. la musique _____

_____

5. le cinéma _____

_____

6. les musées _____

_____

12-26 Des réactions. Select the most appropriate answer to each of the following proposals.

1. Tiens, il y a une représentation du *Mariage de Figaro* samedi prochain. Tu veux y aller ?

   a. Non, ça ne me dit rien. Tu sais que je n'aime pas la musique folklorique.

   b. Oui, tu sais que je dois travailler samedi prochain.

   c. Oui, ça vaut le coup. J'adore l'opéra.

2. Le nouveau film avec Juliette Binoche sort ce week-end. Ça te dit d'y aller ?

   a. Pourquoi pas ? J'adore Romain Duris. Il est tellement doué.

   b. Pas vraiment. Tu sais que je ne suis pas fanatique des films français.

   c. Ça ne fait rien. J'irai la prochaine fois.

3. Je veux voir l'exposition sur les céramiques de Picasso. Tu viens avec moi ?

   a. Pourquoi pas ? J'aime bien cet artiste.

   b. Avec plaisir. Je suis fanatique de Matisse et Gauguin.

   c. Ça risque de faire un peu cher non ? Tu sais que les billets d'opéra sont chers.

4. La chorale de l'université donne un concert au mois de décembre. Tu veux m'accompagner ?

   a. Non, j'aimerais plutôt écouter la chorale.

   b. Pourquoi pas ? J'aime beaucoup les spectacles de danse.

   c. Oui, je veux bien.

5. Ma copine joue dans une pièce de Sam Shepard le mois prochain. J'ai envie d'y aller, mais c'est un peu cher. Qu'est-ce que tu en penses ?

   a. Ça vaut le coup. Elle danse super bien.

   b. Ça ne fait rien. J'aime beaucoup ses pièces.

   c. Je ne veux pas y aller. Tu sais que je n'aime pas l'opéra.

6. Tu aimes la danse classique ? Les ballets du Kirov vont danser *le Lac des cygnes* au printemps prochain.

   a. Super, j'ai toujours eu envie d'aller à un concert de rock.

   b. Non, ça ne me dit rien. Je n'aime pas les concerts de jazz.

   c. On y va ? On va se faire un petit plaisir.

12-27 Conversations. Waiting in line for the concert hall to open, you overhear bits of conversation. For each statement that you hear, select **logique** if it is logical, or **illogique** if it is not.

1. logique	illogique	**3.** logique	illogique	**5.** logique	illogique
2. logique	illogique	**4.** logique	illogique	**6.** logique	illogique

12-28 Le bon mot. Romain is at a loss for words. Help him find the right word or expression to complete his thoughts. Select the word that corresponds to each of his definitions.

1. être fanatique de	risquer de	**4.** s'abonner à	risquer de
2. planifier	ça vaut le coup	**5.** ça ne fait rien	se faire un petit plaisir
3. un plaisir	un chef-d'œuvre	**6.** un spectacle	un musée

FORMES ET FONCTIONS

Vue d'ensemble : les combinaisons de pronoms compléments d'objet

12-29 L'agenda. You are reviewing items in your electronic agenda for the week. For each of the following comments, select the appropriate pronoun(s) to complete the sentence.

1. Aller au musée avec Patrice.

   Commentaire : vérifier les heures de bus pour ... aller.

   a. en   **b.** y   **c.** y en

2. Vérifier combien de collègues veulent venir au restau samedi.

   Commentaire : il ... a quatre qui ont accepté l'invitation.

   a. en   **b.** y   **c.** y en

3. Acheter des fleurs pour l'anniversaire de Sabine.

   Commentaire : il n' ... avait plus de fraîches.

   a. en   **b.** y   **c.** y en

4. Regarder un film français pour le cours de cinéma.

   Commentaire : j' ... verrai un demain avec Sabine.

   a. en   **b.** y   **c.** y en

5. Acheter du pain ce soir.

   Commentaire : j' ... ai acheté ce matin.

   a. en   **b.** y   **c.** y en

6. Répondre à l'invitation de Marc.

   Commentaire : Sabine ... a déjà répondu pour moi.

   a. en   **b.** y   **c.** y en

12-30 Les emprunts. Complete the following sentences with the appropriate combination of object pronouns to explain Jonathan's borrowing habits.

MODÈLES   de l'argent, à vos parents ?   Je ne _leur en_ emprunte jamais.

              les vêtements, à votre colocataire ?   *Je les lui* emprunte quelquefois.

1. la voiture, à votre père ? Je ne _____ emprunte jamais.

2. des livres, à la bibliothèque ? J' _____ emprunte assez souvent.

3. les notes de cours, à vos camarades de classe ? Je _____ emprunte quelquefois.

4. des DVD, à des amis ? Je _____ emprunte assez souvent.

5. des stylos, à votre prof ? Je _____ emprunte souvent.

6. des films, à la vidéothèque ? J' _____ emprunte quelquefois.

12-31 Répliques. Annette's husband is nervous about their upcoming night out and asks lots of questions. Match each question you hear with the appropriate reply from the list below. Pay careful attention to the pronouns.

_____ 1. Oui, il y en a encore.   _____ 4. Oui, je le lui ai dit.

_____ 2. Oui, tu me l'as dit.   _____ 5. Oui, ils nous l'ont donné.

_____ 3. Oui, il y en a beaucoup.   _____ 6. Oui, je te les donne.

12-32 Vérifications. Stéphanie's boss wants to make sure she has done her work perfectly. Complete each of her answers with the appropriate pronouns: **la**, **les**, **lui**, **leur**, **en**, or **y**.

MODÈLE   You hear: Vous avez envoyé la lettre aux abonnés ?

You write: Oui, je *la leur* ai envoyée.

1. Oui, je _____ ai demandées.

2. Oui, je _____ ai envoyés.

3. Oui, je _____ ai distribué.

4. Oui, il _____ a assez.

5. Oui, je _____ ai envoyée.

6. Oui, je vais _____ offrir.

Écoutons

12-33 Sorties culturelles : avant d'écouter. Where do you go to have fun with your friends? Do you prefer going to the movies or to a museum, for example? Do you always agree with your friends about what you should do when you go out? Write your answers in French.

_____

_____

_____

12-34 Sorties culturelles : en écoutant. Dominique, Séverine and Lucas are discussing plans for the weekend. Select the appropriate information pertaining to each person. More than one answer may apply.

1. Lucas :

a. _____ propose d'aller voir un match de foot.

_____ propose d'aller au théâtre.

_____ propose d'assister au concert de Florent Pagny.

b. _____ déteste les peintres modernes.

_____ veut se détendre.

_____ préfère les activités sportives.

2. Dominique :

a. _____ propose d'assister à un ballet à l'opéra.

_____ propose de visiter l'exposition de Picasso.

_____ propose d'assister au concert de Florent Pagny.

b. _____ veut écouter de la musique.

_____ ne veut pas passer son week-end à pratiquer son anglais.

_____ veut se détendre.

3. Séverine :

a. _____ propose d'assister à un ballet à l'opéra.

_____ propose d'aller au cinéma.

_____ propose d'inviter des amis au café.

b. _____ ne veut pas rester chez elle ce week-end.

_____ ne veut pas faire plaisir à ses amis.

_____ a des tickets gratuits.

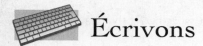 Écrivons

12-35 **Les activités culturelles sur le campus : avant d'écrire.** You are sending an e-mail to a friend to tell her about the current cultural events on your campus. To begin, complete the following.

1. Make a list of cultural events organized on your campus. Consult your university or college Web site to find out more. Remember to include performances, concerts, plays, movies, and art exhibitions.

   (for example: *à Berkeley, un musée*, Berkeley Art Museum and Pacific Film Archive ; *les pièces par le département de théâtre ; les concerts à midi dans* Hertz Hall *par le département de musique ; et les spectacles de* Cal Performances)

   _____

   _____

   _____

   _____

2. For each type of activity you mentioned, provide a specific show or title.

   (for example: *au musée une exposition qui s'appelle* Threshold: Byron Kim 1990–2004 ; *pour le théâtre : la pièce* les Trois sœurs, *d'Anton Chekhov ; pour* Cal Performances : *le ballet Bolshoi au mois de novembre.*)

   _____

   _____

   _____

3. Choose one or two events that you would probably like to attend.

   (for example: *J'adore les pièces de théâtre, donc je vais certainement aller voir* les Trois sœurs.)

   _____

   _____

   _____

4. Give your opinion on the number of cultural events offered on your campus.

   (for example: *Sur mon campus, il y a beaucoup d'activités culturelles. Il y a trop de choses à faire, surtout avec tous les devoirs que nous avons...*)

   _____

   _____

   _____

12-36   Les activités culturelles sur le campus : en écrivant. Now write your e-mail using the information you provided in **12-35**. Remember to start with a general introduction and to include a concluding paragraph at the end of your message to give your opinion of the cultural events on your campus.

MODÈLE   *Chère Laura,*

À l'Université de Californie à Berkeley, il y a beaucoup d'activités culturelles. Il y a des musées, des concerts de musique, des pièces de théâtre, des films et des grands spectacles...

Au musée d'art, il y a souvent des expositions intéressantes. En ce moment, il y a une exposition qui s'appelle Threshold: Byron Kim 1990–2004. *Le département de théâtre fait aussi beaucoup de pièces. Le mois prochain, ils jouent* les Trois sœurs *d'Anton Chekov. J'ai envie d'aller la voir. Il y a aussi...*

Sur le campus, il y a beaucoup d'activités culturelles. En fait, je crois qu'il y a trop de choses à faire, surtout avec tous les devoirs que nous avons. On pourrait aller à un évènement culturel presque tous les jours. Est-ce que c'est la même chose sur ton campus ?

À plus tard,

Chloé

_____

_____

_____

_____

_____

_____

_____

_____

_____

Lisons

12-37 **Une visite au Louvre : avant de lire.** The following excerpt is from the novel *L'Assommoir,* written in the late nineteenth century by Émile Zola. In this novel, Zola presents the lives of working-class people in Paris, particularly with regard to alcoholism and the downward spiral it engenders. In 1876, the novel was considered scandalous, in large part because of Zola's use of working-class language and linguistic forms to portray his characters in a realistic manner. This excerpt recounts a Sunday afternoon visit to the Louvre museum by the main characters Gervaise and Coppeau and their guests on their wedding day. The wedding party must pass the time between the ceremony and a dinner planned for later in the day. Before you read, complete the following activities.

1. In this literary excerpt you will see several forms that you may not know. First, you will notice a few cases of subject and verb inversion, as in the second line, **Mon Dieu ! dit-il**. Inversion is used here to indicate dialogue (*he said*). You will also see two cases of complex tenses, the past conditional, **il aurait fallu** (*it would have been necessary*), and the pluperfect, **avait voulu** (*had wanted*). Finally, there are many instances of the literary past tense, **le passé simple**. Before you read, match up the following verbs from the passage in the **passé simple** with their corresponding verbs in the **passé composé**.

_____ 1. approuva	**a.** a fait
_____ 2. partit	**b.** a demandé
_____ 3. arriva	**c.** sont entrés
_____ 4. demanda	**d.** s'est remis
_____ 5. fut	**e.** a approuvé
_____ 6. entrèrent	**f.** s'est arrêté
_____ 7. suivirent	**g.** a été
_____ 8. se remit	**h.** ont suivi
_____ 9. fit	**i.** est parti
_____ 10. s'arrêta	**j.** est arrivé

2. Several paintings are specifically mentioned in this excerpt. Before reading, look up these pictures on the **Chez nous** Companion Website to match each of them with the short description provided below.

_____ 1. *Le Radeau de la Méduse*	**a.** Le portrait d'une femme au sourire énigmatique par Léonard de Vinci
_____ 2. *Les Noces de Cana*	**b.** La Vierge Marie entourée de chérubins par Bartholomé Murillo.
_____ 3. *La Joconde*	**c.** Des survivants sur une embarcation de fortune par Théodore Géricault
_____ 4. *La Conception Immaculée de Soult*	**d.** Un banquet de mariage avec beaucoup de personnages par Véronèse.

12-38   Une visite au Louvre : en lisant. As you read, look for and supply the following information in English.

Monsieur Madinier, pourtant (*however*), n'avait encore rien proposé [...].
—Mon Dieu ! dit-il, on pourrait aller au musée...

—Il y a des antiquités, des images, des tableaux, un tas de choses. C'est très instructif...
Peut-être que vous ne connaissez pas ça. Oh ! c'est à voir, au moins une fois...

... Tout le monde approuva ... et l'on partit pour le musée.

... Enfin, ... on arriva au Louvre.

Monsieur Madinier, poliment, demanda à prendre la tête du cortège (*procession*).

... Ce fut avec un grand respect, marchant le plus doucement possible, qu'ils entrèrent dans la galerie française.

Alors, sans s'arrêter, les yeux emplis (*filled*) de l'or des cadres (*gold frames*), ils suivirent l'enfilade (*string of*) des petits salons, regardant passer les images, trop nombreuses pour être bien vues. Il aurait fallu une heure devant chacune (*each one*), si l'on avait voulu comprendre. Que de tableaux, sacredié (*exclamation*) ! ça ne finissait pas. Il devait y en avoir pour de l'argent. Puis, au bout, monsieur Madinier les arrêta brusquement devant Le Radeau de la Méduse ; et il leur expliqua le sujet. Tous, saisis, immobiles, ne disaient rien. Quand on se remit (*began*) à marcher, Boche résuma le sentiment général : c'était tapé (*well-done*).

Dans la galerie d'Apollon, le parquet (*floor*) surtout émerveilla la société, un parquet luisant (*shiny*), clair comme un miroir, où les pieds des banquettes (*benches*) se reflétaient. [...] Monsieur Madinier voulait leur montrer les dorures (*gilding*) et les peintres du plafond (*ceiling*) ; mais ça leur cassait (*broke*) le cou, et ils ne distinguaient rien. [...]

Cependant, il surveillait la queue (*tail/end*) du cortège. D'un geste il commanda une halte, au milieu du salon carré. Il n'y avait là que (*only*) des chefs-d'œuvre, murmurait-il à demi-voix, comme dans une église. On fit le tour du salon. Gervaise demanda le sujet des Noces de Cana ; c'était bête de ne pas écrire les sujets sur les cadres. Coupeau s'arrêta devant la Joconde, à laquelle il trouva une ressemblance avec une de ses tantes. Boche et Bibi-la-Grillade ricanaient (*were snickering*), en se montrant du coin de l'œil les femmes nues (*naked*) ; [...] Et, tout au bout, le ménage (*couple*) Gaudron, l'homme la bouche ouverte, la femme les mains sur son ventre, restaient béants (*eyes wide open*), attendris (*tender*) et stupides, en face de la Vierge (*Virgin*) de Murillo.

[...]

Puis, la noce se lança dans la longue galerie où sont les écoles italiennes et flamandes. Encore des tableaux, toujours des tableaux, des saints, des hommes et des femmes avec des figures qu'on ne comprenait pas, des paysages tout noirs... Monsieur Madinier ne parlait plus, menait lentement le cortège, qui le suivait en ordre, tous les cous tordus (*twisted*) et les yeux en l'air. Des siècles (*centuries*) d'art passaient devant leur ignorance ahurie (*stunned*), la sécheresse (*soberness*) fine des primitifs, les splendeurs des Vénitiens, la vie grasse et belle de lumière des Hollandais.

Source : Émile Zola, *L'Assommoir*

1. Monsieur Madinier is the character with the highest social standing since he has his own business, making cardboard cartons. What arguments does he make for going to the museum?

_____

_____

2. According to the description in the excerpt, how would you describe the gallery of French paintings?

_____

_____

_____

3. Four paintings are specifically discussed in this excerpt. For each painting mentioned in the passage, write the reaction of the wedding guests.

   a. *Le Radeau de la Méduse* : _____

_____

   b. *Les Noces de Cana* : _____

_____

   c. *La Joconde* : _____

_____

   d. *La Vierge de Murillo* : _____

_____

4. What seems to be the main attraction of **la galerie d'Apollon**? Do you find this surprising? Why or why not?

_____

_____

5. In the rooms with Italian and Flemish paintings, the wedding party marches in front of painting after painting. How does Zola characterize their reaction to the subjects of these paintings?

_____

_____

12-39 **Une visite au Louvre : après avoir lu.** Now that you have read the text, answer the following questions in English.

1. In a passage that was omitted from this excerpt, the characters mull over the idea of going to the museum: *Non, Gervaise ne connaissait pas ça ; madame Fauconnier non plus, ni Boche, ni les autres. Coupeau croyait bien être monté un dimanche, mais il ne se souvenait* (se rappelait) *pas bien.* Do you find it surprising that these characters, who have spent their entire lives in Paris, are not familiar with the Louvre? Why or why not? [Hint: Consider the influence of their social class and the time period.]

_____

_____

2. What does the reaction of the characters to the works in the museum as well as the physical appearance of the rooms in the museum reveal about them?

_____

_____

3. Can you identify with the reactions of any of the characters to the museum and the paintings discussed? Which ones? In what ways?

_____

_____

_____

Venez chez nous !

Modes d'expression artistique

12-40   Gauguin. The artist Paul Gauguin (1848–1903) left his native France to live in Tahiti. This island and its population greatly influenced Gauguin's art. Consult the **Chez nous** Companion Website to find more information on this painter, and then select the appropriate answer to complete each of the following sentences.

1. Gauguin a passé sa petite enfance, jusqu'à l'âge de six ans, …

   a. en Amérique latine

   b. en Bretagne

   c. en Polynésie

2. C'est le maître de Gauguin, à ses débuts, dans le style impressionniste.

   a. Degas

   b. Pissarro

   c. Cézanne

3. En 1886, il rencontre un peintre avec qui il travaillera quelques années plus tard.

   a. Pissarro

   b. Manet

   c. Van Gogh

4. *La vision après le sermon* est un tableau inspiré de son séjour…

   a. à Paris

   b. en Bretagne

   c. à Tahiti

5. *Paroles du diable* est un tableau inspiré de son séjour…

   a. à Paris

   b. en Bretagne

   c. à Tahiti

12-41 **Le Louvre.** Le Louvre is a large museum in Paris, well-known for its masterpieces such as the Greek statues *Vénus de Milo* and the Winged Victory of Samothrace, or the portrait of Mona Lisa by Leonardo da Vinci. Visit the **Chez nous** Companion Website to take a virtual tour of the Louvre museum and discover these three masterpieces. Then select two other pieces of art and write a descriptive paragraph of your selection in French, explaining your choices.

_____

_____

_____

_____

_____

_____

_____

_____

_____

_____

Video Manual

12-42   J'aime beaucoup le jazz. In this sequence, Pauline talks about a concert she attended. Listen as she describes the place and the singer, and select the correct response(s) for each item.

1. L'artiste qui a donné le concert était...

   a. américain.

   b. français.

   c. anglais.

2. Jimmy Scott est un chanteur...

   a. très jeune.

   b. très âgé.

   c. très beau.

3. Pour écouter sa musique, Pauline et son mari sont allés...

   a. dans une grande salle de spectacle.

   b. dans un petit théâtre.

   c. dans une petite boîte.

4. Pauline trouve qu'il a une voix...

   a. très sensible.

   b. presque comme une femme.

   c. très grave.

12-43   Le théâtre et l'opéra. In this short clip, Christian talks about his visits to the **Théâtre de Nice**. As you listen, select the appropriate response(s). More than one answer will apply.

1. Pendant que Christian parle, des techniciens installent ... pour un prochain spectacle.

   a. les lumières

   b. les décors

   c. la scène

2. Christian assiste souvent à...

   a. des pièces de théâtre.

   b. des concerts de musique classique.

   c. des opéras.

3. Il va régulièrement au théâtre parce qu'il...

   a. aime beaucoup cela.

   b. est abonné.

   c. habite près du théâtre.

12-44 Modes d'expression artistique. This montage presents vignettes of many types of artistic expression found in the Francophone world. From the list provided below, select all the examples represented in the video clip.

_____ des artistes qui travaillent en plein air

_____ une représentation de ballet

_____ des chanteurs

_____ des concerts de rue

_____ des concerts de musique classique

_____ des danses africaines

_____ une exposition au musée

_____ un festival d'art

_____ un joueur d'orgue de Barbarie (*organ grinder*)

_____ des mimes

_____ l'opéra

_____ des pièces de théâtre

_____ des spectacles en plein air